高职高专规划教材·公共基础课系列



# 心灵成长手册

## ——大学生心理健康教育

周海丽　陈　盈　蒋南牧　主　编

华南理工大学出版社
SOUTH CHINA UNIVERSITY OF TECHNOLOGY PRESS
·广州·

图书在版编目（CIP）数据

心灵成长手册：大学生心理健康教育／周海丽，陈盈，蒋南牧主编. —广州：华南理工大学出版社，2020. 7
ISBN 978－7－5623－6420－7

Ⅰ. ①心… Ⅱ. ①周… ②陈… ③蒋… Ⅲ. ①大学生－心理健康－健康教育 Ⅳ. ①G444

中国版本图书馆CIP数据核字（2020）第128399号

心灵成长手册——大学生心理健康教育
周海丽 陈盈 蒋南牧 主编

---

出 版 人：卢家明
出版发行：华南理工大学出版社
（广州五山华南理工大学17号楼，邮编510640）
http://www.scutpress.com.cn E-mail: scutc13@scut. edu. cn
营销部电话：020－87113487 87111048（传真）
策划编辑：王 磊
责任编辑：王 倩
责任校对：李 桢
印 刷 者：广州市新怡印务有限公司
开 本：787 mm × 960 mm 1/16 印张：15.75 字数：383千
版 次：2020年7月第1版 2020年7月第1次印刷
定 价：48. 50元

---

# 目 录

# 第一章　打开心灵之窗

## ——大学生心理健康概述

内心的欢乐是一个人过着健全的、正常的、和谐的生活所感到的喜悦。

——［法］罗曼·罗兰

### 本章要点·

1. 了解健康新概念及健康的标准。
2. 了解心理健康的含义及特点。
3. 了解大学生心理健康的标准。
4. 了解大学生心理健康的影响因素。

### 案例导入

独生子女小芳是个“95 后”，来自茂名的她对大学的集体生活极不适应。开学两周，她已和宿舍其他 3 个舍友轮番吵过架，争吵的内容都是些生活琐事。例如，她常常长时间占用洗漱间而耽误其他舍友洗漱；该到睡觉的时间她却仍在上网，还时常发出声响影响他人休息；自己的东西到处乱放而不收拾，占据了宿舍大部分空间；等等。入学一年，她辗转换了 2 个宿舍。

小芳家境优越，父母都是公司高管，家里住房宽敞，还有保姆照顾起居。父母的宠爱和一切以小芳为中心的家庭生活，在大学里渐行渐远，她的优越感在一天天消失。刚满 18 岁的小芳无法承受这种心理落差，她感觉大学生活中的一切都是那么不如意，渐渐变得消沉，提不起精神，甚至敏感和充满敌意。周围同学的一句话、一个眼神都可能成为一场争吵的导火索。舍友对小芳的评价是：“极度自我，从不考虑别人的感受。”而小芳却认为：“大家都不关心我，我很孤独寂寞，没有一个朋友。大学生活根本不像想象中那么美好。”

从中学到大学，实际上是一段全新旅程的开始。在大学里，大学生开始独立面对现实生活，自主地解决自己的人生难题。他们渴望与人交流，却常常因找不到倾诉的对象而备感孤独；他们情感丰富，然而在处理问题时往往感情用事，极易冲动，事后又常常对自己的行为感到后悔与苦恼；他们朝气蓬勃，富于幻想，胸怀远大理想，对未来充满美好的向往，但由于社会阅历不足，对现实生活中的困难和阻力估计不足，以致一部分心理脆弱的大学生常常在现实面前不堪一击。西方有一句谚语："一切的成就，一切的财富，都始于健康的心理。"如何身心健康地成才，是当代大学生在成长过程中不得不上的一堂课。

## 第一节　健康新概念

### 一、健康的定义

健康取决于什么？现实生活告诉我们，健康取决于人的行为和生活方式，而人的行为和生活方式受人的观念支配。因此，健康取决于观念。在历史发展过程中，人类的健康观经历了几个重要阶段。

#### （一）健康不仅是没有疾病

小许，某中外合资企业的女职员，身材匀称，性格开朗。她特别钦佩"女强人"，发誓要做一个白领"铁娘子"。当然，小许深知"身体是革命的本钱"，所以平时格外注意调养，每年员工体检她都是"全优"。但是，光有好的身体，没有工作业绩是不行的。由于业绩平平，她始终未能得到提拔。渐渐地，小许变得闷闷不乐，内心烦躁、压抑、愁苦，有时坐立不安，不能集中精神工作，常常懊悔、自我谴责。在工作中，有同事想帮她一把，却都被她婉言谢绝了。

依照"健康就是没有疾病"的传统健康观，若把小许放在20世纪30年代来看，她可是个没有任何疾病的健康人。因为那时的人普遍认为，疾病与健康是相互排斥的，健康等于无病，无病等于健康。小许体检"全优"，毋庸置疑是健康的。但在1948年，世界卫生组织在其成立宪章中对此"一维"健康观进行了更正："健康不仅是没有疾病或虚弱，而且是躯体上、心理上和社会适应上的完好状态。"

用世界卫生组织的"三维"健康观来衡量，小许就不是一个身心都健康的人。果然，后来在心理医生那里，小许找到了答案——她患有焦虑性神经症。这一病症起始于对升职的热切期盼，形成于担心和不再有期盼。短时焦虑，对身心、生活、工作不会产生大的影响；但长时间焦虑，便会使人面容憔悴、体重下降，甚至诱发躯体疾病。

#### （二）"四好"才是真健康

在押犯陈某，因屡次贪污受贿而被判刑入狱。这个曾风光一时的某国企财务处长，谈到自己犯罪经过时说："别看我过着衣食无忧的生活，但我的内心是十分复杂的。每当我又干完一件这样的事，总像是有人看着我似的，感到紧张，有时甚至是恐惧。一次，我挪用了一大笔公款，结果几夜都没睡好觉。"

1989 年，世界卫生组织把健康定义为“生理、心理、社会适应良好和道德健康”（图 1–1）。把道德健康纳入健康范畴是有科学依据的。一个道德健康的人，才能身心健康，延年益寿。其内容包括：健康者不以损害他人的利益来满足自己的需要，具有辨别真与伪、善与恶、美与丑、荣与辱等是非观念的能力，能按社会行为准则来约束自己及支配自己。

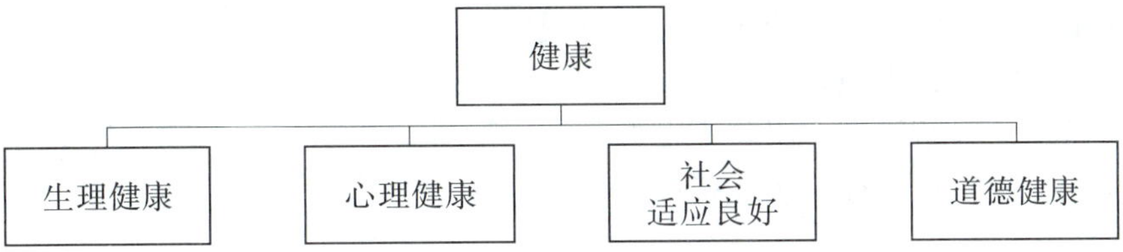


**图 1–1　健康新概念**

试想，像陈某这样一个食不香、睡不安、惶惶不可终日的人，何以谈健康！长期处于应激状态的他，终因中枢神经、内分泌系统功能失调，导致全身细小动脉痉挛，外周血管阻力增加，在不惑之年就患上了高血压病，而且因脑血管破裂发生了中风。而品性善良，心地坦荡，遇事出于公心，则能促进人体分泌更多有益的激素、酶类和乙酰胆碱等。这些物质能把血液的流量、神经细胞的兴奋程度调节到最佳状态，从而增强机体的抗病力，促进人健康长寿。

在历史发展过程中，人类的健康观发生了由一维到多维的变化。如果说，世界卫生组织提出的“三维”健康观是人类健康史上的一大进步的话，那么，1989 年强调在身体、精神、社会、道德等方面反映出的全身心健全，则是人类健康观的又一次飞跃。

### （三）健康的重要性

由国家卫生健康委负责制定的发展战略《健康中国行动（2019—2030 年）》指出，健康是促进人的全面发展的必然要求，是经济社会发展的基础条件。实现国民健康长寿，是国家富强、民族振兴的重要标志，也是全国各族人民的共同愿望。

有句话说得好：“一个人什么都可以有，就是不能有病；一个人什么都可以没有，就是不能没有健康。”可见健康对人来讲是何等重要！假如人一生的幸福是由“1”和后面的“0”组成，那么“1”就代表健康，后面的“0”代表着“房子、车子、票子、事业有成……”人生必须要有健康，才能拥有一切。当然，这个“健康”指的应当是“四维”健康。要做到这点，必须记住并践行以下 5 句话 20 个字：“合理膳食，适量运动，戒烟限酒，心理平衡，睡眠充足。”相信在这“人体五大基石”铺垫下，在“四维”健康观引领下，树立“每个人都是自己健康的第一负责人”意识，我们一定能实现健康的目标，到达长寿的彼岸。

## 二、健康的标准

世界卫生组织提出了衡量个人健康的十大标准：

①有充沛的精力，能从容不迫地担负日常工作和生活而不感到过分疲劳和紧张。

②积极乐观，勇于承担责任，心胸开阔。
③精神饱满，情绪稳定，善于休息，睡眠良好。
④自我控制能力强，善于排除干扰。
⑤应变能力强，能适应外界环境的各种变化。
⑥体重得当，身材匀称，站立时头、肩、臂位置协调。
⑦牙齿清洁，无空洞，无痛感，无出血现象。
⑧头发有光泽，无头屑。
⑨反应敏锐，眼睛明亮，眼睑不发炎。
⑩肌肉和皮肤富有弹性，步伐轻松自如。

## 第二节　心理健康的含义、特点及标准

### 一、心理健康的含义

“健康的一半是心理健康，疾病的一半是心理疾病。”心理健康是健康的重要组成部分。1946 年举行的第三届国际心理卫生大会将心理健康定义为：在身体、智力以及情感上与他人的心理不相矛盾的范围内，将个人心境发展到最佳的状态。1948 年，世界卫生组织对心理健康的定义是：人们在学习、生活和工作中的一种安宁平静的稳定状态。国内学者方平等人将心理健康的含义概括为：个体能够积极地适应环境，有正常的认知水平、稳定愉快的情绪，以及同客观现实保持积极平衡的意志行为、良好的个性特征状态和正常的自我调控能力。

### 二、心理健康的特点

#### （一）连续性

心理健康与心理不健康是一个连续状态，不能明确分开。在很多情况下，异常心理与正常心理、变态心理与常态心理之间没有绝对的界限，只有程度上的差异。如果将心理健康比作白色，将不健康比作黑色，那么在白色与黑色之间存在着一个巨大的缓冲区域——灰色区，世间大多数人都落在这一区域内。

#### （二）相对性

有不健康的心理和行为不等于心理不健康。偶尔出现不健康的心理和行为属于正常现象，不能轻易把“心理有病”的帽子乱戴到自己或他人头上。因此，不能仅从一时一事或一种偶然的行为就判断他人或自己心理不健康。

**成长案例**

### 我很烦

王某，男，19 岁，高职二年级学生。最近两周他特别难受，也很郁闷，做什么事都提不起精神，情绪很低落，不想见任何人，室友的说笑声也令他烦躁不已。他也想每天快乐地生活、高效地投入学习，可是做不到，进而对生活产生消极情绪。

辅导员与他谈心后，了解到他是因考试不理想而情绪低落，便对其进行辅导。之后，他又热情地投入学习和生活当中。

【分析】王同学因考试不理想产生消极情绪，这是一种正常的情绪反应。消极的情绪通过合理的途径得到调节，最终又回到健康、积极的状态之中。这说明不能在一个人偶尔出现不健康的状态时就随意判断他的心理不健康。

## （三）可逆性

健康心理与不健康心理可以相互转换。一个人如果不注意心理保健，就会经常出现不健康的心理状态，心理健康水平便会下降，甚至出现心理疾病。反之，如果心理产生困惑或失衡时，能够及时调整和寻求专业的帮助，就会很快恢复健康心理。

**成长案例**

### 抑郁的小李

小李，女，20 岁，某高职院校大一新生，独生女，无过往疾病史。高考成绩不理想，李某的妈妈为了让李某学会独立生活，帮她选择了一所离家较远的职业院校。在学校李某常常感到不适应，因为她从未到过小城市生活，室友谈论的话题往往是她之前未曾听过的，比如农村里的一些习俗，因此她常常感到无法融入她们。在专业方面，李某也不太感兴趣，很多理论听不懂，常常走神。人际关系、学习方面的不如意使得她经常陷入郁闷、烦躁之中，胃口也变得越来越差，晚上辗转难眠，这样的状态持续了两个月。当她走进咨询室时，低着头，声音低沉，面容憔悴。她告诉心理老师自己现在对什么都不感兴趣。心理老师综合评估她的症状后，建议她到专业的医院进行诊断，最终医院的诊断是抑郁症。

【分析】心理出现不健康的症状时，一定要及时寻求专业的帮助，否则容易演变成心理疾病。患上心理疾病也不可怕，通过学习相关知识，接受心理治疗，遵医嘱按时服药，最终心理疾病也可以治愈。

### （四）动态性

心理状态是时刻变化发展的，永恒的心理健康是不存在的，心理健康水平会随着个人经验的积累、环境的变化以及自我保健意识的发展而发展变化。

## 三、大学生心理健康常用标准

大学生正值青春年华，这时期的青年对于自身的心理认识还很朦胧，他们偶尔会怀疑自己的心理有病，害怕自己的心理跟别人比起来很异常，惴惴不安又不敢放开胸襟去请教别人。大学生要正确认识自己的心理，以避免不必要的恐慌，及时调整自己的心态。

根据我国大学生的实际情况，可以通过以下几个方面判断大学生的心理是否健康。

### （一）智力正常

智力，是人的观察力、注意力、记忆力、想象力、思维力、创造力及实践活动能力等的综合，包括在经验中学习或理解的能力、获得和保持知识的能力、迅速而成功地对新情境做出反应的能力、运用推理有效地解决问题的能力等。这是大学生学习、生活与工作的基本心理条件，也是适应周围环境变化所必需的心理保证。因此，衡量大学生的智力是否正常，关键在于其是否正常地、充分地发挥了自我效能：有强烈的求知欲，乐于学习，能够积极参与学习活动。

### （二）情绪健康

当代大学生还处在为未来、为事业积累资本、做准备的阶段，他们的人生、事业有待向前展开，他们大部分都有理想抱负，对未来充满憧憬，因此，他们大多朝气蓬勃、乐观开朗，同时也能有意识地克制并合理宣泄自己的不良情绪。不过，也有一部分大学生不能很好地控制自己的情绪，过于情绪化，经常心情低落。

情绪健康的标志是情绪稳定和心情愉快。包括的内容有：愉快情绪多于负性情绪，乐观开朗、富有朝气，对生活充满希望；情绪较稳定，善于控制与调节自己的情绪，既能克制又能合理宣泄自己的情绪，情绪的表达既符合社会的要求又符合自身的需要，在不同的时间和场合有恰如其分的情绪表达；情绪反应与环境相适应，反应的强度与这种情境相符合。

### （三）意志健全

意志是人在完成一种有目的的活动时进行的选择、决定与执行的心理过程。意志健全者在行动的自觉性、果断性、顽强性和自制力等方面都表现出较高的水平。意志健全的大学生在各种活动中都有较高的自觉性，能够适时地做出决定并运用切实有效的方式解决所遇到的问题；在困难和挫折面前采取合理的反应方式；能在行动中保持理性，而非盲目行动、畏惧困难或顽固执拗。

**心理故事**

汉光武帝刘秀带兵打仗的时候，有一次吃了败仗，夜里去巡视营房，想去看看那些战败的士兵是什么心态。结果走到一个帐篷，看到这个帐篷里的几个人满脸泪水，有的在写家书，有的在写情书。跑到下一个帐篷里一看，几个人喝得醉醺醺的，抱在一块又唱又哭，丑态百出，一连看了几个营房都是这样。终于走到一个帐篷，往里一看，里面坐着一个年轻的将军。他拿着一块破布，不停地擦拭自己的武器和盔甲，擦得雪亮雪亮的。脸上的表情既不忧伤，也不沮丧；既不愤怒，也不亢奋，而是很平静地在准备下一场战斗。刘秀很惊讶，说："这小子肯定能成事！"结果这小子真的成了事，这个人就是东汉的大将军吴汉。

面对挫折、打击，意志薄弱的人会一蹶不振，难以走出悲观、绝望的泥沼。意志健全的人能够审时度势，吸取经验，调整自己的行为，埋头默默擦亮武器，准备下一次战斗。

### （四）人格完善

人格是个体比较稳定的心理特征的总和。人格完善就是指有健全统一的人格，个人的所想、所说、所做都是协调一致的。人格完善包括人格结构的各要素完整统一，具有正确的自我意识，不产生自我同一性混乱，以积极进取的人生观作为人格的核心，并以此为中心把自己的需要、目标和行动统一起来。

### （五）自我评价得当

正确的自我评价是大学生心理健康的重要条件。自我评价得当表现为大学生在进行自我观察、自我认定、自我判断和自我评价时，能做到自知，恰如其分地认识自己，摆正自己的位置，既不以自己在某些方面高于别人而自傲，也不以在某些方面低于别人而自卑，面对挫折与困境，能够自我悦纳，喜欢自己，接受自己，自尊、自强、自制、自爱适度，正视现实，积极进取。

**成长案例**

**我一无是处**

张某，男，20岁，某高职院校二年级学生。在咨询中，张某频繁地说："我感觉自己是垃圾，对社会没有贡献，浪费空气。"当心理老师问及其优点时，张某说："没有优点，不帅又没钱，简直一无是处。"原来张某从小到大都很少受到别人的肯定和夸奖，他的父母对他有很高的要求，无论事情做得再好，父母仍认为他表现不够好，常常贬损他。长此以往，张某失去信心，变得非常自卑，内心很苦恼。

【分析】张某的自我评价有偏差，常常是拿着放大镜看自己的缺点，对优点视而不见。其实，如果张某能够客观认识自我，对自己有合理的期望值，并且知道自己是独一无二的，善于使用积极的视角看待自己的话，那么他的人生就会充满快乐并富有价值。

### （六）人际关系和谐

大学生良好的人际关系表现为乐于与人交往，既要有广泛而深厚的人际关系，又要有知心朋友；在交往中既保持独立完整的人格，又有自知之明，不卑不亢；在评价别人和自己的过程中，既看到自己的优点，又善于取人之长，补己之短，宽以待人。

### （七）社会适应灵活顺利

社会适应灵活顺利要求大学生既能进行客观观察取得正确认识，以有效的办法应付环境中的各种困难，不退缩；又能根据环境的特点和自我意识的情况努力进行协调，进而积极适应环境促进自身发展。有的大学生，特别是大一新生如果不能尽快适应新环境，对其学习和生活的开展就会产生极其不利的影响。

### （八）心理和行为符合大学生的年龄特征

大学生是处于特定年龄阶段的特殊群体，应具有与其年龄和角色相适应的心理行为特征。如果其认知、情绪、言行举止严重偏离自己的年龄特征，这就意味着其心理很有可能存在问题。心理健康的大学生通常是精力充沛、反应敏捷、喜欢探索、自尊自信、理性平和、积极向上的。反之，毫无生气、对什么都表现为不感兴趣、自大自卑等都是心理不健康的表现。

以上是心理健康的标准，但是心理健康并非是超人的非凡状态，一个人的心理健康也不一定在每一个方面都有表现。只要在生活实践中，能够正确认识自我，自觉控制自己，正确对待外界影响，使心理保持平衡协调，就已具备了心理健康的基本特征。

总之，大学生应该正确把握、看待自己的心理，不仅要立足于当前的心理状况，更要着眼于未来的总体发展趋势，切忌庸人自扰、过度焦虑或苦闷，要以阳光心态投入大学生活中。

## 第三节　大学生心理健康的影响因素

人的心理是一个极为复杂的动态过程，影响心理健康的因素是各种各样的，可以归纳为个人因素、家庭因素、学校因素和社会因素。

## 一、个人因素

### （一）自身缺陷

有一部分大学生因为遗传等因素，在长相、身材等方面存在一些先天的生理缺陷；或是因为身体素质不好，患有疾病，在学习和运动的过程中感到力不从心；或是因为自身的个性缺陷，如性格过于内向、心胸狭隘、孤僻封闭、急躁冲动等，这些因素很容易使大学生产生自卑心理，久而久之，造成严重的心理负担，诱发心理问题。

### （二）心理冲突

在现实生活中，人常会存在多种动机，面临多种选择。如果这些动机彼此不相容，相互不可兼得，在选择上就容易出现心理冲突。心理冲突常给人以挫折感，对个体的直接影响就是心理压力。这种压力往往增加个体适应环境的困难，对生活和工作也会产生不良影响。如果冲突长期得不到解决，对个体的危害是非常大的。

大学生在日常生活中，心理冲突是经常发生的。如所学专业与自己兴趣的冲突，学习功课与社团工作的冲突，恋爱与专业学习的冲突，想通过积极的人际交往获得别人的尊重与封闭自己自我保护的冲突等。特别是当今中国正处在改革开放社会转型时期，各种思想、各种文化的涌入，在一定程度上造成了大学生的价值混乱，内心动荡不安，矛盾冲突加剧。

心理冲突是挫折的一个重要来源，与人的心理健康水平有着密切关系。强烈的心理冲突会使人陷入无尽的困惑和苦闷之中。内心世界的各种根本的价值观之间的冲突，甚至可以引起人们的厌世、颓废和绝望，极大地消耗人的心理能量，使人的心理功能得不到发挥，从而影响人的心理健康。

### （三）应对方式

应对方式是指大学生在面对挫折和压力时所采用的认知和行为方式，是心理应激过程中一种重要的中介调节因素，大学生的应对方式影响着应激反应的性质与强度，进而调节着应激与应激结果之间的关系。

大学生的应对方式主要包含三个方面的内容：一是自我防御机制，指大学生在面临压力与冲突时内心产生的一种摆脱烦恼、减轻不安，以恢复情绪平衡与稳定的适应倾向，主要有推诿、压抑、否认、合理化、幻想、退避等方式；二是心理调节机制，指大学生在面临压力情境时采取的一种积极主动的心理调适行为，主要有调整心态、调整情绪、调整认知和总结经验等方式；三是外部疏导机制，指个体在面临压力时借助外部力量和外在手段以减轻内心焦虑的行为方式和手段，主要有转移、宣泄、倾诉、求助等方式。从应对效果的角度来看，可以分为积极的应对方式、消极的应对方式和中间型的应对方式。实证研究表明，大学生的心理问题往往与其消极的、不成熟的应对方式显著相关。

### （四）自我概念

自我概念指大学生对自己人格的认知，大学生感受和理解自己各个层面的方式。大学生的自我概念可能是正确的、积极的，也可能是偏倚的、消极的。自我概念不仅影响大学生现实的行为方式和对过去经验的解释，而且影响大学生对未来的期望。大学生正处于自我探索的关键期，由于自身发展的不成熟，他们的自我概念往往和实际情况有较大差异。实证研究表明，焦虑、自卑、抑郁、人际关系敏感等心理问题往往与偏倚的、消极的自我概念显著相关。

### （五）归因方式

归因方式指大学生对他人的或自己的行为过程所进行的因果解释和推论。美国心理学家韦纳认为，能力、努力、任务难度和运气是人们在解释成功或失败时知觉到的四种主要原因，并将这四种主要原因分成控制点、稳定性、可控性三个维度。韦纳的研究表明，每一维度对动机和情绪都有重要的影响。在内外维度上，如果将失败归因于内部因素，则会产生羞愧的感觉；归因于外部因素，则会生气。在稳定维度上，如果将失败归因于稳定因素，将会产生绝望的感觉；将失败归因于不稳定因素，则会生气。在控制性维度上，将失败归因于可控因素，则会继续努力；归因于不可控因素，则会绝望。大学生自卑、抑郁等心理问题往往与他们在归因过程中的认知偏差和动机偏差有密切关系。

### （六）社会比较

社会比较指大学生将自己的个性品质、观点和行为与他人进行比较的过程，可使大学生产生新的自我知觉、自身处境知觉及生活质量知觉，在一定程度上决定了大学生的自我概念、情绪状态和对未来的期望，从而对其心理健康产生影响。实证研究表明，在社会比较方面的总体消极特征较为明显，或者在社会比较控制感方面的外控程度、易比性上对社会比较的依赖程度较高，体验性方面的自我怀疑等负性情绪强度、偏执程度较高，属于“消极的社会比较组”的大学生，其心理健康水平显著低于那些在社会比较方面总体上具有相对积极的特征，或者在社会比较的控制感方面具有适宜程度的内外控特点，在易比性方面对社会比较能够灵活运用，在体验性方面表现出良好的自信，在突出性上能够较为客观全面地选择社会比较的对象、事件和看待比较的结果，属于“积极的社会比较组”的大学生。刻板的社会比较方式是影响大学生心理健康的重要因素。

### （七）社会支持

社会支持是指以大学生（被支持者）为核心，由大学生和他人（支持者）通过支持行为所构成的人际交往系统。社会支持包括三个维度：一是客观支持，指客观的、可见的或实际的支持，它独立于大学生的感受，是客观存在的现实；二是主观支持，指主观的、体验到的或情感上的支持，是大学生在社会中受到尊重，被支持、理解的情感体验和满意程度，与大学生的主观体验密切相关；三是对支持的利用度，指使用社会支持的多少。社会支持在心理健康中所起的主要作用在于其对身心健康的增进及维护。实证研究也验证了这一结果，获得客观支持较多、主观上对获得的支持较满意、对社会支持的利用度高的大学生能保持较好的心理健康状况，社会支持差的大学生其心理健康状况也较差。

### （八）偏执的认知

常见的不合理认知有四个。第一，过分追求完美。大学生有着“天之骄子”的成功感，有些人往往表现得争强好胜，事事力求做得最好。追求完美的精神，可以促使大学生不断突破自我，但一旦超过了限度，就会产生诸多不良心理。例如，因为过分追求完美，大学新生容易把同学作为竞争对手，与同学产生对立和矛盾，并因此觉得同学不喜欢自己、孤立自己，因而伤心失望。

第二，选择性概括。有这种认知方式的大学生，常会根据事情的个别细节对整个事件做出结论。如有些怀着美好梦想的新生，当冒着酷暑在不同的大楼里排着长队报到、缴费、领取用品、安放行李时，难免会感到头昏脑胀、烦躁不安。这一小事可能就打碎了他们对大学的美好梦想，并由此产生深深的失落感。

第三，“全或无”的绝对化思维。有这种思维方式的大学生对事物的认知是要么全对，要么全错；要么全好，要么全坏。将一切绝对化，把生活视为非黑即白的单色世界，没有中间色，这一思维方式很容易使大学生产生情绪上的困扰。

第四，灾难化思维。当代大学生大多数是独生子女，有些人从小就习惯以自我为中心，缺乏必要的自主生活能力和独立处理事务的能力。进入大学之后，他们暂时与家庭隔离，一旦在学习和生活上遇到挫折，他们不懂得如何应对，往往会把挫败灾难化，或终日无助地哭泣，或惶惶不知所措。

**成长案例**

#### 一封自杀大学生留下的遗书

“我真的不知道该如何选择，我的性格本来就很冲动、内向、偏激。做出这个决定我真的想了好久，突如其来的打击令我无法承受。我也想爱我的家人和同学、朋友，可是仍然不明白，命运为何如此不公。我原本生活得很幸福，但由于天真、无知、愚蠢，把自己推向了绝境。我谁也不怪、不恨，我不断地责怪自己，也许我本不该来这个世界……现在，我终于向命运屈服了，我的世界里只有悲伤，我想要的东西都远离了我。既然现实这么残酷，我无法选择坚强。我会把一切悲伤带走。”

【分析】导致该生自杀的原因包括：①冲动、内向、偏激的个性；②指向内部的归因方式；③消极的自我概念；④偏执的认知，包括选择性的概括（“我的世界只有悲伤，我想要的东西都远离了我”）、“全或无”的绝对化思维以及灾难化的思维。

大学生应积极识别影响自我心理健康的因素，根据影响自身的因素不断调整自我，让自己的心理保持健康。

## 二、家庭因素

家庭是人成长的重要环境，父母是孩子的第一任老师，家庭环境是否良好，父母的教育方式是否得当，直接关系到子女能否健康成长。从大学的心理咨询实践来看，出现心理问题的大学生很多与家庭环境、父母的教育方式有关。

### （一）父母对子女的态度及教养方式

儿童早期与父母的关系以及父母对儿童的态度、教养方式也是影响个体心理健康的重要因素。儿童如果在早期与父母建立和保持良好的关系，对其以后的社会适应和人际关系有着积极的促进作用。相反，如果儿童在早期不能与父母建立亲密的关系，或者由于父母离异过早与父母分离，都会对他们今后产生消极影响。大学生中存在较严重心理障碍的学生，有相当一部分与父母存在对立关系，难以相容。

父母明智的教育会培养出心智健全的子女，反之会造成子女各方面的缺陷。我国独生子女家庭数量大大增加，大学生中独生子女的比例愈来愈高，子女就是父母的全部希望，父母热切盼望子女成才。因此，有些父母对子女在生活上过分溺爱、全部包办，导致子女在离开父母后生活不能自理。同时，在教育上父母对子女又过分严厉，使子女承担过重的心理压力，他们害怕自己的表现辜负了父母的期望，担心无法以优异的成绩报答父母，成绩不好时对父母更是有一种强烈的愧疚感。这类大学生人格特征和人际关系都存在较多问题，他们难以适应复杂的社会环境和人际关系，常常感到困惑无助。有一位大学生上大学仅一个月就被迫选择了休学，原因很简单，由于平时都是父母照顾生活起居，升入大学后，很多事情都要自己去处理，无法适应，不得已才做了这个决定。这位大学生身上反映的问题仅仅是一个方面，还有很多更悲哀的事例，让我们不得不反思家庭教育。

### （二）家庭结构和家庭经济情况

家庭结构的变化如单亲家庭、重组家庭等因素必然会对正在读书的大学生心理有一定影响；家庭经济状况特别是困难甚至贫困家庭的学生易产生心理不适感。由于家庭环境带来的学生心理问题其影响是深远而长久的。

**成长案例**

**媒体眼中的大学生**

2002 年 2 月 23 日，清华大学电机系在校本科生刘海洋为“考证黑熊嗅觉是否灵敏”，在北京动物园把硫酸泼向黑熊，后因故意毁坏财物罪，被北京西城公安机关依法刑事拘留一个月。

刘海洋，1998 年考入清华大学电机系，已被推荐为硕士研究生。其父母离异，一直跟随母亲生活，家庭经济条件不宽裕。如果仅从学习成绩上看，刘海洋同学无疑是一个好学生，从中学到大学一直名列前茅，而且“已通过研究生考试”。

刘海洋用火碱和硫酸残害北京动物园黑熊的事件震惊了整个社会，在全国范围内引起了强烈反响。

【分析】刘海洋虽然学习成绩非常优异，但心理发展却存在障碍。他由于从小父母离异家庭不健全，缺乏父爱，造成了性格缺陷，而偏差的母爱又造成了他的自卑和依赖心理。与同学之间并没有建立良好的关系，对于社会公德和伦理道德方面的意识缺失。刘海洋的自我过分压抑和自我意识的过于膨胀是引发问题的导火线。另一方面也说明，当今社会对于大学生的心理健康应该给予更多关注，应对大学生的心理发展进行良好的引导和干预，让大学生的心理积极、健康发展。

## 三、学校因素

### （一）生活环境的变化

生活环境的变化是促使整个人心理发生变化的基础。对于大部分新生而言，他们面临的是陌生的校园、新的学习目标、生疏的新群体。离开长期依赖的父母以及其他的亲人、朋友和熟悉的环境，开始独立生活，需要自己管理时间和财物，很多问题要自己拿主意，自己动手解决。所有这些都会给大学生带来不同程度的环境应激。当这种应激超过一定的限度时，就会引发一些心理问题，如适应不良、食欲不振、孤独寂寞、烦躁不安等。

### （二）复杂的人际关系

大学是人际关系走向社会化的一个重要转折期。与中学生相比，大学生的人际关系更为广泛与深刻，角色呈多元化，他们来自不同地域，有着不同的教育背景、不同的经济状况，带着各自的生活习惯与学业期待来到大学。新型人际关系的适应是大学生面临的重要问题，既有师生关系的理解，也有同班及宿舍的相处，还有异性交往的适应等。大学生与人交往和相处的经验相对较少，在短期内建立起一种和谐的人际关系，往往需要很多技巧，大学生们往往只感受到这一问题的重要性及其压力，而缺乏必要的经验和技巧。很多学生由于不知道如何处理复杂的人际关系，经常陷入苦恼之中。

### （三）单调的业余生活

由于缺乏足够的娱乐设施、场所、活动器材等，不少大学生感到学校生活“三点一线”的单调沉闷。因为青年期的大学生正处于长知识长身体、喜动好动、情感热烈的时期，单调的大学生活会使得大学生感到烦躁、无聊、缺乏热情而选择“宅”在宿舍，终日与手机或电脑相伴。社会变革和发展所带来的高情感的需求和对业余生活多样化的渴望，更使这一矛盾变得突出起来。

### （四）学习方式的转变

大部分学生习惯于中学老师详细的讲解和具体辅导，自学能力较差，依赖性强。但大学的学习目的、方法和内容都和中学时期不同，大学需要学生不仅有较强的自学能力、学习自觉性、自制力，而且还需要自己动手探索，发现和提出问题，而不再是死记硬背、墨守成规。同时，运用现代信息技术的能力是大学学习的必备素质，信息获取手段影响着大学生获取的信息量和学习的模式，直接影响着学生学习的效率。因此，在知识经济时代，信息技术的发展对大学生提出了更高的要求。如果把知识和信息比作汪洋大海，那么，这些新技术就是诺亚方舟，大学生必须学会驾驭这艘方舟，否则就难以在知识的海洋中前行。在大学，很多老师使用信息化技术上课，缺乏自制力的大学生往往会被与知识无关的信息所吸引，沉迷于刷手机，虚度光阴，最终一无所获。

## 四、社会因素

随着社会的发展、现代化程度的提高，人们的心理困扰日益加剧，心理疾患发病率随之上升，这几乎是一切国家在其现代化过程中都难以避免的现象。当前我国正处于社会转型时期，转型期社会的剧变必然会对大学生产生强烈的冲击，造成适应困难。

### （一）社会转型，价值多元

对价值的追寻是人类长期以来孜孜以求而又备受困扰的一件事。社会转型期间，一方面，旧的标准或规范已经失效，新的规范或标准一时还没有完全建立起来，存在着规范缺失；另一方面，由于社会的日益开放所带来的多元化，使人们强烈地感受到生存环境的不确定性而缺乏安全感。此外，诸如贫富分化加剧、金钱至上、道德失范等问题，也会对大学生产生冲击，造成一些大学生的适应困难。

### （二）社会竞争，就业困难

随着人才培养和就业制度改革中引入竞争机制，大学生感受到了巨大的竞争压力。在毕业分配的自主择业、双向选择、社会机构改革、下岗人数居高不下的背景下，社会向大学生提出了日益苛刻的用人标准。为了在剧烈的竞争中占有一席之地，大学生在学习、考证和参加各种兼职等实践活动之间疲于奔命，压力陡增。

**心理学堂**

**维护心理健康的九项行动**

《国务院关于实施健康中国行动的意见》和《健康中国行动（2019—2030 年）》倡导个人和家庭维护心理健康的九项行动措施包括：

一是提高心理健康意识。号召公众正确认识心理健康问题，树立“每个人是自己心理健康第一责任人”意识。

二是使用科学的方法缓解压力。针对竞争压力增大的情况，号召公众正确看待压力，使用合理方法缓解压力。

三是重视睡眠健康。倡导规律作息，保证充足睡眠时间，出现睡眠问题及时就医。

四是培养科学的运动习惯。考虑运动对调节情绪的积极作用，号召每个人培养适合自己的运动爱好。

五是正确认识常见情绪问题。针对人们常遇到的抑郁、焦虑情绪问题，提出抑郁障碍、焦虑障碍主要表现及治疗方法。

六是出现心理行为问题及时求助。鼓励公众发现心理异常时，树立求助意识，主动到专业机构治疗。

七是精神疾病治疗要遵医嘱。针对目前部分患者治疗过程中容易出现的减药、停药等问题，要求精神疾病患者按照医嘱规律治疗，提高治疗依从性。

八是关怀理解精神疾病患者。号召公众了解精神疾病可防可治，不歧视患者，营造关怀支持患者的环境。

九是关注家庭成员心理状况。强调家庭对个体心理健康的重要作用，鼓励家庭成员平等沟通交流，营造良好的家庭氛围。

# 心理训练营

## 活动一 心理自测

### 大学生心理健康测试

对以下40道题：如果感到“常常是”——画○；如果感到“偶尔是”——画△；
如果感到“完全没有”——画×。

| 题号 | 测试问题内容描述 | 选择 |
|---|---|---|
| 1 | 平时不知为什么总觉得心慌意乱，坐立不安 | |
| 2 | 上床后，怎么也睡不着，即使睡着也容易惊醒 | |
| 3 | 经常做噩梦，惊恐不安，早晨醒来就感到倦怠无力、焦虑烦躁 | |
| 4 | 经常早醒1～2小时，醒后很难再入睡 | |
| 5 | 学习的压力常使自己感到非常烦躁，讨厌学习 | |

续上表

| 题号 | 测试问题内容描述 | 选择 |
|---|---|---|
| 6 | 读书看报甚至在课堂上也不能专心一致，往往自己也搞不清在想什么 | |
| 7 | 遇到不称心的事情便较长时间地沉默少言 | |
| 8 | 感到很多事情不称心，无端发火 | |
| 9 | 哪怕是一件小事情，也总是放不开，整日思索 | |
| 10 | 感到现实生活中没有什么事情能引起自己的兴趣，郁郁寡欢 | |
| 11 | 老师讲概念，常常听不懂，有时懂得快忘得也快 | |
| 12 | 遇到问题常常举棋不定，迟疑再三 | |
| 13 | 经常与人争吵发火，过后又后悔不已 | |
| 14 | 经常追悔自己做过的事，有负疚感 | |
| 15 | 一遇到考试，即使有准备也紧张焦虑 | |
| 16 | 一遇挫折，便心灰意冷，丧失信心 | |
| 17 | 非常害怕失败，行动前总是提心吊胆，畏首畏尾 | |
| 18 | 感情脆弱，稍不顺心，就暗自流泪 | |
| 19 | 自己瞧不起自己，觉得别人总在嘲笑自己 | |
| 20 | 喜欢跟年幼或能力不如自己的人一起玩或比赛 | |
| 21 | 感到没有人理解自己，烦闷时别人很难使自己高兴 | |
| 22 | 发现别人在窃窃私语，便怀疑是在背后议论自己 | |
| 23 | 对别人取得的成绩和荣誉常常表示怀疑，甚至嫉妒 | |
| 24 | 缺乏安全感，总觉得别人要加害自己 | |
| 25 | 参加春游等集体活动时，总有孤独感 | |
| 26 | 害怕见陌生人，人多时说话就脸红 | |
| 27 | 黑夜行走或独自在家时有恐惧感 | |
| 28 | 一旦离开父母，心里就不踏实 | |
| 29 | 经常怀疑自己接触的东西不干净，反复洗手或换衣服，对清洁极端注意 | |
| 30 | 担心是否锁门和可能着火，反复检查。经常躺在床上又起来确认，或刚一出门又返回检查 | |

续上表

| 题　号 | 测试问题内容描述 | 选　择 |
| --- | --- | --- |
| 31 | 站在经常有人自杀的场所、悬崖边、大厦顶、阳台上，有摇摇晃晃要跳下去的感觉 | |
| 32 | 对他人的疾病非常敏感，经常打听，生怕自己也身患此病 | |
| 33 | 对特定的事物、交通工具（电车、公共汽车等）、尖状物及白色墙壁等有恐惧倾向 | |
| 34 | 经常怀疑自己发育不良 | |
| 35 | 一旦与异性交往就脸红心慌或想入非非 | |
| 36 | 对某个异性伙伴的每一个细微行为都很注意 | |
| 37 | 怀疑自己患了癌症等不治之症，反复看医书或去医院检查 | |
| 38 | 经常无端头痛，并依赖止痛药或镇静药 | |
| 39 | 经常有离家出走或脱离集体的想法 | |
| 40 | 感到内心痛苦无法解脱，只能自残或自杀 | |

测评方法：

一个○得 2 分，一个△得 1 分，一个 × 得 0 分。

评价参考：

（1）0 ~ 8 分。心理非常健康。

（2）9 ~ 16 分。大致属于健康的范围，但应有所注意，也可以找老师或同学聊聊。

（3）17 ~ 30 分。在心理方面有了一些障碍，应采取适当的方法进行调适，或向心理辅导老师寻求帮助。

（4）31 ~ 40 分。黄牌警告。有可能患了某些心理疾病，应找心理医生进行检查治疗。

（5）41 分以上。有较严重的心理障碍，应及时找心理医生治疗。

## 活动二　知识之窗

### 大学生心理健康观念四大误区

#### （一）误区一：心理有问题就是有问题，非黑即白

正如物理学中的运动和静止都不是绝对的，在这个世界上，没有绝对心理健康的人，也没有绝对心理有问题的人，在成长成才的过程中，每个人的心理都难免会出现一些小问题、小障碍。例如一个人或许在某段时期乐观向上，在另外一段时期却消沉沮丧。大多时候，心理健康和不健康并不是泾渭分明的对立面，它们与人是终身相随的。具体表现在以下两个方面。

（1）每个人都有心理问题，只是程度不同。如将正常比作白色，将不正常比作黑色，那么在白色与黑色之间存在着一个巨大的缓冲区域——灰色区，世间大多数人都落在这一区域内。如果一个人一点儿自卑感都没有，要么他是傻瓜，要么他昏迷了，要么他就成了自大狂。说自己没有任何心理健康问题是自欺欺人的，当一个人反复说他自己没有任何心理健康问题的时候，他很可能已经病得很严重了。其中一种极端的情况就是，精神分裂症病人，病得越严重，就越坚持认为自己没有任何精神疾病。

（2）心理健康与否，不单纯是由个体自身的心理状况决定的，还取决于跟环境的关系。即要看这个人能否适应环境，能否积极参与、从事一些建设性的、有社会意义的工作，并能够识别不同情景的差异，能够根据具体环境的不同，采取最适当的行为方式去适应。例如：一个内心没有安全感的人，可能会想方设法增强他的安全感，会追求对生活、对他人的绝对控制，他可能会去认真做学问，成为火箭卫星发射专家；也可能会去挣很多钱，成为富豪；还可能去攫取权力，成为很高级别的行政管理者等等。这些人，即使带着心理问题去生活、去工作，他们还是可以在社会上生存并得到快乐。这些人在某些方面得心应手，取得巨大成就时，可以说他们是“心理健康”的，但从另一角度来看他们的心理也可能是不健康的，比如当他们谈恋爱或处理婚姻问题时，可能会以“绝对权威者”和“绝对控制者”来对待自己的恋人或配偶，他会说：“你看，我是富豪，我是领导，我是成功人士，我是正确的，你应该听我的！”当他们把工作上的成功经验用来处理恋爱或婚姻问题时，结果可能适得其反，这时候又可以说他的心理是不健康的。

### （二）误区二：心理一旦有问题就很难处理，所以感到很恐怖

从发展的角度来看，心理是否健康是一个伴随人一生的成长课题。研究表明，人的心理发展具有很强的阶段性，也就是说，每一个人在人生发展的不同阶段，由于对该阶段发展任务的适应情况不同，其心理发展可能是健康的，也可能会变得不健康。例如，进入青春期的孩子，有的适应得好，会顺利度过青春期，健康快乐地进入下一个人生发展的阶段；而有的适应得不好，就会出现一些不良的行为与心理问题，甚至面临着心理危机。因此，如果一个面临心理危机的大学生，能够得到及时的关注与有效的帮助，那么在将来的学习与工作中就有可能摆脱心理危机而踏上健康愉快的人生旅途。可见，心理发展的这种阶段性说明了心理发展具有很强的可塑性。心理问题是可控可防的，它并不可怕。

### （三）误区三：心理有病的学生才需要心理健康教育，对于没有病的学生没必要开展普及性教育

从个别与整体的关系来看，个别学生确实会遇到难以排遣的心理问题，需要得到特别的疏导和指引，但每位大学生都有遇到难解的心理问题的可能，接受心理健康教育应该成为每位大学生的共识。因此，大学生心理健康教育是针对所有大学生心理发展的需要而开展的普及性教育活动，它旨在努力提高和培养大学生的心理素质，帮助大学生学会恰当有效地应对现实生活中所面临的各种压力，进行情绪调节等，使大学生更积极有效地去适应自身的发展和社会的变化。

（四）误区四：心理健康教育就是道德教育

从人性化与道德的关系上看，思想品德教育比较注重的是培养学生的集体主义精神和利他主义行为，当学生犯错误时，很容易用社会道德对其进行谴责，而忽略了学生个人的心理发展状况，不能对学生施以有效柔和的引导。进行心理健康教育时应该正确看待学生的不良行为，理解其发生的原因并引导学生走上正途。心理健康教育要求教师不仅要注意到行为本身，更要去找出促使这些行为发生的心理因素，也就是说，不能用简单的道德标准去评判学生，也不要对学生进行僵硬的说教，而应该以人为本，人性化地去理解和教育学生，用心贴近学生，用心感化学生。

## 活动三　拓展训练

### “松鼠”搬家①

活动目的：

（1）让学生在游戏中体验竞争和被淘汰的残酷，感受合作的力量。

（2）开拓学生思维，在竞争中体验双赢的快乐。

活动时间：

10 分钟左右。

活动场地：

室内、室外均可。

活动程序：

（1）参与者每三人为一组，其中两人双手举起对撑搭成一个“小木屋”，另一个人扮“小松鼠”，蹲在“小木屋”里。

（2）根据主持人的口令进行变化，如：“松鼠搬家”——“小松鼠”调换到其他的“小木屋”；“樵夫砍柴”——搭建“小木屋”的两个人分开，寻找新的“樵夫”搭建新的“小木屋”；“森林大火”——“小松鼠”可以变成“樵夫”，“樵夫”可以变成“小松鼠”。

（3）主持人不断变化着发出口令，大家做出相应的变化。在活动一开始安排两只无家可归的“小松鼠”充当竞争的角色，这样在变化中必然会有新的“小松鼠”或“樵夫”被淘汰。

（4）集体分享活动的感悟。

注意事项：

（1）要有足够大的活动空间，便于“小松鼠”和“樵夫”跑动变化。

（2）本活动人数越多效果越好。无家可归的“小松鼠”和没有“小松鼠”的“樵夫”均被淘汰。

（3）主持人要关注多次被淘汰的“小松鼠”和“樵夫”，可以请他们表演节目或交流被淘汰的原因及心理感受。

① 杨敏毅，鞠瑞利. 学校团体心理游戏教程与案例［M］. 上海：上海科学普及出版社，2006：17–18.

# 第二章　大学，我来了

## ——大学生适应心理辅导

对于每个人来说，鲜花和掌声只是过眼云烟，它只能代表过去，而不能代替将来。走出鲜花和掌声后，仍然是平常的路。

——傅龙

### 本章要点·

1. 认识大学生活。
2. 了解大学新生常见的心理困扰。
3. 掌握适应大学生活的方法。

### 故事导入

**胡萝卜、鸡蛋和咖啡豆，你是哪一个？**

一天，女儿满腹牢骚地向父亲抱怨起生活的艰难。父亲平静地听完女儿的抱怨后，把女儿带进了厨房，往三个同样大小的锅里倒进了一样多的水，然后将一根胡萝卜放进了第一个锅里，将一个鸡蛋放进了第二个锅里，又将一把咖啡豆放进了第三个锅里，最后把三个锅放到火力一样的三个炉子上烧。女儿站在一边，疑惑地望着父亲，不明白他的用意。

20 分钟后，父亲关掉了火，将煮好的胡萝卜和鸡蛋分别放进了盘子里，将咖啡豆煮出的咖啡倒进了杯子。然后他问女儿："孩子，说说看，你见到了什么？"女儿不屑地回答："还能有什么，当然是胡萝卜、鸡蛋和咖啡了。"父亲说："你不妨碰碰它们，看看有什么变化。"。女儿研究了一下三样东西，回答道："这是一根已经变得很软的胡萝卜；那是一个蛋壳很硬、蛋白也已经凝固了的鸡蛋；杯子里则是香味浓郁、口感很好的咖啡。"说完，她不解地问父亲："可是，爸爸，这和我有什么关系呢？"

父亲严肃地看着女儿说："你看见的这三样东西遇到了同样的逆境——沸水，可它们的反应却截然不同。胡萝卜开始的时候是硬的，但经开水煮过之后软得像泥；生鸡蛋是那样的脆弱，蛋壳一碰就碎，可是煮过后连蛋白都变硬了；而咖啡豆在水煮之后却改变了水的形态和味道，而且水的温度越高，咖啡豆的味道就越香醇。"父亲说完之后接着问女儿："那么，你是他们中的哪一个？"父亲这一问扰动了女儿的心。

来到大学校园后，我们新的生活和人生就开始了。小小的校园俨然一个小小的社会，也是一个万花筒，有着丰富的内容。与单纯的中学校园相比，大学校园略显喧闹了些。面对生活环境的转变、学习方式和知识结构的变化、理想和现实的落差，许多大学生都产生了不适、困惑与迷茫。面对生活的“煎熬”，你是愿意像胡萝卜那样一开始坚硬强壮，后来却变得软弱无力？还是像鸡蛋那样一开始有着柔软而敏感的内心，却在生活的压力下逐渐变得强硬又冷漠？抑或像一把咖啡豆，身受损而不堕其志，在适应环境的同时改变着环境，无论环境多么恶劣，都向四周散发出香气、用美好的感情感染周围所有的人？本章将带你走进新环境，教你认识大学新生的角色转换，帮助你更好地适应新生活，将生活的苦涩煮成一杯香醇可口的咖啡。

## 第一节 认识大学

每个进入大学的新生，都曾有一个梦中的大学。梦中的大学校园风景如画，教室里书声琅琅，师生亲切友善，生活快乐充实；梦中的大学有先进的教学设备，优秀的教师队伍，优越的生活条件，而且最重要的，它是能使自己的理想腾飞的地方。可进入大学以后，很多新生都会发现理想与现实的差别，大学与高中的学习和生活有很大的差异，这些差异都曾一度令他们彷徨、苦闷。那么，究竟怎么认识大学，怎么去体会和过好大学生活呢？要适应大学生活，就让我们从了解大学开始。

### 一、大学的使命

刘伟章在《大学的精神》一文中谈道：“大学教育是塑造灵魂的教育。”在大学里，我们的任务绝不仅仅是学习书本知识，更要塑造自己的灵魂，也就是培养高尚的品格，树立伟大的理想，积淀人生的智慧。在大学里，一方面，我们需要在广泛阅读的基础上，培养自己的独立思想，使自己具有独立判断能力和创造性思维能力；另一方面，要塑造自己完善的品性，使自己具有博大、宽容的胸怀，能够与自己、与他人、与周围的环境和谐相处，能自主决定和承担责任。

联合国教科文组织在关于21世纪世界教育战略研究的报告中倡导，当代大学生的主要任务为四个“学会”。

1. 学会做人

大学生首先要学会做人，适应与发展的目的在于：使人日臻完善；使人格成熟，不断增强自主性、判断力和个人的责任感；使人拥有正确的人生观、价值观，拥有明确的伦理道德观和是非观，能够遵守社会公德，使自己的各项行为符合新时期大学生的行为规范。学会做人还意味着大学生要热爱生命并感激生活的馈赠，承担起个人的社会责任，除了关注自身以外，还有对亲情友情的看重，与亲朋好友的密切联系，对父母的关爱与体贴。

2. 学会做事

学会做事是指用一种善始善终的态度认真对待和处理各种事务，坚持不懈并力求完善。有些大学生做事不愿动脑思考，没有条理，杂乱无章；有些大学生做事只凭兴趣、虎头蛇尾或者偷奸耍滑、应付了事；还有些大学生做事畏难情绪严重，还没开始已经为自己找好了几百个失败的借口，这些都是做不好事情的。古语有云：“天下事有难易乎，为之，则难者亦易矣；不为，则易者亦难。”马云在湖畔大学演讲时说：“一个人做事要有三重境界，分别是：做得到，做得好，做得妙。”我们的生活与工作的本质就是去做一件件或大或小的事情，学会做事，不仅是要掌握做事的技能与方法，还要培养良好的做事态度，严谨细致，认真负责，更要在做事的过程中学会总结经验、提高效率，把不喜欢做的事情也能做到极致，唯有如此，我们才能在事情面前不慌不乱，从容自若。

3. 学会与人相处

在现代社会中，与人和谐相处既是一种人际交往能力，也是人生成功的一种人际资源。大学生应当对他人有尊重、真诚的态度，能够接纳他人的长处与不足，能够与他人进行良好的沟通，在沟通中建立亲密的合作关系，在相互交流与分享中促进自我和他人的成长与发展。

4. 学会学习

学习是一个终生的任务。大学生应当热爱学习，不断用新的知识充实自己；不但要学好本专业的知识，而且要学习与之相关的各种人文和自然科学知识，拥有跨学科的交融能力，拥有综合分析问题、解决问题以及在复杂信息环境下检索和判断的能力，拥有不断创新的能力。学会学习，不仅仅是为了获得知识本身，更重要的是获得一种认识世界的手段和能力。

## 二、大学新生角色的转变

### （一）社会角色的转变：从中学生到大学生

**名人故事**

英国女王维多利亚是历史上有名的女王，但是她私下和丈夫阿尔伯特亲王相处时，也不免有一般家庭的争执场面。有一次，他们夫妇又吵架了，丈夫阿尔伯特愤而回到卧室，并且关上了门。事后维多利亚女王想了想，知道是自己理亏，就在房间外敲门，打算向丈夫道歉。“谁？”女王在敲门后，听到丈夫这样问道。女王答：“英国女王！”可是屋内没有任何回音。女王继续说：“我是维多利亚。”可是对方依旧没有开门。最后，维多利亚又敲了敲门，然后温柔地说道：“对不起，亲爱的开门好吗？我是你的妻子。”这回房门终于从里面打开了。

社会角色是指处于一定社会环境的人应当具有的与其社会环境和身份相适应的责任及履行责任的行为模式，是个体在特定的社会关系中处于一定位置时所执行的职能。在社会生活的不同时刻、不同场合，每个人都处于特定的位置，承担着相应的社会职责和社会义务，即扮演着不同的社会角色。例如维多利亚女王在家里的角色就是妻子而不是女王。在社会中，每个人都要扮演好几种角色，如果弄错了场景，这些角色之间便会发生冲突。因此在不同的环境中，我们需要及时转换到与环境相适应的角色中，及时对所承担角色的权利与义务有明确的认识，对该角色应有的行为做出清晰的理解，以求顺应变化，尽早进入新角色，转换角色行为。

学生从中学进入大学，身份变了，相应的社会角色也发生了改变。由中学生转变为大学生，成为真正意义上的成人，这个角色转换是大学新生首先要面对的。一般说来，中学生的心理和思想仍不够成熟，职业方向仍不确定，他们是潜在人才；而大学生作为“准人才”，职业方向基本确定，社会对其期望和要求也比中学生高得多。因此，大学新生的思维方式也要由“非成人化”向“成人化”转变，由感性向理性转变。

### （二）奋斗目标的转变：从升学到就业

受应试教育的影响，中学阶段学生的奋斗目标很明确也很单一，即一切围绕高考而拼搏。进入大学后，原有的目标已经达成，而新的目标还没确立，学生容易感到迷茫与彷徨，不知所措。之所以会出现这种现象，主要是因为刚入学的新生没有及时适应大学的学习与生活，对大学与高中存在的差别缺乏认识。

高职院校培养学生的目标是培养各类专业技术人才，专业课的教学直接指向就业、传授各种专业知识和专业技能，具有很强的专业性、实践性和针对性。一名合格的大学生应该学有所长，毕业后能适应社会的发展，要重新确定更高的理想和目标，尽快实现由应付升学考试到提高自身素质和能力的转变。因此大学生应从各方面锻炼自己，努力学习专业技术知识，并提高实践应用能力、团队合作能力与组织协调能力等，这样才能为大学生活打下坚实的基础，为将来顺利就业铺平道路。

### （三）生活方式的转变：从依赖到独立

在中学阶段，学生的主要任务是努力学习，学生的大部分时间与精力都投入学习之中，饮食起居、衣食住行大都由父母包办，导致学生的独立生活能力普遍较差。而进入大学，脱离了父母的视线，大学生需要学会独立自主，自己安排与照顾自己的日常生活。不仅衣食住行与吃穿用度等日常生活琐事需要自己处理，课余生活与文娱活动需要自己安排，甚至连影响今后人生发展的升学就业与人生规划都需要自己做出决策。这让许多学生感到新鲜与自由的同时，也会产生无从下手与无所适从之感。

大学新生要有意识地尽快适应生活方式的转变，坚持自己的事情自己做，今天的事情今天完成，从生活琐事入手，严格要求自己，控制生活节奏，处理好学习与休闲的关系，培养良好的生活习惯，为步入社会、独自生活做好准备。

### （四）学习方式的转变：从被动到自觉

中学生主要从课堂教学中获取知识，学习途径单一，学习上大多处于被动状态，习惯于在老师的督促、检查和具体指导下进行学习，对老师的依赖性较强。而大学学习的主要特征是自学，尤其是高职院校的学习具有较强的专业定向性和实践性，每一门课程都有完整的理论体系、无限发展的空间和领域，老师在课堂上大都只讲重点，真正是

"师傅领进门，修行在个人"，以老师为主的教学模式变成了以学生为主的自学模式，强调学生在广泛阅读、全面学习的基础上进行独立思考。因此，大学阶段的学习需要学生有更自觉的学习态度、更强的自主意识，学会"怎样学习"，培养较强的自学能力和独立思考能力，养成良好的学习习惯。

### （五）人际关系的转变：从旧友到新友

中学阶段的人际环境相对简单，主要是父母、老师与同学，他们之间的交往没有语言的障碍、乡土的差异，彼此之间有着共同的奋斗目标，更能够相互理解与支持，快速地形成友谊。而到了大学之后，不仅要和来自不同地域、有着不同乡音习俗的同学打交道，还要和学校的各种行政部门、服务部门、医疗机构等工作人员打交道；如果参加社团或社会活动，还要与不同年级、不同专业、不同院系的校友打交道；勤工助学、实习实践等还需要广泛接触社会，人际交往范围扩大，人际交往的难度也增加。尤其是刚入学的大一新生，新结交的朋友寥寥无几，旧时的玩伴又分隔两地，容易产生孤独寂寞之感，更加需要建立和谐的人际关系。

良好的人际关系，是事业成功与生活幸福的前提。大学生要想适应不断变化的时代和现实社会，要想有所作为，就必须不断努力培养自己的人际交往能力，掌握必要的社交礼仪与交往技巧，发展和谐良好的人际关系。

# 第二节　大学新生的心理特点

## 一、因理想与现实的差距而产生的失落心理

进入大学以前，许多学生对现实社会以及大学生活了解甚少，部分中学老师为了提高学生的学习热情，过分夸大大学生活的美好，学生夜以继日地努力读书学习，将所有的希望都寄托在大学生活上，将大学幻想成乌托邦。因此，新生常常对大学生活抱有过高的期望和不切实际的幻想。进入大学后，有些人会觉得现实的大学并非想象中的那么美好，理论知识枯燥乏味，漫长的"三点一线"（教室—宿舍—食堂）生活，失落感油然而生，一时之间难以适应，继而产生困惑、迷惘、失望等消极情绪，失去内在的学习动力和奋斗目标。另外，有的学生不知道自己喜欢什么、能做什么，没有学习目标与学业规划，被动按照学校的安排简单而重复地生活，或者表现为茫然失措。虽然大学生活比高中更为自由，但许多新生依然会怀念高中生活的充实忙碌。还有的学生因为高考没考好或选择志愿时没有选好，无奈地选择了自己并不满意的学校或专业，由于对录取学校所学专业的不接纳、不认同，心理上的抵触情绪和失落感比较严重。

## 二、因盲目比较而产生的自卑心理

离开中学的小天地，进入人才济济的大学，学生的自我评价会受到不同程度的冲击。在大学，成绩不再是评价一个人的唯一标准，更注重学生的综合素质，这为大学生

提供了展示自我的广阔舞台，那些知识面宽、组织能力好、社交能力强或有文体特长的学生备受关注，那些性格内向、不善言语、交际能力差的学生看到周围的同学在人群中闪闪发光，而自己却普通又平凡时，容易产生自卑之感。另外，家庭贫困也容易导致自卑与抑郁，来自偏远山村和落后小镇的新生面对繁华都市生活气息的冲击，背负着巨大的经济压力，也容易产生严重的自卑心理。

**成长案例**

小柯即将到广州的一所重点大学求学了，他在中学里一直勤奋学习，把分数看得很重，因此他除了学习成绩优秀以外，就没有别的特长了。他担心，在大学这个高手云集的新环境中，他找不到属于自己的位置。每当他想到将要投入全新的大学生活时，小柯就有点发怵。

【分析】由于心理发展的不成熟性、缺少社会经验和人生阅历，相当一部分学生在升入大学后不能准确地认识自己，给自己较合理的定位，而家境贫寒、长相平平、没有兴趣特长或成绩不如意的学生往往更容易不恰当地低估自己，从而滋生自卑感、羞辱感，消极退缩，自我封闭。重新认识自我，客观评价自我，正确地找到自己在角色转变后的位置，是帮助学生自己找到正确的奋斗方向的前提。“天生我材必有用”“尺有所短，寸有所长”，每个人都有自己的长处和短处，要去发现并挖掘自己的长处，同时要适当地降低对自己的希望值，接受不完美的自己。放松捆绑自己精神的绳索，以开朗的心情投入大学生活，才能获得丰富多彩的大学生活。

## 三、因追求独立与依赖性强而产生的矛盾心理

大学生经过十几年的寒窗苦读，好不容易摆脱父母的管教，来到一个新的环境，外加生理年龄基本达到 18 岁成人的要求，自然会产生一种“成人感”，萌发出很强烈的独立意识，强烈要求社会承认他们的成人资格，再也不愿意他人用看待孩子的眼光看待自己。在大学生活中，大学生在时间与空间上都具有较大的行动独立性，在思想言行上表现出极大的自主性，在经济上具有一定的可以自我支配的自由，而且生活中也有许多事情要完全依靠自己来处理和完成，这些都促使他们的独立意识迅速发展，加强了他们的成人意识，他们希望得到和成人一样的尊重和理解，也希望能够承担一部分属于成人的责任。如大学生会强烈渴望通过课外兼职、寒暑假勤工助学等方式来满足自己的学习与生活开销，减轻家庭负担，实现经济独立。2019 年 3 月，中国青年报记者对 805 名大学生进行调研显示，受访者中有经济独立想法的大学生占 89.32%，而在这些希望经济独立的学生中，有 72.88% 已经开始行动，实现了不同程度的经济独立，其中约有 8% 的大学生基本或完全实现经济独立，“觉得自己长大了不想向家里要钱”是大学生追求经济独立的主要原因。

然而，大学生普遍在经济上不得不依靠家庭，遇到生活的难题时也不得不向父母求助；在功课上缺乏自学能力，希望得到老师的指导和帮助；在思想上比较单纯，社会阅历不够，缺乏对复杂社会的了解；各方面实际能力还没有得到充分锻炼，缺少必要的经验，在遇到复杂的问题时往往难以处理，渴望得到具体的帮助。这种依赖性最具体的表现就是等待心理：课后等待老师布置作业，考前等待老师"划重点"，课余等待学校发布各种竞赛、考级、考取证书的通知，生活上等待辅导员、班主任帮助自己处理难题，经济上等待父母的资助，孤独时等待同学伸出友谊之手……然而，大学生需要勇敢地跨越习惯的依赖性，迈出独立进取的一步。

**成长案例**

山东籍学生小亮是一名大一新生，由于大一课程比较少，闲暇的时间很多，小亮决定出去打工挣点零钱，于是找到一家小饭店当服务生。小亮干活的前几天感觉很累，感觉挣钱实在是太不容易了。他也暗地里对将来的工资做好了规划，买几本书、买一套鼠标键盘，剩下的钱存起来等将来要用的时候拿出来。"这都是自己的血汗钱啊，得好好利用着。"做了半个月之后，小亮提出辞职。拿到了1000 元的工钱后，小亮直奔商场，买了一大堆东西。又找了几个要好的同学大吃了一顿，晚上回到寝室才意识到，不到一天的时间，刚到手的 1000 元工资就被花光了，而留下的则是一堆头脑发热买来的东西。"我原本是想在大学里靠兼职挣点钱来养活自己，让自己独立起来，但花钱的那一刻似乎忘了这钱是怎么挣来的"，小亮事后说。这是第一次在外做兼职，在这之后，他和他的同学也似乎对兼职产生了"反感"，这种反感，像是一种畏惧的心理，这次之后他也没再做过兼职了。

【分析】追求经济独立的大学生群体正在扩大，大学生尝试经济独立的行为是值得鼓励与表扬的，但当代大学生接触社会面愈广，随之带来的风险也应该引起愈高的重视。面临勤工俭学、做家教、做代购微商、淘宝刷单等多种选择，有些选择存在风险，可能是精心设计好的陷阱，甚至导致大学生走向违法犯罪之路。缺少社会经验、心思单纯的大学生需要擦亮眼睛，做出正确、安全的选择。另外，大学生要在校园生活中培养和学会正确的理财方式，懂得怎样利用收入、合理支出，对大学生今后的就业以及创业都能起到积极的引导作用。

## 四、因人际交往挫折而产生的孤独心理

大一新生踩着青春期的尾巴踏入了大学校园，部分大学生受青春期封闭心理的影响，一方面渴望有人能够真正地了解自己、接受自己、认同自己，一方面又给自己设置了一道交友屏障，想广交朋友又不敢主动，渴望合群又缺乏社交技能，在社交关系中过分小心翼翼，过于在乎他人的评价，过度维护自我尊严，一旦遭受社交挫折就立马退缩回来，封闭自我。还有些学生因为性格内向安静、平时习惯独来独往而显得不合群，不

被室友或同学理解甚至遭到排挤。另外，同一个宿舍的同学朝夕相处难免会发生一些矛盾，那些性格任性、以自我为中心、敏感、对别人要求高的人经常会和室友发生矛盾，并且不知道如何去解决矛盾，致使矛盾升级，最后落得形只影单。在这个陌生的新环境中，大学新生还没完全建立起有力的支持自己的人际关系网络，而以往的亲朋好友又远在他方，甚至有所疏远，在遇到困难、遭遇失败或经受挫折时，不知道向谁倾诉，感到不被他人理解，无人关心自己，从而倍感孤独。

**成长案例**

“我离开了家乡，离开了昔日的朋友，我心里面非常迷茫、非常伤感，新同学的陌生更增加我心底那份化不开的孤独。每天我背着书包奔波于自习室和图书馆之间，独自品味着生活的白开水。每天起床是我最痛苦的时刻，因为我又要面对痛苦的一天。”小张的家庭条件并不好，父母把东拼西凑的学费交给他时，他的眼泪在眼眶中打着转。小张特别珍惜上大学的机会，满怀着抱负来到校园，想着学有所成报答父母。

他每天忙于学习，直到快熄灯的时候才回宿舍，洗漱完毕便上床准备睡觉。但是同寝室的人并没有睡意，他们大谈特谈，聊着班上哪个女生好看，最近流行哪款手机和电脑，小张完全插不上话。听着他们哈哈大笑自己又睡不着觉，心中又急又气。他独来独往，从不和宿舍的人一起吃饭，久而久之宿舍里的其他人习惯了没有小张的声音和身影。班级举行迎新生晚会，同宿舍其他几个人一起表演了节目，小张自己一个人坐在台下观看；宿舍里有同学过生日，大家在一起生日聚会的时候没有叫他。他觉得别人不喜欢自己，因为自己是农村来的，他感到很自卑。

【分析】每个大学生都有人际交往的需要和愿望，但却不一定知道如何与人交往，有些大学生在人际交往中过分地自我防护，这会使自己陷入孤立的境地，而人际适应不良又会折射到大学生活的其他方面。除了学习之外，大学生还有很多空余的时间，这些时间不妨用来多参加一些社团活动，不仅可以发挥特长，还可以锻炼人际交往能力，提升自身的价值感。也可以参加一些社会实践活动，积累实际经验，为以后参加工作做好准备。

## 五、因目标不明确而产生的迷茫心理

2017 年，《中国大学生成长白皮书》就近 8 万份青年大学生成长数据进行研究分析，发现 95.7% 的大学生存在迷茫和困惑，其中大一和大四学生最为明显，且地区越偏远、学校录取批次越低的大学生的迷茫和困惑程度越严重。其中，“学业”困惑与“职业”困惑在大学生的十大困惑之中分别排第一和第二。在步入大学以前，学生的奋斗目标明确而坚定——“考更高的分数，上更好的大学”。而这个目标达成之后，学生一下子失去了奋斗的方向，隐约知道上大学是为了找到好工作，但毫无社会工作经验的大学生完全不知道“什么是好工作”“找到好工作需要具备哪些技能，做好哪些准备”以及“自己所学的专业到底在毕业之后可以从事什么工作”，从而“我为什么要学习？”“学习有什么用？”“要学的内容这么多，我到底该往哪用力？”等问题也随之而来，这让无法在短期之内重新确立新的人生目标的大一新生异常迷茫与困惑。

## 六、因适应不良而产生的抑郁心理

大一学生刚刚告别高中生活、离开父母，进入一个新的学习和生活环境，短期内会产生“校园环境的不适应、人际关系的不适应、专业学习的不适应、作息规律的不适应以及饮食气候的不适应”等诸多不适，各种不适应混合交织在一起，促使部分大学生产生强烈的悲观抑郁情绪，在很大程度上影响了他们的辨别能力和判断力，使其看问题片面化、主观化、极端化，生活学习中遇到的小烦恼和小挫折都被无限放大。如果不能及时进行自我调整和得到帮助，则这种悲观抑郁情绪可能会导致其心理失衡、逃避现实、厌学退学，严重时形成心理障碍，甚至是产生轻生的念头。

### 成长案例

据《羊城晚报》报道，2005 年 9 月 9 日，广州某大学一名入学仅一周的新生，因“不能忍受这种生活”，从学校的 7 楼纵身跳下，当场殒命。据介绍，自杀男生是大一新生，9 月 4 日入学，正在参加新生军训。该生是番禺人，还有一个多月就满 20 周岁。可能是以前很少独立生活，该生入学后感觉不适应，他的一名同学回忆说，跳楼前他曾经抱怨“饭菜不合胃口，衣服也不会洗，不太适应这种生活”。9 日上午，其父母特意来到学校，准备在附近租套房子陪读。出事当天，他母亲看中华景新城的一套房子，但因租金太贵，就没有租。和儿子一起吃晚饭时，她告诉儿子，她不在附近租房子了，但会每天从番禺的家里做好饭菜送过来。当时儿子十分失望，吃完饭后，儿子说要回宿舍一会儿。到了晚上 7 点多钟，这场悲剧就发生了。

【分析】对于上大学前没有接受过独立生活训练的大学新生来说，大一上学期需要面临诸多挑战，倘若没有足够的心理准备，自然会产生抑郁、焦虑和恐慌情绪，需要一段时间的适应期，通常到了大二，很多学生就能够较好地适应大学的生活。所以，新生们要给自己一段适应新环境的时间。在这段时间里，你也许会感觉艰难而又痛苦，似乎好像再也撑不下去了，但请不要着急下结论，你的适应能力或许超过了你的预期。另外，有很多老师和同学都愿意帮助你，当你觉得自己真的撑不下去时，要敞开心扉勇敢地去寻求帮助。你也可以多向师兄师姐们请教交流，了解大学生活经验，多接触周围的环境和人群，消除恐慌心理。

# 第三节　怎样度过大学生活

古人云："识时务者为俊杰。"古往今来的杰出人物大都是先适应环境再寻求实现自我价值的。大一新生正处在大学生活的适应期，对周围的一切既陌生又好奇，这时需要主动调整好自己，以一种开放的心态让自己慢慢融入新的环境中去，走好大学生活的第一步。古希腊哲学家柏拉图说："良好的开端等于成功了一半。"只有以最大的努力去适应环境，才能把握机遇，争取成功。

## 一、适应大学环境

人生的烦恼，很多时候源于人不能接受现实、正视现实。一些学生进入一个新的环境，总留恋过去，不能自拔；遭遇了挫折与失败后，又不能很好地去面对，情绪低落，总沉浸在苦涩的回忆之中。来到新的大学校园，应该"既来之，则安之"。要尽快安下心来，平心静气地分析环境，分析自己，在新的环境中找到适合自己的成长点，重新找到生活的制高点。"过去"带给我们的只能是回忆，而"现在"需要的是行动。当我们选择了行动时，将体会到"今天"带给我们的充实、自由和欢乐，以及对明天的美好憧憬。人的一生会经历许多不同的生活环境，适应大学生活是人生中适应新环境的重要一步，是大学生步入社会生活的踏板。新的生活环境有许多新的特点，会给我们带来新的体验、新的愉快，"美是无处不在的，只是缺乏发现美的眼睛"，只要我们用心去发现，就会有所收获。在努力发现新的生活环境给我们带来的愉快的同时，我们也要尽快处理新的生活环境带来的不便。这样，才能更好地享受大学生活，安心地学习。

## 二、重新认识自己

重新认识自己，至少要做到以下几点：

①了解自己的优点、才能、兴趣、气质、性格，以及所处的客观环境，特别是对自己的缺点与弱点更要有所了解和接纳，始终把自己摆在正确的位置上。

②不要狂妄自大，也不要妄自菲薄，要不卑不亢，对自己要做出恰如其分的评价。否则，会导致不自量力、想入非非，或者过分自卑怯弱、丧失信心。

③虚心向别人学习，扬长避短，不能自欺欺人或者憎恨自己、咒骂自己，更不要因觉得自己"怀才不遇"而愤世嫉俗。否则，只会徒增焦虑、愤懑和痛苦。

④当暂时处于劣势或低谷时，不要垂头丧气，要相信自己，相信自己的身上还有很多有待发掘的"潜能"，只是尚未发现而已。也可以根据"补偿作用"原理，扬长避短，另谋他途，向适合自己发展的方向去奋斗、去拼搏，照样可以获得成功。先承认和接受"现实的自我"，然后创造"理想的自我"。

## 三、建立和谐的人际关系

通过人际交往，获得人际支持、认可和归属感，对个人成长非常重要。当代大学生如何处理好人际关系呢？首先，要学会耐心倾听。真正的倾听，要用耳朵、用眼睛、用心去听，大学生在交往中应做到耐心、细心、虚心地听，给予对方足够的尊重。其次，客观公正地看待别人，既不夸大其缺点，也不缩小其优点。"三人行，必有我师焉"，交往中应多注意和欣赏他人的优点，向他人学习。最后，构建大学生良好人际关系必须坚持真诚待人的原则。真诚待人主要表现在为人处世言行一致、表里如一，只有这样才能得到他人信任。做到以善意的态度来批评劝告，诚心地鼓励与赞美，而不是虚伪恭维与奉承，更不是粗暴讽刺与攻击。

## 四、培养自主学习的习惯

巴菲特说："一个人一生如果想要获得过人的成就，注定与读书和终身学习形影不离。"决定一个人格局与视野的从来不是地理位置，而是内心对自我成长的渴求以及终身学习的能力。当代大学生要想成为21世纪的高层次人才，不仅在学业上要勤奋、刻苦，掌握广博的科学文化知识，而且要紧紧抓住大学就读的机遇，学会学习，善于学习。在课堂教学、课堂笔记、阅读、自学能力、学习动力等方面养成良好的学习习惯。当然，学习，绝不仅仅是在学校里做的事。毕业后踏上工作岗位，要深入学习的东西很多，大学里学的知识技能远远不够，必须不断学习，持续提升。想要不被社会淘汰，想要在职业生涯中不断前进，想要变得越来越智慧、越来越好，学习必不可少。活到老，学到老，让学习伴随着我们的整个生命，唯有如此，才能够适应当今和未来社会发展的需要，使自己终身受益，使事业不断取得进步和成功，在激烈的社会竞争中立于不败之地。

## 五、学会管理时间

时间是最公平的，无论男女老少、贫富贵贱，所有人每天都只有24小时，一分不多、一秒不少。时间不可重来、不可储蓄、不可延伸、不可替代，但却可以规划。在大学适应问题上，时间管理是一个关键策略，有效的时间管理有助于我们更好地适应大学生活。时间管理，通俗地讲，就是提高时间的利用效率，它反映一个人对待时间的态度和价值观念，是一个人在运用时间方式上所表现出来的心理和行为特征。叔本华说："普通人只想到如何度过时间，有才能的人设法利用时间。"在我们焦虑、不知所措的时候，溜掉的不仅仅是好心情，还有时间。对时间的不同规划方式造就了不同的人生。人与人之间的差异，很大程度上就是由于对时间的处理方式不同造成的。时间管理的方法很多，最常用的是四象法则，即把事情按照重要和紧急两个不同维度划分为四个象限。

第一象限：既重要又紧急的事。这类事情无法回避也无法拖延，通常是需要立刻亲自处理的重要问题，或在限定时间内必须完成的任务。

第二象限：重要但不紧急的事情，如建立人际关系、撰写个人发展目标、拟定长期规划、进行体育锻炼、采取预防危机措施、从事准备工作等，这一类事情虽然不紧迫，但却十分重要，需要计划性处理。我们通常能认识到第二象限事情的重要性，知道应该认真对待，但却少有充足的时间加以落实，原因就在于这些都不是我们手头最紧迫的事情。正因为它们不紧迫，所以一般的人总是不去做。而事实上，只要我们能够认识到第二象限活动的重要性，并且能够积极主动地去做这些事，就会发现问题和危机都开始大大地减少，不再难以对付。

第三象限：紧急但不重要的事情，如接待访客及某些电话、信件、会议、社会活动等。人们容易把紧急的事情误以为就是重要的，因此，很多人把大部分时间花在应付一些自认为十分重要的紧急事件上，殊不知紧迫之事往往只是别人的优先，对别人很重要，对自己却不一定重要。杜拉克说："世界上最糟糕的事情就是把不必要做的事情做得很完美。"因此，对于这一象限的工作可以视情况等一等，或忽略。

第四象限：既不紧迫也不重要的事情，如琐碎而忙碌的工作、某些邮件、消磨时间的活动、娱乐活动等。有些人每天都在应付各种各样的问题，疲于奔命，因此只能借助第四象限的活动来逃避现实，稍微放松一下自己。

## 六、确立大学阶段的奋斗目标

**名人故事**

1984 年，在东京国际马拉松邀请赛中，名不见经传的日本选手山田本一出人意料地夺得了世界冠军。当记者采访他时，他告诉了众人这样一个成功的秘诀："我刚开始参加比赛时，总是把目标定在 40 多公里外终点线上的那面旗帜上，结果跑到十几公里时就疲惫不堪了，我被前面那段遥远的路程给吓倒了。后来，我改变了做法。每次比赛之前，我都要乘车把比赛的路线仔细地看一遍，并把沿线比较醒目的标志画下来，比如：第一个标志是银行；第二个标志是一棵大树；第三个标志是一座红房子……这样一直画到赛程的终点。比赛开始后，我就以很快的速度奋力向第一个目标冲去，等到达一个目标后，我又以同样的速度向第二个目标冲去。40 多公里的赛程就这样被我分解成这么几个小目标轻松地跑完了。"

目标是人生前进道路上的灯塔，是行动的指南针，只有目标明确才会动力十足，才能克服困难，勇往直前。作为大学生，要能够根据自己的需要和自身情况来设定自己的目标，例如：怎样安排自己的学习？如何看待自己的社会活动？如何安排自己的休闲和娱乐？设定的目标应该完整、清楚、合理，并将目标划分阶段。长远目标如毕业后将要从事什么样的工作，要如何立足于社会，要将自己培养成什么样的人才；阶段性目标如考试成绩、争取获得奖学金或者通过英语四六级、争当三好学生、专升本等。需要注意的是，目标既不应过于简单，也不应难度太高、不切实际。例如，每天背五个小时单词、每天早上五点半起床慢跑三公里，这样的目标可能因为难以实现而成为一纸空文。除此之外，还要有切实可行的措施把计划付诸行动。这样，一步一个脚印地走下去，就会有充实感、满足感，就不会有因为盲目乐观或目标失落而造成的无所事事和空虚无聊之感。辉煌的人生不会一蹴而成，它是由一个个并不起眼的小目标的实现堆砌起来的。

### 七、做好职业生涯规划

对于接受高等教育的大学生，做好自己的职业规划就是要考虑自己真正想做的是什么，对怎样才能做自己想做的事情、自己在大学中要在哪些方面有所积累、如何对待专业课学习、如何提高自己能力等问题做一个清晰的解答，并付诸实际行动，这样才有可能让自己的成功之路走得更为顺畅！要进行职业规划，首先，要有一个积极的态度，“心有多大，舞台就有多大”，要对自己的“舞台”有一个思考和决定；其次，要进行积极的自我探索，主动了解社会，明确自己的职业价值观并勇于实践，寻找一条适合自己发展的道路。

## 心理训练营

### 活动一　心理自测

**心理适应能力自测量表**

下面 20 道题，可以帮助你了解自己的心理适应性状况，每题有 5 种答案。请在阅读每题后，选择符合你的实际情况的答案。1 表示完全符合，2 表示比较符合，3 表示不清楚 / 不知道，4 表示不太符合，5 表示完全不符合。

| 序　号 | 题　目 | 你的答案 |
|---|---|---|
| 1 | 假如把每次考试的试卷拿到一个安安静静、无人监考的房间里去做，我的成绩一定会好一些 | |
| 2 | 夜间走路，我能比别人看得更清楚 | |
| 3 | 每次离开家到一个新地方，我总爱闹点毛病，如失眠、拉肚子、皮肤过敏等 | |
| 4 | 我在正式运动会上取得的成绩常比体育课或平时练习成绩好些 | |
| 5 | 我每次明明把课文背得滚瓜烂熟了，可在课堂上背的时候，却总要出点差错 | |
| 6 | 开会轮到我发言时，我似乎比别人更镇定，发言也显得很自然 | |
| 7 | 我冬天比别人更怕冷，夏天比别人更怕热 | |

续上表

| 序　号 | 题　目 | 你的答案 |
|---|---|---|
| 8 | 在嘈杂、混乱的环境里，我仍能精力集中地学习、工作，效率并未大幅度降低 | |
| 9 | 每次检查身体，医生都说我“心跳过快”，其实平时我脉搏很正常 | |
| 10 | 如果需要的话，我可以熬一个通宵，第二天仍能精力充沛地继续工作或学习 | |
| 11 | 当父母或兄弟姐妹的朋友来家做客时，我尽量回避他们 | |
| 12 | 出门在外，虽然吃饭、睡觉等环境变化很大，可是我很快就能习惯 | |
| 13 | 参加各种比赛时，赛场上越热烈，群众越加油，我的成绩反而越上不去 | |
| 14 | 上课回答问题或开会发言时，我能镇定自若地把事先想好的一切都完整地说出来 | |
| 15 | 我觉得一个人做事比大家一起干效率高些，所以我愿意一个人做事 | |
| 16 | 为了求得和睦相处，我常常放弃自己的意见，附和大家 | |
| 17 | 当着众人和陌生人的面，我感到窘迫 | |
| 18 | 无论情况多么紧迫，我都能注意到该注意的细节，不丢三落四 | |
| 19 | 和别人争吵时，我常常哑口无言，事后才想起该怎样反驳对方，可为时已晚 | |
| 20 | 我每次参加正式考试或考核的成绩，常常比平时的成绩更好些 | |

计分说明：

正向计分：第 1、3、5、7、9、11、13、15、17、19 题，共 10 题，将答案数值相加得总分。

反向记分：第 2、4、6、8、10、12、14、16、18、20 题，共 10 题，先进行分数转换，答案“1”=5 分，答案“2”=4 分，答案“3”=3 分，答案“4”=2 分，答案“5”=1 分，然后将分数相加得总分。

总分 = 正向计分项目总分 + 反向记分项目总分。

结果解释：

总分在 81 ～ 100 分表示适应性很强；61 ～ 80 分表示适应性较强；41 ～ 60 分表示适应性一般；21 ～ 40 分表示适应性较差；0 ～ 20 分表示适应性很差。

## 活动二　知识之窗

### 华侨大学外国语学院院长毛浩然教授给大学生的七点建议

（1）超前思维。经常问自己，假如我现在是十年后的自己，我会这么想、这么说、这么做吗？如果不会，那应该会怎么想、怎么说、怎么做？年轻是用来多走些路的，不是用来任性犯错的。

（2）扬长补短。补短，够用为度，只要不是硬伤即可。有点小缺点的人，才更真实、更可爱。做个有缺点但没有硬伤的人，延年益寿！

（3）时间管理。每天在睡前记下自己当天完成的耗时较多的三四件事情，并括号注明所花的时间。坚持 21 天，你的时间管理能力一定会突飞猛进。如果实在没东西可写，可以写“与闺蜜微信聊天（180 分钟）”。这样就知道时间去哪儿了。

（4）学以致用。完善知识结构和学以致用特别重要，学而不思、思而不写、写而不用，都不可能将知识真正吸收。同时，尽信书不如无书。要将逻辑思维和批判性思维进行到底。当然，批判是需要逻辑和理据的，批判绝不是为批判而批判，更不是无理取闹。

（5）天道酬勤。不要让今天的懒，成为明天的难！我们只有非常努力，才能看上去毫不费力。每个月争取做成一件高难度且具建设性的事，做不成意料之中，做得成那便自我超越、信心倍增了。多年后，你一定会感谢大学时代被迫全能的自己。

（6）智慧选择。选择比努力更重要。在错误的道路上，奔跑也没有用，方向错了，止步就是进步。要学会选择最佳、选择掉头、选择放弃。如果明明知道方向错误，还盲目坚持，其结果就是：生活不仅有眼前的苟且，还有远方的苟且。我们需要埋头拉车的勤奋，更需要抬头看路的清醒。

（7）德才兼备。具体描述三五年后你最希望自己成为什么样的人，以及三五年后你最不希望自己成为什么样的人。要让自己成为“想做事、会做事、做成事、好共事、不出事”的可信又可用的德才兼备之才。

## 活动三　拓展训练

### 成长三部曲

活动程序：

在一个舒适、安全、宽敞的环境里，全体成员蹲在一个大圈里，扮作“鸡蛋”。“鸡蛋”可以寻找和自己相同等级的“鸡蛋”进行猜拳（剪刀、石头、布），赢了的“鸡蛋”成长为“小鸡”（半蹲），输了的“鸡蛋”保持全蹲状态，继续寻找别的“鸡蛋”进行猜拳，只有获胜者才能获得成长的机会。成长的“小鸡”可以寻找同等级的“小鸡”进行猜拳，失败者退回到“鸡蛋”状态，获胜者成长为“大鸡”（站立），“大鸡”寻找同等级的“大鸡”进行猜拳，获胜者可以回到座位休息，失败者退回“小鸡”状态，继续猜拳比赛，直至所有的“鸡蛋”“小鸡”和“大鸡”都没有对手为止，结束游戏。

【分享】回想游戏过程中，当你在成长的过程中遭遇失败时，你的感受是什么？你是怎么做的？当你成功从一枚“鸡蛋”成长为一只“大鸡”时，你的内心感受是什么？你认为是什么因素在帮助你顺利成长？如果你没能顺利成长为一只“大鸡”，你的感受是什么？你认为失败的原因可能有哪些？

# 第三章 学海任遨游

## ——大学生学习心理

历史使人明智；诗词使人灵秀；数学使人周密；自然哲学使人深刻；伦理使人庄重；逻辑修辞学使人善辩。

——［英］培根

### 本章要点·

1. 了解大学学习的含义及特点。
2. 了解影响学习的智力因素和非智力因素。
3. 识别大学生常见的学习问题，掌握相应的调适方法。
4. 掌握大学生学习能力的培养策略。

### 案例导入

**大学应该怎么学习?**

小陈，20岁，大二学生，因在学习方面产生困惑，主动前往咨询室。他对心理老师说："上大学后就觉着解脱了，自己感觉好像从地狱走进了天堂。我现在每天就是不愿意学习，只想玩，看手机，甚至连坐着发呆都愿意，就是不思学习。虽然我也知道不应该有这种想法，但这种想法却时时冒出来，导致我总是提不起学习的兴趣。我周围的同学都认为'分不在高，及格就行'，所以我也认为无须再为学习成绩而长时间奋斗煎熬。我在这种思想支配下，变得慵懒，无所追求，没有目标，沉沦麻木。经过了一年大学生活后，我陷入了极度空虚的现状，对已经过去的大学生活我很不满意，对自己长时间的松懈追悔莫及，对自己的空虚状态感到痛苦。"

在高中，大家多多少少都会听说大学时的学习和中学的学习如何不同，但是，大部分学生都是真正进入大学之后，才开始体会到这种不同的深刻性。大学生生理特征已成人化，心理也正在向成人过渡，学习已完全成为每一位大学生自己的事，这一点有别于中学生，这正是由中学生到大学生所必须接受的变化。据调查，有相当一部分大学生不同程度地存在着学习心理问题。当前大学生普遍感到学习压力大，有部分学生表示有厌学心态，还有的大学生对考试存在着不同程度的焦虑，特别是学习基础比较差、性格比较内向、学习方法不够灵活的大学生最容易产生考试焦虑症状。有的大学生还伴有失眠和神经衰弱等症状。在对某大学 1000 名新生进行“入学后最迫切的愿望是什么”的调查中发现：40% 的新生“希望有丰富多彩的文娱生活”；55.5% 的新生认为“自己的学习目标不明确”；自认为“学习积极主动”的仅占 23%。据反映，我国部分大学毕业生存在“专业知识技能高不成低不就，无法胜任工作岗位，缺乏投身科研工作的能力”的问题，这无疑对高校全面推进素质教育及提高整体教育教学水平提出了巨大的挑战。

## 第一节　大学生学习心理概述

### 一、学习的定义

“学习”一词在日常生活中频繁使用，心理学研究的学习，包括广义的学习和狭义的学习。广义的学习包括人类的学习和动物的学习，指的是个体在特定情境下由于练习或反复经验而产生的行为或行为潜能的相对持久的变化。狭义的学习仅指学生的学习，其定义可概括为学生在教育活动中，通过经验引起的符合教育目的的行为或心理的相对持久的变化过程。平时我们所说的学习主要就是狭义的学习。

### 二、大学生学习的特点

每个大学生都会经历由中学学习方式到大学学习方式的适应期。大学阶段的学习与中学阶段的学习有着明显区别，主要体现为四个方面。①目的不同：在中学的学习更多是为了高分升学，而大学的学习是为了提升自己的能力。②内容不同：中学的学习内容主要是基础学科知识，大学生的学习除了专业的基础知识，还包括自己的兴趣领域的学习，比如喜欢做主持的学生就会去学习更多和主持有关的知识。③方法不同：中学的学习主要是背诵、做习题，大学的学习方法包括自主学习、参加实践、日常经验积累等。④来源不同：中学的学习主要来自课堂，大学的学习除了课堂，还包括生活、社团、兼职等。因此，大学生的学习具有其自身的一些特点，可概括为以下几个方面。

#### （一）学习的自主性和能动性更突出

中学阶段的学习学生对老师有较大的依从性，大学的学习更加强调个体在学习活动中承担角色，强调学习的自主性和能动性。大学生学习的自主性和能动性表现在三个方面：①学习时间具有自由支配性。据调查，大学生约有 45% 的学习时间可以用于自我支配，这就需要大学生合理安排学习时间，特别是课余时间。由于受讲课时间的限制，大学课堂往往是讲重点、难点、疑点，而不是面面俱到，在课前和课后就需要学生自己去研读、理解和掌握，需要学习自学。②学习内容具有较大的选择性。大学的课程既有公共必修课、专业基础课，还有选修课、专题讲座等，大学生可以根据自己的专长、爱好、兴趣自由地选择学习内容。而且，不同的课程对学生的要求是不同的，有的需要学生牢固掌握，有的只要学生有所了解，这些都给了大学生很多的选择空间。需要注意的是，大学生在选择课程内容时需要考虑学科内容与职业的契合性、学科的实用性、自己的兴趣以及自身素质的提升等。③更加重视知识的应用能力。“纸上得来终觉浅，绝知此事要躬行。”大学的学习不仅着眼于知识的积累，更加重视知识在实践中的运用。例如，小组作业、课程作品、毕业设计等，都需要活化知识，将知识学以致用。

### （二）学习的专业化程度高，职业定向性强

大多数学生在报考高等学校的时候，就选择了自己的专业，他们进入高等学校以后也是在相应的院系学习某个专业，这与中学生不分专业的学习有明显的不同。大学生在高等学校里，不仅要学习政治理论课程、品德与修养课程、外语、计算机等公共基础课程，还要学习相应专业的学科基础课程和专业课程。另外，还要在自己专业范围内选修一定学分的课程，这样才能在对本专业知识有较深入了解与掌握的同时，广泛涉猎各学科领域，扩大自己的知识面，实现“一专多能”，更好地适应社会对人才的需求。大学生在高校里学到的知识与他们将来的职业生涯有着密切的联系，是为他们未来的就业做准备的。

### （三）学习途径和方法更具多样性

大学生的学习途径是多种多样的，课堂教学已经不像中学时那样几乎是唯一的途径，大学生的学习活动还需要在课堂之外和学校围墙之外进行。例如，去听学校举办的各种讲座，参加教师的各种科研课题，参加学生社团，都是很好的课外学习途径；大学生还可以参观工厂企业，深入街道社区，进行社会调查和开展咨询服务，这些都是很好的校外学习途径，大学生可以从中学到很多在学校里学不到的知识。此外，互联网或者学习软件的学习资源也非常丰富，包括网易公开课、中国大学 MOOC 等学习类 App 及有质量的微信公众号等，可以帮助学生随时随地根据自己的需要进行学习。

**成长案例**

#### 学习和社团，哪个更重要？

杨某，大一学生。在进入大学之前，杨某从师哥师姐那里听到，大学里成绩只要及格就好，关键是要锻炼自己的实践能力。进入大学后，他就按照这样的思路，除了上课时间，其他时间几乎都不看书，忙于参加各种社团活动。快到期末考试了，他有点担忧，去找在校的老乡咨询。老乡说，既然是学生，学习仍然是大学的主要任务。这让小杨犯难了，到底孰轻孰重呢？

【分析】大学期间的主要任务仍然是学习，很多大一新生以为进了大学就可以高枕无忧了，其实不然，在大学里，面临的竞争更加激烈，学习成绩在某种程度上体现了你学习的态度和学习能力。当然，学习不仅仅局限于课本，在社团中培养能力也很重要，要平衡好两者，在大学中锻炼出社会需要的能力。

### （四）学习动机多元化

学习动机是指直接推动学生进行学习的一种内部动力，是激励和指引学生进行学习的一种需要。大学生的学习动机主要表现为四大类。第一类是报答性和附属性学习动机。如为了报答父母的养育之恩，为了不辜负老师的教诲，为了获得其他同学的认可和朋友的支持等。第二类属于自我实现和自我提高的学习动机。如为了满足荣誉感、自尊心、自信心、求知欲等而学习。第三类属于谋求职业和保证生活的学习动机。如为了获得一个理想的职位和高回报的收入而学习。第四类属于事业成就的学习动机。如希望自己在专业上有所建树，希望自己能对社会有所贡献，深感使命感、责任感和义务感等。

在同一个大学生身上，其学习动机也是多种多样的，但它们有主有从。研究表明，大学生中存在的四种主导性学习动机主要是：求知探索的动机、友情交往的动机、成就建树的动机、自尊自主的动机。这说明大学生是以求知、求学需要为主，同时具有珍视友谊、重视自尊和荣誉、追求成功的特点，其主流是健康的、积极向上的。

## 三、影响大学生学习的智力与非智力因素

### （一）影响大学生学习的智力因素

智力因素是学习的必要心理条件，也是成才的必要条件。智力因素是指人们顺利地解决某种活动所必需的各种认知能力的有机结合，主要包括观察力、记忆力、思维力、想象力、注意力等，其中思维力是核心。外界的一切信息只有通过注意和观察才能源源不断地进入大脑；想象力是智力的翅膀，只有两者结合，智力才能像矫健的雄鹰翱翔万里；记忆力是智力的仓库，只有这个仓库储存的信息足够丰富，智力工厂才能很好地进行加工；思维则是智力的核心，如果没有思维这一“加工机器”的正常运转，信息原料和动力资源都将是一堆废物，也就是说必须有思维的参加，智力才能发挥应有的作用。

**成长案例**

### 控制不住的走神

吴越（化名），某大学大三学生，学习一向刻苦，但是效率却越来越低，成绩也一次不如一次，她很苦恼。她说："自己上课时总是走神，一些事情总是不由自主地跑进脑子里来，看起来在认真听课，其实什么也没听进去；看书也一样，常常是盯着一行字看了十几遍却不知道自己看的是什么；有时候好不容易能专注起来，可不多久又会突然看不下去了。几乎把所有的时间都用在了学习上，但是效率却特别低，同样的学习任务，别人一会儿就做完了，我可能要一整天。我自己也很苦恼，可是越苦恼就越容易走神，我自己怎么都控制不住，我是怎么了？"

【分析】吴越遇到的是学习时注意力不能集中的问题。在正常情况下，注意力使我们的心理活动朝向某一事物，有选择地接受某些信息，而抑制其他活动和其他信息，并集中全部的心理能量用于所指向的事物。因此，良好的注意力会提高我们工作与学习的效率。注意力障碍，主要表现为无法将心理活动指向某一具体事物，或无法将全部精力集中到这一事物上来，同时无法抑制对无关事物的注意。

### （二）影响大学生学习的非智力因素

非智力因素是针对智力因素而言的，通常指除智力因素以外的各项心理素质，包括兴趣、学习动机、情绪情感、意志、性格等。

1. 兴趣对学习的影响

兴趣作为非智力因素的一个重要组成部分，对大学生的学习有重要的影响。古人云："兴趣是最好的老师。"与社会需要和自身能力等相结合的兴趣能推动个体进行探索性的学习，在学习中主动克服困难，排除干扰，产生灵感，培养创新精神，提高能力。孔子在《论语·雍也》中指出："知之者不如好之者，好之者不如乐之者。"将学习分为知学、好学和乐学三个层次，乐学就是一种高层次的学习热情和兴趣。

2. 学习动机对学习的影响

前面提到，学习动机是指直接推动学生进行学习的一种内部动力。学习动机不仅决定学习的方向，也直接影响学习进程的稳定性和持久性。学习动机的强弱影响学习效果。心理学家耶基斯和多德森的研究发现，动机强度与工作效率之间是一种倒 U 形曲线关系。各种具体活动存在一个最佳的动机水平，它随任务性质的不同而变化。较容易的任务中，效率随动机的提高而上升；随着任务难度的增加，动机的最佳水平有逐渐下降的趋势。一般情况下，中等强度的动机最有利于任务的完成。这个规律被称为耶基斯—多德森定律，如图 3–1 所示。

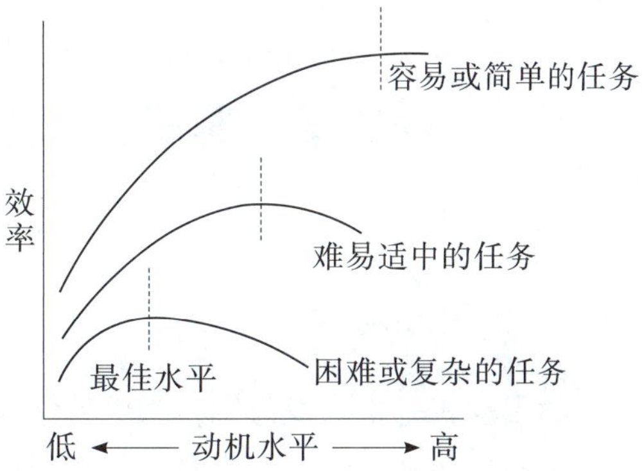


**图 3–1　动机强度定律**

3. 情绪情感对学习的影响

积极的情绪情感能够提高大学生的学习效率和效果，使得大学生的学习积极性高涨。反之，消极情绪情感则会降低学习效率和学习积极性。情绪对注意力的保持和记忆力也起着重要的作用，积极的情绪情感有助于大学生集中注意力、记忆力增强，过度的恐惧、焦虑等消极情绪则使得大学生容易分心、注意力难以保持，记忆力受限。

4. 意志对学习的影响

意志是指人自觉地根据目的调节支配自身的行为，克服困难，实现预定目标的心理过程。学习的意志力是指学生为达到既定的学习目标而自觉努力的程度，它是学生意志品质方面的心理力量。马克思说："在科学上没有平坦的大道，只有不畏劳苦沿着陡峭山路攀登的人，才有希望到达光辉的顶点。"良好的意志品质可以促进大学生自觉学习，其中意志的坚毅性可以帮助大学生保持顽强的毅力，不怕困难和挫折，完成既定的学习任务，正所谓"骐骥一跃，不能十步；驽马十驾，功在不舍。锲而舍之，朽木不折；锲而不舍，金石可镂。"意志的自制力能使大学生克服情绪困扰，理智地做出决策；意志的果断性使得大学生当机立断，坚持自己的信念和目标；意志的自觉性则有助于大学生自觉地控制自己的行为。习近平主席指出，作为大学生，要有逢山开路、遇河架桥的意志，为了创新创造而百折不挠、勇往直前。

5. 性格对学习的影响

陶行知从教育实践中看到了性格对学习活动的重要性，认为学习活动中良好的性格特征主要包括：努力奋斗、实事求是、独立意识和创造精神。具有良好性格特征的大学生可以保持学习态度和情绪稳定，对其学业成功有着重要的推动作用。

总的来说，智力因素是学习的前提和基础，它对所学的知识起着吸收、消化、加工、贮存等作用；非智力因素是学习的动力系统，对学习起着启动、定向、维持和调控等作用。研究表明，智力测验所得的智商（IQ）只能解释学生学业成绩的35%～45%，其余部分则要由非智力因素的作用来说明。心理学家推孟等人曾对1500名智力超常生进行了长达50年的追踪研究，对其中150名最有成就者和最不成功者进行了详细分析比较。结果发现，两者在智力水平上并没有什么大的不同，最大的差别在于，有卓越成就者都有坚持力，有为实现目标而不断积累的自信心，能够克服自卑等，而最不成功者则缺少这些性格特征。

## 第二节　常见的大学生学习心理问题及调适

### 一、学习动机不足

学习动机是指引发与维持学生的学习行为，并使之指向一定学业目标的一种动力倾向。学习动机缺乏是大学生常见的学习心理问题之一。一项针对大学生学习动机的调查显示，43.3%的学生反映学习的最大困惑是目标模糊、动力不足。有的学生学习懒散，耽于玩乐；有的要求不高，浅尝辄止；有的甚至厌倦冷漠，畏缩逃避。调查中，自我感觉动力充足者仅占 34.4%，完全没有动力者占 1.9%，62.1% 的学生处于“动力缺乏”状态。在学习目标上，17.3% 的学生甘居中游，7.9% 的学生觉得及格就行，2.1% 的学生得过且过。

**成长案例**

**丢失的学习动力**

我是一位来自山区，家庭经济困难的大学生，学习成绩一直非常优异。上大学后，忽然感到心中茫然，学习没有动力，生活没有目标，有时候想到辍学在家的妹妹和年迈的父母我也恨自己不争气，可我的确找不到奋斗的目标与学习的动力，学习上得过且过，生活上马马虎虎，漫无目的，上课打不起精神，我不是因为喜欢上网而荒废了学业，而是因为实在没劲才去上网聊天打游戏，我如何才能摆脱这种状态？

【分析】在高中时，考上大学往往是学生最主要的乃至唯一的学习目标，而一旦目标实现，就容易产生松懈心理，希望在大学里好好放松一番，没有及时树立起进一步的学习目标，这样，就造成考上大学前后显著的“动机落差”，使得不少大学新生在学习上遭遇动机不足的问题，在学习上注意力分散，缺乏明确的学习目标，没有适合的学习方法，没有成就感的体验，最终会导致不同程度的厌学情绪，进一步影响大学生活的各个方面及身心的健康发展。

### （一）学习动机不足的表现

1. 懒惰行为

懒惰是一种怕苦怕累的心理现象。有一部分学生以为考上大学就万事大吉了，学习上不肯用功，不求上进，学习任务难以完成，常常表现为怕动脑筋、懒于思考，平时“玩”字当头，“混”字当先，只图一时安逸，缺乏远大理想和抱负。他们学习目的不明确，学习动机不纯，缺乏正确的人生观、价值观。

2. 厌倦情绪

提到学习时情绪消极，作业拖拖拉拉，敷衍了事；上课不认真听讲；经常上课迟到，甚至逃课；对学校以及班级生活感到无聊。

3. 容易分心

动机不足的学生注意力差，上课难以集中精神，兴趣爱好容易转移，行动忽冷忽热，情绪忽高忽低。

4. 独立性差

在学习上没有明确的目标，把学习当作一件被迫的苦差事，学习行为表现出从众与依附性，极少有独立性和创造性。

5. 沉迷手机

在学习方面无法获得成就感，因而逃避到手机的虚拟世界中，终日刷手机，看视频、玩游戏、看小说，没有把心思放在学习上。

### （二）学习动机不足的原因

1. 学习目的不明确

经历紧张的高考后，进入大学，原有的目标达到了，有些学生还没有确定新的目标，就像是站在十字路口不知道往哪里走，感到迷惘和彷徨，缺乏目标，不知道为何而学习，就开始对学习采取放任的态度。

2. 对所学专业缺乏兴趣

缺乏兴趣是造成学习动力缺乏的重要原因之一。一种情况是家长从当前社会就业“热点”出发为子女填报了所谓的好找工作又挣钱多或相比之下较轻松的专业，事实上学生本人对家长选定的专业并无兴趣；另一种情况是在高考填报志愿时，由于学生和家长对专业缺乏了解，学生到校开始学习后才发现并不喜欢本专业；还有些学生则是受考试成绩的限制，只能服从分配，不具备选择专业的条件。心理学研究指出，兴趣是追求认识、探究某种事物的心理倾向，是一个人对某事物所抱的积极态度。既然对所学专业没兴趣，必然就不会有学好它的积极态度。

3. 不恰当的归因

很多学生在学习失败后垂头丧气，以偏概全地认为一次失败就代表人生的失败，比如高考失利后，来到非理想的大学，认为一切都完蛋了，把失败归因为自己的智力不足，这种归因方式会使得他们不愿意继续努力，失去学习的动力。

4. 外部原因

除了上述内部原因外，大学生学习动机的缺乏还和家庭、学校及社会等外部因素的影响有关。家庭因素主要包括父母的价值观、文化程度、教养方式、对子女的期望等。校园文化、班级氛围、同学关系等学校方面的因素，对大学生的学习动机也有影响。当前社会竞争激烈，就业压力加大，学生对前途充满忧虑，对自己失去信心，也是学习动机缺乏的原因。

### （三）学习动机不足的自我调适

学习动机的激发既取决于外部条件，即环境的诱因，又取决于学生的内部条件。对大学生而言，首先取决于大学生的内部条件。

1. 明确学习目标

正确认识学习的价值与大学的目标，重新规划学业与人生。要清楚自己学习的目的到底是什么，不忘初心，牢记使命，根据自己的学习目的和实际能力制订合理的学习目标。目标过高容易使自己产生挫败感，目标过低则没有挑战性，只有难易度适当的目标才能激起自身的学习动机。

2. 培养对所学专业的好奇心和学习兴趣

只有保持对所学知识浓厚而持久的兴趣，才能充满热情地学习，保证良好的学习效果。从心理学角度说，兴趣是可以培养的。对于多数大学生来说，进入大学后专业已基本固定，有时“选你所爱”未必成功，这时不妨试试“爱你所选”。在大学中，转专业并不容易，所以，大学生首先应努力学好本专业，并在学习过程中逐渐培养自己对专业的兴趣。此外，一个专业里可能有很多不同的领域，也许某些学生对专业里的某一个领域感兴趣；有很多专业发展了交叉学科，两个专业的结合往往是新的兴趣点。另一方面，就算毕业后要从事其他行业，依然应该读好自己的专业，将来同样能成为自己在新行业的优势。

3. 学会正确归因

美国心理学家伯纳德·韦纳认为，人们往往把成功和失败归因为以下六个因素：能力高低、努力程度、任务难度、运气好坏、身心状态、外界环境。韦纳按照各因素的性质，从内外因、稳定性与可控性三个维度，对归因模式进行划分，组成如表 3–1 所示的“三维度模式”。个体对成败归因的不同会引起不同的情绪反应、期望和行为改变。如果一个人把考试失败归因于缺乏能力，那么他以后考试还会预期失败，这是因为能力是一个稳定、不可控的内部原因；如果把考试失败归因于运气不佳，那么以后考试就不大可能预期失败，这是因为运气是一个不稳定性、不可控的外部原因。有成就需要的人会把成就归因于自己的努力，把失败归因于努力不够，努力是一种不稳定的、可控的内部原因。总的来说，归因为不稳定的、可控的内部因素更能保持学习动力。

表 3–1 归因的三维度模式

| 三维度 | 内部的 | | 外部的 | |
|---|---|---|---|---|
| | 稳定的 | 不稳定的 | 稳定的 | 不稳定的 |
| | 不可控的 | 可控的 | 不可控的 | 不可控的 |
| 四因素 | 能力高低<br>“我很聪明”<br>“我很笨” | 努力程度<br>“我下了功夫”<br>“我实际上没下功夫” | 任务难易<br>“这个任务很难”<br>“这个任务太简单了” | 运气好坏<br>“这次运气好”<br>“这次都是因为运气不好” |

4. 激发自己的内在动机，勇于面对学习困难

学习是一项艰苦的任务，大学生既要付出大量的体力，也要付出大量的脑力。随着学习的深入和提高，其难度也越来越大。大学生要勇于面对学习困难，并在此过程中不断磨炼自己，培养自己坚忍不拔的意志品质。当一个学生相信自己能够学好的时候，他才有可能积极地去努力学习，否则，即便是自己想学好、想成功，也不会激发出学习的热情来。

## 二、学习疲劳

学习疲劳是因为长时间持续进行学习，在生理、心理方面产生的劳累，致使学习效率下降，甚至头晕目眩不能继续学习的状态。学习疲劳是一种保护性抑制，经过适当休

息可以恢复，但过度就会导致很多问题的产生。如果长期处于疲劳状态，勉强让大脑有关部位持续保持兴奋，就会导致大脑兴奋和抑制过程的失调，严重的会引起神经衰弱。

### （一）学习疲劳的表现

学习疲劳有两类：生理疲劳和心理疲劳，其中心理疲劳是主要的，表现为感觉器官活动能力降低、注意力涣散、思维迟钝、情绪躁动、忧郁、厌烦、易怒、学习效率下降等。生理疲劳表现为肌肉麻木、痉挛、眼睛疼痛、腰酸背痛、打瞌睡、头晕头痛、精神萎靡不振等。

### （二）学习疲劳的原因

学习疲劳产生的原因包括以下几个方面。

1. 缺乏学习动机

一个人没有强烈的学习动机和兴趣，在学习时就很容易感到疲劳，特别是那些对自己的专业不感兴趣或者认为专业不符合自己理想的大学生。

2. 学习强度高

高强度的学习会使个体感到沉重的压迫感，例如临近考试时，有大量的学习材料需要消化，培训课程安排得很紧凑，每天面临高强度的学习压力，容易感到身心疲惫。

3. 睡眠不足和脑营养供应不足等

充足的睡眠有利于大脑得到暂时性的休息，能够帮助存储和处理过量的信息。大脑神经系统的正常运转必须依赖足够的蛋白质、维生素、糖、脂肪等营养物质的供应，营养不良的人容易出现身心疲劳。

4. 学习环境不良

噪声过大时人会心情烦躁，注意力分散，并引起听觉疲劳。光线过暗或者过亮，容易使人产生视觉疲劳。学习场所的空气浑浊、环境温度过高或过低、湿度过大或过于干燥均会使人感到不舒适，从而出现疲劳感。

5. 其他原因

不愉快的任务较愉快的任务更容易疲劳，学习内容的单调也会引起心理的疲劳。学习疲劳具有个体差异，身体的强弱、能力、气质、习惯的不同，都可能导致疲劳的产生。

### （三）学习疲劳的自我调适

1. 培养学习兴趣

如果对学习兴趣浓厚，学习时心情愉快，则即使学习时间长也不易感到疲劳；反之，学习那些兴趣不大甚至厌烦的内容时，就会感到枯燥，很快进入疲劳状态。因此，培养自己的学习兴趣也是防治学习疲劳的方法之一。大学生可以尝试带着质疑和批判的眼光自学，广泛阅读材料，聆听讲座，独立思考，向老师请教自己感兴趣的问题，或者多参加实践活动、比赛等，逐渐培养对学习的好奇心和兴趣。

2. 善于科学用脑

大脑有左右两半球，大脑左半球主要同抽象的智力活动（如数学计算、语言分析等逻辑思维活动）有关；大脑右半球则主要同音乐、色彩、图形、空间想象等形象化的思维活动有关。为了克服疲劳，就要使大脑左右两半球交替使用，把数学、专业理论知识等需要高度抽象思维的活动同音乐、绘画、文娱体育活动交替进行，以利于克服疲劳，提高学习效率。

3. 注意劳逸结合

学习一定时间后，就应该休息片刻，放松一下。在学习之余，可参加一些文体活动，使身心得到放松和调节，有利于消除疲劳，提高学习效率。另外，每天还应保证充分的睡眠时间，对大学生来说，每天的睡眠时间应保证 7～8 小时，当然，这有很大的个体差异，每人都应视自己的实际情况而定。

4. 保证大脑营养供给

保证营养均衡，每日摄入充足的碳水化合物、蛋白质、脂肪、维生素、微量元素等，以保证大脑正常运转所需的物质。有的大学生喜欢宅在宿舍，饮食不规律，一日三餐不定时，吃过多的油炸食品，对身体不好的同时也难以保证良好的精神状态。

5. 改善学习环境

尽量选择安静舒适的环境学习（例如图书馆），或者主动将学习环境布置得整洁、温馨，使人感到心情愉悦。不要在过亮或过暗，温度过高或过低的地方学习。

**成长案例**

**“我好像什么都记不住”**

刘敏（化名），某高职院校学生，近期正在准备专插本考试，每天学习到很晚。随着考试的临近，她越来越烦躁不安，因为她发现自己好像什么都记不住，英语单词早上背了，到了晚上就忘得差不多了，一遍遍地背，一遍遍地忘，根本没什么进展。而且，上课的时候似乎听得挺明白的，看书也看得挺明白，可是一下课，一合上书本，脑袋就像锈掉一样，几乎什么都记不起来了，只有一个模糊的印象。刘敏担心这样下去考试能不能过。

【分析】刘敏的情况是由于学习任务繁重、休息不好引起疲劳，对记忆力和效率造成了影响，学习效率的下降又产生了轻度的考试焦虑情绪，这反过来又加重了记忆力的减退，形成不良循环。

## 三、考试焦虑

考试焦虑是考生在考试过程中预感考试失利或考试无把握而产生的焦躁不安的状态。有研究表明，我国大学生中，考试焦虑水平较高的人数达 20%之多。适度的焦虑对学生学业表现的发挥是有益的，可以使学生形成轻度的紧迫感、警觉感，有利于集中注意力，活跃思维，激活行动，但过度的焦虑会使人感到不愉快、痛苦、沮丧，影响考试的发挥。

### （一）考试焦虑的表现

通常情况下，考试焦虑会表现在认知、情绪、行为和生理四个方面。在认知方面表现为易走神、记忆力下降、看书效率低、思维混乱、大脑空白等；情绪上表现为焦虑、烦躁、担忧等；行为上表现为坐立不安、手足无措、动作僵硬；生理上表现为肌肉紧张、呼吸急促、心跳加速、寝食难安、头痛、恶心、肠胃不适、尿频等。

### （二）考试焦虑的原因

造成考试焦虑既有外部因素，也有内部因素。

1. 外部因素

造成大学生考试焦虑的外部因素主要有三点。一是考试本身。如考试的重要性、难易程度、竞争程度等。越是重要的考试，题目越难，竞争程度越激烈，越容易引发考试焦虑。二是社会压力。近年来就业形式越来越严峻，大学生害怕落后于人，想要取得好成绩以增强择业竞争力，进而对考试产生了恐惧心理。三是环境的压力。如同学间的竞争，家长“望子成龙”的期盼，老师与学校要求学生在毕业前必须拿到某些证书等。

2. 内部因素

造成考试焦虑的内部因素主要有四个方面。一是个性气质特点。那些敏感、易焦虑、过于内向、缺乏安全感和自信心、做事追求完美的学生，在考试中容易出现考试焦虑。二是对考试失败的归因。倾向于内归因的学生更容易产生考试焦虑。他们将过去考试成功归因于题目容易、运气好，而将大学里的考试失败归结为自己不聪明、能力差，这样就会对自己失去信心，因而面临考试时就会出现紧张焦虑。三是对知识的掌握程度。我们经常说“难者不会，会者不难”，考试的难易是相对的，有一部分学生上课不认真听讲，下课不复习，只在考前一周临阵磨枪，匆忙上阵，由于所学不够扎实，通常会感到考题太难，便会产生考试焦虑。四是学生的学业期望。一般而言，学业期望越高的学生，越看重学业成绩，对考试失败的恐惧越高，也就越容易产生考试焦虑；而学业期望较低的学生，满足于 60 分，一般不会产生考试焦虑，但当他们面临学业失败时，也可能会诱发考试焦虑。

### （三）考试焦虑的自我调适

1. 充分的复习准备

很多学生习惯于临时抱佛脚，80% 的学生其考试焦虑是由复习准备不充分引起的，因此牢固掌握知识是克服考试焦虑的根本途径。平时需循序渐进地学习，全面牢固掌握专业知识和技能，考前要预留充足的时间，全面系统复习，不要期望猜题作弊，或者依赖老师划重点，应努力使自己的注意力集中于考试的准备，而不是一些无关的干扰刺激。

2. 合理的认知

考试仅仅是一种检验和激励学习的手段，其目的只是检查教与学的成效，检验学生近段时期的学习态度、学习能力和知识掌握的水平。一次考试的成败并不能决定一个人的前途和命运，只要能理智看待考试成绩，考试焦虑的情绪就会有所缓解。

3. 树立恰当的考试期望

一般来说，考试期望过高或者过低，都不利于考试中的发挥，较难取得满意的成绩。因此，大学生要结合自己的实际情况，根据自己过往的表现来树立恰当的考试期望。特别是那些具有完美主义倾向、对自己高要求的学生，切勿盲目对自己有过高的期望，避免自尊心受挫。此外，要学会享受努力的过程，而不仅仅只关注考试的结果。

4. 学会放松

可以学习和掌握一些考前放松的方法帮助缓解紧张、焦虑情绪，特别是在出现肌肉紧张、手脚发抖、心悸、呼吸急促、思维混乱、注意力无法集中的情况下。常用的方法包括腹式呼吸放松法、想象放松法、自我暗示法、渐进式肌肉放松法等。在考场上可以使用最简单的放松法：以舒服的姿势坐好，保持身体两边的平衡；用鼻子深深地、慢慢地吸气，再用嘴巴慢慢地吐出来；此过程重复五遍；想象身体各部位的放松，从脚、双腿、背部、颈到手心。

**成长案例**

### 考试焦虑

李某是一名大二男生，因考试焦虑前来咨询。

自述：我每次考试时，一走进教室就开始紧张，在等考卷发下来的过程中，就感到心已经在怦怦地跳。等到考卷拿在手里，一看到稍微有些难的试题，就会感到血往上涌，脑子一片空白。虽然尽力让自己安静下来做题，但注意力总是无法集中。感到无法控制自己，老是去注意旁边的同学。旁边的同学不停地写，或者翻考卷，就觉得自己肯定又来不及答题了，愈发紧张。随着时间一点一点过去，我感到自己更加慌乱，这个题目做做不行，再换个题目仍旧不行，最后真的来不及了。最让我懊恼的是，考试结束后平静下来，许多题目我都会做。

【分析】李某遇到的问题是考试焦虑。就多数人来说，面临重要的或关键性的考试，总会引起一些心理压力，产生一定程度的考试焦虑，这是正常的，也是无害的。但李某属于过度的焦虑，注意力不能集中，脑子一片空白，情绪慌乱，不停地更换题目。过度的焦虑会影响考试的发挥，大学生需要端正考试的动机，提高自我调节能力，增强考试技能，使用放松技巧，发挥出应有的水平。

# 第三节　大学生学习能力的培养

大学阶段是学生最容易迷失方向的时期。大学期间自主时间较多，大学生必须有很强的自控能力，培养较强的学习能力，才能学会正确处理学习、娱乐和休息等方面的关系，让有限的大学生活更充实。

## 一、树立正确的学习观

学习观是指大学生对知识、学习现象和经验所持有的直觉认识，是在日常学习活动和社会文化环境中逐渐形成的。在长期的学习生活中，大学生形成了自己的学习观，并用相应的观念指导着自己的学习活动以及对教师教学的评价。学习观是大学生学习的指导思想，有什么样的学习观就会有什么样的学习方式和学习效果。大学生要按照社会对人才素质的要求，找准自己的社会定位，按照自己所期望的成才模式，自主地构建合理的知识结构和能力结构，主动获取知识、锻炼能力、提高素质。

大学生要在学习理念上实现从中学到大学的“四转变”。

### （一）学习观念要由依赖型转变为自主型

大学新生刚刚从高中紧张得透不过气来的竞争氛围中冲出来，难免会被表面上轻松的大学气氛所包围，时间长了，如若不能适应看似轻松自由实际上充满了紧张与竞争的大学学习气氛，不久就会在许多方面落伍。进入大学的“适应期”一般需要半年或一年，如果第一年的基础课没有学好，后面想学好专业课就会很吃力，以至于影响大学生今后的发展。这就要求大学生积极主动地适应大学的学习生活，独立地面对学业，主动规划自己的学习过程，包括制订学习目标、学习计划，安排学习时间和学习内容。总之，要非常有主见地对自己的学习、生活进行科学的安排，避免盲目性。

### （二）学习内容由被动接受转变为自主选择

就课程学习来说，目前我国大学实行的是学分制，大学生不仅要完成必修课，还要参与选修课的学习。大学生对待选修课的学习一般说来兴致较高，认为选修课可以开眼界、长见识，扩大自己的知识面。而且选修课的学习要求不严，大学生较少产生逆反心理。但选修课在大学生心目中的地位和分量毕竟不如专业课和公共课，一些大学生不能真正投入地学习。一些学生学习选修课的目的比较模糊，学习动机不强，学习既不消极也不太积极，上课时注意力不够集中，认识能力也不能充分发挥。因此，大学生对选修课的学习，应注意不要仅仅停留在浅层的了解和认知上，更要杜绝为了捞取学分才选修某些课程和“选而不修”的不正常现象。

### （三）学习方式由单一型转变为多样型

中学学习比较单一，主要是通过课堂学习获取知识。大学生则要学会利用多种途径获取知识、锻炼能力。

①利用课堂有效学习。大学老师讲课风格与中学老师截然不同。要使自己进行有效的学习，则要主动探索大学教学规律，力求找到教法和学法之间的焦点。

②利用学校的实验室和相关设备培养自己的实际操作能力和理论联系实际的能力。现在的大学教学内容所包含的信息量越来越大，仅凭坐在教室里苦读书是难以适应的。大学生必须通过多种渠道，获取大量的信息，并充分利用现代高科技教学手段来掌握、运用自己所学的知识，提高自己的能力。

③利用图书馆培养自主学习能力，提高自己的综合素质。很多学有所成的人都感到图书馆对他们的帮助是非常大的。但有些大学生由于没有这种意识，念了几年大学还不知道如何在图书馆、资料室查找自己所需的文献材料，这无疑是在浪费宝贵的教育资源。

④参加社团活动，锻炼自己的各种能力。

⑤参加社会实践，加强对社会、个人与社会的关系、学习与职业的关系的认识。

⑥选听讲座和报告。在大学校园里，经常会有各种内容的讲座和报告，大学生要根据自己的需要，有选择性地听一些讲座和报告，以拓宽自己的知识面和信息渠道。

### （四）注重培养学习能力和创新能力

教育家斯金纳曾说："如果我们将学过的东西忘得一干二净时，最后剩下来的东西就是教育的本质了。"所谓"剩下来的东西"，其实就是自学的能力，也就是举一反三或无师自通的能力。在大学期间，学习专业知识固然重要，但更为重要的还是学会思考的方法，培养举一反三的能力。只有这样，毕业后才能适应瞬息万变的世界。在大学期间，最好的学习方法是在老师讲课之前就把课本中的相关问题琢磨清楚，然后在课堂上对照老师的讲解弥补在理解和认识上的不足。中学学习更多的是追求"记住"知识，而大学生则要"理解"知识，并善于提出问题，对于每一个知识点，要多问几个"为什么"。

事实上，很多问题都有不同的思路和观察角度。在学习知识或解决问题时，不要死守一种思维模式，不要让自己成为课本或经验的奴隶。只有这样，大学生潜在的思考能力、创新能力和学习能力才能被真正激发出来。

## 二、确立正确的学习目标

学习目标是学习的出发点，也是学习的归宿。学习目标是学生努力的方向，也是学生进步的动力之一。确立具体明确的学习目标，是大学生的首要学习任务。目标越明确、具体，越切合自己的实际情况，学生的每一次努力就越易于取得成功。

目标的确定要符合 SMART 原则："S"（specific）指的是具体且科学的；"M"（measurable）指的是可衡量的，尽量量化和可描述的；"A"（achievable）指的是可达成的，起到激励作用的；“R”（rewarding）指的是目标需要有一定的意义、有价值并有奖惩的措施；“T”（time-bound）指的是有时间限制的。例如，有些学生在大学中树立“我要学好英语”的目标，这一目标就不够具体、不能衡量，也没有时间限制，可以根据SMART原则把这个目标完善，具体到要背多少个单词，或者要在考试中得多少分，什么时候要完成等。

心理研究

**定位速效法**

将一个班的学生分成三组，前去10公里外的村庄。甲组学生不知道村庄有多远，只让他们跟着向导走，刚走二三公里，就有学生叫苦，走了一半路学生开始抱怨，情绪低落而且开始散乱，以致溃不成军。乙组学生仅知道距离目的地有10公里，中途没有路牌，他们只跟着向导走，走了多少，还剩多少一概不知。结果行走不到一半就有人叫苦不迭，速度也越来越慢。丙组学生不仅知道距离目的地有10公里，而且能不时看到路牌，上面写有里程，他们走了多少、还剩多少心中都很清楚。这一组学生一路上精神饱满，每当他们疲劳时，看看路牌，都为自己已走过的路程感到振奋，没人叫苦。

实验的最终结果显而易见，丙组最快，乙组次之，甲组最慢。心理学把这种按计划工作、目的明确、效率增高的现象叫“定位速效法”。

## 三、合理规划时间

自主型学习让许多大学新生感到很不适应。由于不善于管理时间，事情总是拖到最后期限才完成，再加上经常由于考前准备不够充分而导致考试成绩不理想，会打击大学生学习的自信心和积极性。那么，怎样才能提高大学生的时间利用率呢？这里提出几个建议：①确立现实合理的目标；②根据事情的轻重缓急组织时间，先做重要的事；③将复杂的事件分解为各个部分，一次完成其中的一部分以减轻压力；④集中精力一次完成一项任务，避免同时做几件事；⑤安排好休闲的时间，学会放松；⑥避免完美主义。

## 四、掌握科学的学习方法

在大学里，学生除了要有刻苦钻研和坚忍不拔的学习精神外，还需要掌握科学的学习方法。

### （一）自主学习，提高对学习活动的参与意识

自主学习是学习者自身产生的一种对学习的要求，是学习者发自内心的一种强烈的求知欲望，是“我要学”而不是“要我学”。在此精神状态下，学习者会表现出积极主动的态度，表现出良好的注意力和克服困难的意志。自主学习是学生自主意识的外化，是学生的内在要求，也是人的本质力量的一种展现；自主学习者把自己视为“主”，把外物视为“客”，把自己视为“主动者”，把外物视为“被动者”，进而把自己视为学习的主人、时间的主人。

大学生要从五个方面提高自主学习能力。

1. 提高自我认知能力

自我认知是明确学习方向和奋斗目标的依据，大学生要对自己的学习理想、学习基础、学习能力、身心状况、学习兴趣进行客观的认识和评估。

2. 确立自我目标

每个学生的自身条件不一样，所确定的目标也不一样。大学生要根据自己的学习基础、学习能力进行学习目标的设定，可以有近、中、远三个目标层次。如将每学期各门课考试成绩作为近期目标，将顺利毕业作为中期目标，将获取更高学位等作为远期目标。

3. 坚持自我激励

大学生要在既定的目标下进行自我激励，使自己坚持不懈地为实现最终目标而不断努力。

4. 提高自控能力

自我控制是指个体对自身的心理与行为的主动掌握和控制，力求使自己的思想和行为符合所设定的目标和计划，以实现预定的奋斗目标。自我控制能力也是一种自我管理能力。

5. 善于自我评价

自我评价指对自己的学习状况、学习效果进行自我诊断、自我检测、自我判断，即在连续不断的活动中，对照自己的目标，对自己的学习行为和效果做出价值判断的过程。评价内容包括学习观念、学习态度、学习能力、学习方法、学习效果、学习环境、学习目标等。

### （二）重视阅读和思考

大学生需要更多阅读和思考，大学学习重理解与运用，仅仅靠死记硬背是无法达到高等教育的要求的。一个记忆力强的人，最多只能称之为“活字典”，不能成为科学家或哲学家，也不能成长为学有所长的专门人才。

### （三）正确处理学习的“博”与“深”

知识是一个庞大而复杂的体系。一般说来，具有某种专长的个人，仅能对一两门学科进行深入研究，对其他学科仅能作一般性的了解。不“博”就谈不上“深”，不“深”往往就失之于“博”。古语所说“操千曲而后晓声，观千剑而后识器”就是这个道理。

### （四）建构良好的知识结构

大学生需要学习多种多样的知识，形成良好的知识结构，融会贯通，这样不仅便于记忆和应用，而且通过知识的新组合，知识的信息量会剧增，最终走向有序，形成新的概念和方法，实现大学生认知水平的进一步发展，为大学生适应终身学习型社会的需要打好基础。

### （五）培养科学的思维能力

当代大学生要想有所发明、有所创造就要积极培养科学的思维能力。首先，大学生要保持积极的思维状态。要善于发现问题，善于思考别人提出的问题；要敢问问题、会问问题。其次，科学的思维要有正确的方法来保证。大学生要发展自己的思维能力就必须掌握基本的思维方法，包括分析与综合、比较和归类、抽象和概括、系统化和具体化等思维方法。

### （六）知行统一

“知者行之始，行者知之成。”大学生应将学习和实践结合起来，切忌学而不用。以知为指导的行才能行之有效，脱离知的行则是盲动。同样，以行验证的知才是真知灼见，脱离行的知则是空洞的知。大学生要做到知行统一，首先要善于在实践中学习，边实践、边学习、边积累；其次要躬行实践，即把学习得来的知识，用在实际工作中，解决实际问题。总之，大学生要以探求知识为动力去学习，而不是热衷于获得高分数；要手脑并用，思辨行统一。

## 五、提高注意力

注意力在学习中具有重要意义，注意力集中是大学生提高学习效率、取得良好成绩的基本心理条件。那么，大学生怎样提高自己的注意力呢？

### （一）明确学习的目标和任务

为了能保持注意力，必须明确某一学习活动的总目标，以及实现这一总目标所安排的每一步骤的具体任务。这样就能够排除情境中的干扰因素，集中注意力于目标刺激。

### （二）善于分配注意力和转移注意力

比如，在课堂上要求边听、边看、边写时，就需要在同一时间内，能够把注意力分配到两种或两种以上的活动上；有时在目标任务发生变化的新情境下，就要求大学生能够主动将自己的注意力从一个对象转到另一个对象。大学生每天要学习不同内容的课程，就要善于转移注意力，适应新情境。

### （三）培养与保持兴趣

当学习者对某一课题不感兴趣时，就容易“走神”，一旦兴趣出现，与这个课题的接触增多，便会用更多时间和精力去学习它。

### （四）善于控制自己的情绪

情绪波动、心境不佳往往导致注意力分散。比如刚与他人闹别扭，满腹不高兴，或因家中发生不幸的事，情绪波动，思绪万千，这时也就无法集中注意力去学习。大学生要学会有意识地控制和调节自己的情绪，保持心理平衡，才能更好地集中注意力学习。

### （五）学习活动多样化

单调的刺激或机械地重现刺激最易使人的注意力分散，或注意力降低，使人易感疲劳，甚至昏昏欲睡。相反，活动的多样化最能维持注意力的稳定性。因此，大学生要善于安排自己的学习活动，比如把听、读、写、做等活动交替进行，使大脑相应的工作区得到转换和调节，以保持注意力的稳定与集中。

### （六）加强意志的锻炼

有人对大学生的学习做了这样的描述：大学生差别最小的是智力，差别最大的是毅力。因此，意志在大学生的学习中起着重要作用。只有意志坚强的人，才能克服众多难以想象的困难，去赢得成功。学习的注意力与人的意志有密切联系：当富有吸引力的刺激出现或情绪波动时，需要有坚强的意志来约束和支配自己的注意力，发挥自我调节的作用，才能使注意力重新集中起来。因此，在学习活动中，大学生要经常给自己设置一些难题，"跟自己过不去"，不断地克服困难、战胜困难，在困难中磨炼自己，使自己的意志日益坚强起来。

# 心理训练营

## 活动一　心理自测

**学习技能自测**

下面有25道题，每道题有5个备选答案，请你根据自己的实际情况，在题目右侧填写相应的答案。每题只能选择一个答案。

备选答案的具体含义为：A——很符合自己的情况；B——比较符合自己的情况；C——很难回答；D——较不符合自己的情况；E——很不符合自己的情况。

| 序　号 | 题　目 | 填写答案 |
|---|---|---|
| 1 | 自觉记下阅读中的不懂之处 | |
| 2 | 经常阅读与自己专业无直接关系的书籍 | |
| 3 | 在观察或思考时，重视自己的看法 | |

续上表

| 序　号 | 题　目 | 填写答案 |
|---|---|---|
| 4 | 重视做好预习和复习 | |
| 5 | 按照一定的方法进行讨论 | |
| 6 | 做笔记时，把材料归纳成条文或图表，以便理解 | |
| 7 | 听人讲解问题时，眼睛注视着讲解者 | |
| 8 | 常利用参考书和习题集 | |
| 9 | 注意归纳并写出学习中的要点 | |
| 10 | 经常查阅字典、手册等工具书 | |
| 11 | 面临考试，能克服紧张情绪 | |
| 12 | 认为重要的内容，就格外注意听讲和理解 | |
| 13 | 阅读中若有不懂的地方，非弄懂不可 | |
| 14 | 联系其他学科内容进行学习 | |
| 15 | 动笔解题前，先有个设想，然后抓住要点解题 | |
| 16 | 阅读中认为重要的或需要记住的地方，就画上线或做上记号 | |
| 17 | 经常向老师或其他人请教不懂的问题 | |
| 18 | 喜欢讨论学习中遇到的问题 | |
| 19 | 善于吸取别人好的学习方法 | |
| 20 | 对需要记牢的公式、定理等反复进行记忆 | |
| 21 | 观察实物或参考有关资料进行学习 | |
| 22 | 听课时做好笔记 | |
| 23 | 重视学习的效果，不浪费时间 | |
| 24 | 如果实在不能独立解出习题，就先看答案再做 | |
| 25 | 能制订出切实可行的学习计划 | |

评分与解释：

统计你所选各个字母的次数。选 A 得 5 分、B 得 4 分、C 得 3 分、D 得 2 分、E 得 1 分。把得分全部相加，算出总分。

总分在 101 分以上，表示你的学习技能优秀；总分在 86 ~ 100 分之间，表示你的学习技能较好；总分在 66 ~ 85 分之间，表示你的学习技能一般；总分在 51 ~ 65 分之间，表示你的学习技能较差；总分在 50 分以下，表示你的学习技能很差。

## 活动二　知识之窗

### 人人都有学习潜能

学习，总是一分耕耘，一分收获。但如果将这句话反过来——成绩不好就等于孩子懒惰或者愚笨，强套在学生的头上，这种观点，你同意吗？其实，学习除了态度还要讲究方式方法，学生其实都有潜力可挖。人的潜能犹如一座待开发的金矿，蕴藏无穷的价值。大多数人没有成功，并不是因为没有足够的能力，而是因为力量没有得到淋漓尽致的发挥。

科学家发现，储存在人类脑内的能量大得惊人。人平常只发挥了极小的大脑功能，要是能够发挥一大半的大脑功能，就可以轻易学会 40 种语言，背诵整本百科全书，拿 12 个博士学位。这种描述一点也不夸张。任何成功者都不是天生的，成功的根本原因是开发人无穷无尽的潜能。只要抱着积极的心态去开发你的潜能，你就会有用不完的能量，你的能力就会越用越强。相反，如果抱着消极心态，不去开发自己的潜能，那么只有叹息命运不公，并且越来越无能！

## 活动三　拓展训练

### 撕 纸 条

活动程序：

1. 长 24 厘米，宽 1 厘米的纸条，每人一条。
2. 这张纸条代表的是时间。

假如这个时间是一天即 24 小时，每个人想一想，自己的一天是怎样度过的？如睡觉用了多少时间，把它撕去，早晚洗刷、上学放学路上、吃饭、看电视、聊天等等，所有活动分别用去多少时间，把它们一一撕去，最后剩下的是学习时间。

3. 完毕，与其他同学比一比，看谁剩下的多，谁剩下的少？
4. 请说一说：

（1）留的时间少的同学，你能说一说为什么学习时间少吗？时间都去哪儿了？以后怎么办呢？

（2）留的时间最多的同学，大约留给学习多少时间？

（3）有没有同学撕完之后又捡回来想补上，为什么？

# 第四章　欣赏自我　幸福自我

## ——大学生自我意识的调适

健康的人不会折磨他人，往往是那些曾受折磨的人转而成为折磨他人者。

——［瑞士］荣格

**本章要点**

1. 了解自我意识的概念，了解健全的自我意识标准。
2. 了解大学生自我意识发展的特点和作用。
3. 认识大学生多样化的自我心理冲突。
4. 掌握大学生完善自我意识的途径与方法。

**案例导入**

广东某高校大一新生赵某，女，19 岁，父亲是生意人，母亲在家务农。赵某初中时担任班长，高中时担任班级音乐委员，深得老师的喜爱和同学的拥护。高考成绩在班里名列前茅，后被一所高校录取。接到录取通知书后，小赵非常高兴，决心在象牙塔里一展身手，保持在中学时的优越感。但在入学后近一个学期的学习中，她的学习成绩在班上始终处于中等水平；因站姿不标准军训时受到教官多次批评；宿舍里与舍友关系也不太融洽；她期中考试成绩中下，情绪十分低落，她决心在期末考试中“鹞子翻身”。但期末考试科目更多，她在复习时心情不稳定，难以集中注意力，教材和笔记内容记不住。为了争一口气，她每晚学习到深夜，导致心率加速和失眠。为此她来到了学校心理咨询室。

由于不能正确认识自我，小赵同学进入大学后还用中学的标准要求自己，没能根据大学环境的变化来调整对自己的要求，从而产生自我不确定心理，形成较大的心理落差，从原来的自信到现在的自我怀疑，出现紧张、焦虑和失眠等负性情绪。大学新生只有了解自己，客观地评价自己，才能形成合理的自我期望和恰当的理想抱负，才能产生积极的自我体验，悦纳自我；同时只有对自己进行客观的自我评价，才能促使自己不断成长，不断被他人接受，与社会环境相适应。

# 第一节　自我意识概述

“我是谁？”“我的目标是什么？”“我是个什么样的人？”“我为什么上大学？”“我是否有价值？”等等大学生在成长过程中遇到的各种困惑和思考的背后，往往都会涉及自我认识的问题。早在古希腊时期，“认识你自己”这句镌刻在雅典德尔菲神庙上的名言，就激励着人们不断探索自我，实践自我，超越自我。在认识别人之前，先认识自己；在认识世界之前，先认识自己，这样才能更好地把握自己的人生。正如美国心理学家科恩所说：青年初期最有价值的心理成果就是发现了自己的内部世界。

## 一、什么是自我意识

### （一）自我意识的含义

自我意识是指一个人对自己各种身心状况及自己和周围关系的意识，也是认识自己和对待自己的统一。如有的大学生自我意识强，对自己的性格、外表、行为举止、交际能力都持有一种特定的态度（满意或者不满意）。

### （二）自我意识的内容

自我意识不是一生下来就有的，而是随着个体的生长发育，特别是随着脑机能的成熟并通过个体的社会化而发展起来的。自我意识起始于婴儿时期，萌芽于儿童期，形成于青春期，发展于青年期，完善于成年期，其中青少年阶段是自我意识发展最重要的时期。自我形象得到良好的建立，人就会生活得有信心、有动力；了解和接纳自己的优点和缺点，就能进一步迈向成熟的阶段。

从意识活动的内容来看，自我意识可分为生理自我、社会自我和心理自我。

1. 生理自我

生理自我是个体对自己躯体的认识，比如对自己的身高、体重、容貌、身材、性别、健康等的认识和感受等。人在初生时，并不能去区分我和非我。七八个月的婴儿开始出现自我意识的萌芽，能意识到自己的身体，听到自己的名字会做出反应；一岁半左右的儿童，从成人那里学会使用自己的名字，这是自我意识发展中的巨大飞跃；两岁以后的儿童，在语言学习中掌握了物主代词“我的”和人称代词“我”，由此实现了自我意识发展的又一次飞跃，即从把自己看作是客体转变为把自己当作主体来认识，这标志着真正的自我意识的出现。此时，儿童开始把自己当作一个与别人不同的人来认识。三岁左右的儿童，开始出现羞耻感、占有心，要求“我自己来”，自我意识有了新的发展。但是这一时期的幼儿行为是一种以自我为中心的行为，即以自己的身体为中心，以自己的想法和感情来解释外界的现象，认为外界是为他而存在的、以他为中心的。因此这一时期的自我意识被认为是生理自我时期，又称为“自我中心期”。

2. 社会自我

社会自我是指对自己在群体中的地位、作用以及自己和他人相互关系的认识、评价和体验。从三岁到十三四岁是社会自我的发展阶段。这个阶段是社会教化影响最深的时期，也是角色学习的重要时期。个体通过学前教育和学校教育，受到社会文化的影响，增强了社会意识，认识到自己是社会的一员，尽量使自己的行为符合社会的标准。

3. 心理自我

心理自我是指对自己的心理特征如能力、情绪、兴趣、爱好、性格、气质等的认识和体验。从青春期到成年大约有十年的时间，这个阶段是心理自我的发展阶段，也是自我意识发展的关键期。此时个体开始清晰地意识到自己的内心世界，关注自己的内心体验，喜欢用自己的眼光和观点去认识和评价外部世界，开始有了明确的价值探索和追求，强烈要求独立，产生了自我塑造、自我教育的紧迫感和实现自我目标的驱动力。一个人心理健康的发展与他的心理自我是否完善密切相关。

### （三）自我意识的构成

自我意识由自我认知、自我体验和自我调节（或自我控制）三种心理成分构成（图4–1）。这三种成分相互联系、相互制约，统一于个体的自我意识之中。

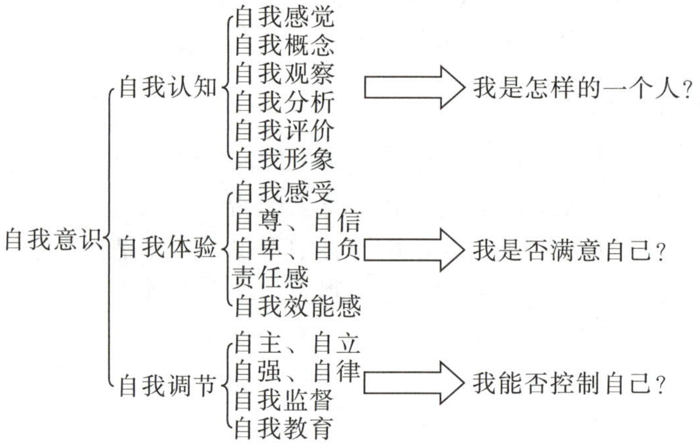


**图 4–1　自我意识的构成**

1. 自我认知

自我认知是自我意识的认知成分，主要包括自我感觉、自我观察、自我评价、自我分析等内容。如“我是个什么个性的人”“我的言行举止是否大方得体”等，都是自我认知的内容。它是自我意识的首要成分，也是自我调控的心理基础。

2. 自我体验

自我体验是自我意识的情感成分，主要包括自尊、自爱、自信、自责、自负等内容。如“我是否接受自己”“我对自己是否满意”“我是否接纳自己”等。

3. 自我调节

自我调节是自我意识的意志成分，主要表现为一个人对自己的行为、活动和态度的调控。包括自我检查、自我监督、自我教育等，如“我怎么塑造自己”“我怎样才能成为理想的那种人”，表现为自主、自律、自强、自立等。自我调节是自我意识的最高阶段。

总之，人的自我意识是一种多维度、多层次的心理活动系统，表现为对自己的思想认识、情感行为、个性特征以及人际关系等各方面的认识，是知、情、意的统一。自我意识在人的个性发展中占有重要的地位，兴趣、能力、性格、情感、意志和道德行为等均受到它的影响。

**心理链接**

### 客观的我

美国心理学家詹姆斯认为，自我意识由主观和客观两个方面构成，而客观的我由三个要素构成，即物质的客我、社会的客我和精神的客我，这三个要素又都包括了自我认识、自我评价、自我追求以及自我体验等方面，如表 1 所示。

表 1 我的构成要素

| | 物质的客我 | 社会的客我 | 精神的客我 |
|---|---|---|---|
| 自我认识和自我评价 | 对自己的身体、外貌、衣着、家庭等物质方面的认识与评价 | 对自己在群体中的地位、声望及拥有的财产等社会方面的认识与评价 | 对自己的智力、人格特点以及自己的道德、宗教信仰等精神方面的认识与评价 |
| 自我追求和自我体验 | 追求自己的身体外表和物质欲望的满足，维持家庭的利益，由此产生自豪感或自卑感 | 追求自己的名誉、地位，争取得到他人的好感等，由此产生自豪感或自卑感 | 追求自己能力以及智慧的发展，要求自己的行为符合社会规范，追求宗教信仰等，由此产生自豪感或自卑感 |

### （四）健全的自我意识的标准

自我意识对一个人的心理健康起着重要作用，它制约着人格的形成和发展，在人格的优化中发挥着强大的动力功能。健全的自我意识是心理健康的重要标准，是人类自身内在的一种成功机制，在人才发展中发挥着重要作用。健全的自我意识有如下标准：

①自我意识健全的人，应该是一个有自知之明的人，既知道自己的优势，也知道自己的劣势，能正确评价自我和发展自我。

②自我意识健全的人，应该是自我认知、自我体验和自我调节协调一致的人。

③自我意识健全的人，应该是自我肯定的、独立的并与外界保持协调一致的人。

④自我意识健全的人，应该是理想我与现实我统一的人，有积极的目标意识和内省意识，积极进取、永无止境。

## 二、大学生自我意识发展的特点

大学生由于所处的环境和知识背景与同年龄段的社会青年不同，其自我意识的发展有其自身的特点。

### （一）关心自身的发展

和直接进入社会的普通青年相比，大学生有三到四年的知识技能准备时间。在这段缓冲期内，大学生的视野更开阔了，关心的社会问题也多了，能够围绕个人发展、个人与社会的关系，主动积极地探索自我，比如经常独思、反省这样一些问题：“我性格怎样？”“我的气质如何？”“别人怎样看待我？”“我将来要成为什么样的人？”“我要成就什么事业？”“我能为社会做些什么贡献？”……他们的自我认识不只涉及自己的气质、风度和性格等一般问题，而且涉及自己的社会地位、社会责任、自我的价值等问题。通过对这些问题的分析和思考，大学生的自我意识水平再上一个台阶。

### （二）自我评价能力趋向客观

随着大学生活的继续，大学生的知识增加了，社会经验也丰富了，大多数人对自己的分析、评价逐渐变得更加全面、客观和主动，对自己的优缺点有了较正确的认识和评价，并能选择自己的长处进行发展，开始具备在自觉基础上的“自知之明”。但需注意的是，大学生自我评价的能力存在很大的个体差异。

### （三）自我体验丰富而复杂

多姿多彩的校园生活为大学生自我体验的丰富性提供了有利条件。例如，由于意识到自己的成熟而产生了成人感；由于意识到自己的能力和品德的高低而产生了自豪、自尊或自卑、自惭等体验；由于意识到自己的社会角色和社会地位而产生了社会责任感和义务感。一般来说，在自我体验方面，男生比女生更有自信心、更富于活力，但容易急躁；女生则更热情、内心舒畅感更明显，但容易多愁善感。

由于大学生对自我的认识还在不断进行中，个性还不够成熟和稳定，也缺乏驾驭情感的意志力量，因此大学生的情感体验会表现出明显的复杂性。凡是涉及“我”及与“我”相联系的许多事物，都常常引起大学生的情绪、情感反应。他们对别人的言行和态度极为敏感，情愿把自己的情感体验闭锁于内心，且内心起伏较大。他们可能因一时的成功而产生积极的、愉快的情感体验，甚至骄傲自满、忘乎所以，也可能因一时的挫折、失败而低估自我或丧失自信心，甚至悲观失望，有明显的两极性。

### （四）自我控制能力提高

大学生的自我控制能力明显提高。特别是进入高年级后，随着知识积累、生活阅历的增加，大学生的自我认识和自我评价水平增强，他们能够根据别人的评价和自己的行动结果进行反省，及时调整自己的行为和目标，能以社会期望和社会要求为转移。同时，他们强烈要求独立和自主，希望摆脱管束。

## 三、自我意识对大学生成长的作用

### （一）自我意识影响着目标定位

客观而准确的自我意识有助于大学生设定明确的发展目标，明确目标的价值和可行性，并根据目标有意识地调整自己的行为，抑制不良因素的影响和诱惑，有意识地充实自己的内心世界，丰富自己的情感体验，培养良好的情感品质。而一些缺乏正确自我意识的人，常常表现出自卑或者自大，对自己的错误认识常常导致行为决断错误，从而导致失败。

### （二）自我意识影响着自我潜能发挥

大学生具有较强的可塑性，这就需要有健全的自我意识去推动、去挖掘、去支持，使自我潜能得到最充分发挥，努力使自己成为一个被社会接纳的人。人们总是以“自我”为出发点来处理与他人、与外部世界的关系，我国心理学家潘菽认为人是从自己的眼睛里去看待别人如何评价自己的，许多心理学实验以及大学生的一些心理特点也反映了这一情况，一个不悦纳自己的大学生肯定也会认为自己不被他人接纳，从而产生孤独感，给成长带来不必要的烦恼。因此，自我意识是否健全直接影响着大学生的自我发展与潜能发挥。

### （三）自我意识影响着意志控制力

大学生要实现奋斗目标必须有自我调节能力。自我调节是自我意识的内容之一，它一方面能使人朝着目标努力奋斗，另一方面又能使人自觉抵制在实现目标过程中遇到的某些影响目标实现的诱惑。

**成长案例**

**失败的自我控制**

高职二年级女生小牟，3 月份来咨询时，说自己很矛盾，既想努力复习专升本，又想努力把英语四级考过，但不知如何下手，不知选择哪一个。我说无论选哪一个都是有发展意义的，关键在于果断决策。她告诉我，先努力专升本。5 月份她再次来咨询时，说还是一直很矛盾，以至于专升本考试自己并没有认真复习，肯定没希望，决定安心复习英语。6 月份来咨询时，说四级已考，由于惦记着期末考试，英语几乎没复习，根本不可能通过，她痛苦地说，自己失去了所有机会。我告诉她，你失去的是自己不曾努力过的，不意味着所有，努力把期末考试考好。她表示认同。考试结束后，她一脸沮丧地告诉我，期末“挂”了三科。因为她始终没有行动起来。想得太多可做得太少，很难让自己潜下心来做事。

【分析】这是一个典型的自我控制能力较差的例子，通常情况下，高职高专学生自我控制的自觉性和独立性是显著增强的，自我控制的水平是明显提高的。案例中的小牟满心的想法与追求，始终无法付诸行动，最后的结果只能是失败。对自己的行为不能有效控制，最终导致自信心降低，学习不见成效。高职高专学生应学会对自己一定阶段内要完成的事情进行合理规划，有计划、有重点地逐个完成。

### （四）自我意识影响着身心健康

心理健康的人应该是一个具有正确自我意识的人。大学生的自我意识如果出现问题，就不能正确认识和评价自己，缺乏正确的自我体验和良好的自我调节。这一方面是心理不健康的表现，另一方面还会严重制约大学生的身心健康发展。有的大学生由于对自己的身体状况、学习成绩以及工作能力等缺乏正确认识，不能悦纳自己，从而产生严重的自卑、焦虑、抑郁等心理问题。

**成长案例**

#### 矮个子总感到低人一等

小杨，男，某高职院校二年级学生。因为自己身高的原因（身高 1.63 米），他总感到低人一等，抬不起头来。同学中流传的“男生 1.70 米以下属于三等残废”的说法让他更觉得自惭形秽、无地自容。他内心也非常希望自己能长得高一些，很羡慕那些体形高大威猛的男生，甚至偷偷地去买过增高鞋、吃过增高药，但并没有出现广告上说的那些增高效果，他的身高并没有如他所愿地增高。

【分析】人体个子的高矮是由种族、遗传、健康状况、营养条件、地理环境等决定的，纯属自然的差别，本无可非议。但是，正如一位大师所说的：“我们生活在一个崇尚高大的时代……”现实中很多世俗的偏见使许多个子矮小的青年面临很大的心理压力。其实，纵观历史，不难发现为自己的身高痛苦不已纯属自寻烦恼。历史上许多伟大的人物都是矮个子，如英国著名诗人济慈和德国哲学大师康德的身高都只有 1.52 米，音乐泰斗贝多芬的身高也只有 1.63 米。此外，爱因斯坦、拿破仑等人的身高也都在 1.70 米以下。所谓“尺有所短，寸有所长”，矮个子也有矮个子的优势。所以，我们要客观、正确地认识自己，做到接受自己、悦纳自我。

# 第二节　大学生的自我意识冲突

随着自我意识的分化，大学生一方面开始意识到自己以往不曾注意的许多“我”的细节，另一方面内心开始出现明显的矛盾冲突，甚至产生极大的痛苦和激烈的不安感。大学生自我意识的冲突主要表现在以下几个方面。

## 一、主观我和客观我的冲突

由于大学生大部分时间生活在社会关系相对比较单纯的大学校园中，交往多限于老师、同学、父母，因此大学生对自我的认识参照点少，局限性大，加上社会对大学生期望甚高，使大学生对自我有较高的评价。但现实生活中的自己很平凡，和想象中的自己仍有较大差距，这种差距容易使大学生产生失落感。

## 二、理想我与现实我的冲突

理想我与现实我发生冲突，是大学生自我意识最突出、最集中的表现。理想我是指个人想要达到的完美的形象，是个人追求的目标，它引导个体实现理想中的个人自我。现实我是个人从自己的立场出发，对现实中自我的各种特征的认识。

大学生有理想，有抱负，成就欲望强，他们往往为自己设定了一个美丽的“理想我”，并对大学生活进行了理想化的设定。但当他们接触现实后，现实与心中的理想却形成了巨大的反差，他们容易出现“理想真空带”与“动力缓冲带”，一时间找不到自己生活的方位。对“理想我”的渴望与对“现实我”的不满构成了这一时期大学生自我意识发展的重要组成部分。值得注意的是：“理想我”与“现实我”总是存在着一定差距的，合理的差距能够激发大学生不断进步、奋发有为；但是，如果差距过大，则有可能引起自我的分裂，容易导致大学生出现一系列心理问题，甚至自暴自弃。

**成长案例**

### 盲目的自我悦纳

某女生，因用卑鄙的手段盗取同学银行卡上的钱而进了监狱。可这个女生声称她并不难过，因为她是有意这样做的，目的是让自己对未来彻底绝望。她之前一直都认为自己是一个非常不错的人，无论外表还是能力，她都认为自己是周围人中的佼佼者，心存宏伟的抱负。可进大学后，面对众多的竞争对手，她的不切实际的梦想一次次被击碎：干部竞选中受挫，各类比赛失利，人际关系紧张，她不想“大材小用”，小事不想做，大事做不了，总是抱怨自己运气不好，怀疑身边那些“远不如她”的人是用了卑劣的手段取得了暂时的成功。她不是努力缩小“理想我”与“现实我”的距离，而是自我放弃，经常逃课。最后，她成了全系成绩最差的学生，无法正常毕业。盗窃是因为痛恨那个她认为各方面都不如她但却比她“混”得好的同学，于是，她以自我毁灭结束了痛苦的挣扎。

【分析】现今高职高专学生普遍存在的心理问题有：自我定位不准，挫折承受力较差，一旦遇到较大的压力，容易产生过激行为。这个看来荒谬可笑的犯罪动机，发人深省，由于盲目的自我悦纳，造成自负的心理状态，无法找准自己的努力方向，更无法切合实际地制订自己的人生目标，对实现目标过程中的困难与挫折估计不足，缺乏充分的心理准备。

## 三、自立与依附心理的冲突

大学生生理与心理的成熟使他们渴望独立面对生活、学习与工作中遇到的问题。但由于长期的校园生活使他们应有的社会阅历与经验相对匮乏，当应激事件出现时，却又盼望亲人、老师、同学能替自己分忧。另一方面，大学生心理上的独立与经济上的不独立也形成了明显的反差。在迫切希望摆脱约束、追求自立的同时，他们却又不可能真正摆脱家长、老师的支持和帮助。特别是对于某些独生子女来说，由于长期受到父母的溺爱，这种独立与依赖的矛盾表现得更加突出。

如果出现过分的依附心理，往往会导致对客观事情缺乏判断能力与决断能力，显得优柔寡断，缺乏主见；如果过分独立，部分学生又会陷入“不需要社会支持”及“凡事都要靠自己”的心理之中，错误地认为独立是不需要任何人的帮助和支持，在遭遇挫折时不知也不愿向他人寻求帮助。其实，独立并不意味着独来独往、独当一面，而是指对自己负责。事实上，任何心理成熟的现代人，都需要他人的帮助，广泛的社会支持是个体心理健康不可或缺的。

大学生还存在其他一些自我意识的矛盾冲突，如自负与自卑、上进和消沉等冲突。这些都是大学生心理发展过程中的正常现象，是大学生自我意识迅速走向成熟而又未完全真正成熟的集中表现。自我意识的冲突使大学生在心理和行为上会出现某些不适应或适应困难，令人感到苦恼焦虑、痛苦不安，也可能影响其心理发展和心理健康，但这是个体迈向成熟所必需的一步，个体只有迈过这一步才能获得自我的内在力量。

## 第三节　大学生自我意识的完善

美国心理学家 Joseph 和 Harrington 提出关于自我认识的乔韩窗口理论。他们认为人对自己的认识是一个不断探索的过程。每个人的自我都有四部分：公开的自我——也就是透明真实的自我，这部分自己很了解，别人也很了解；盲目的自我——别人看得很清楚，自己却不了解；秘密的自我——是自己了解但别人不了解的部分；未知的自我——是别人和自己都不了解的潜在部分，通过一些契机可以激发出来。通过与他人分享秘密的自我，通过他人的反馈减少盲目的自我，通过参与各项实践活动发现未知的自我，人对自己的了解就会更多、更客观。

### 一、人在山中，三省吾身——全方位认识自我

宋代苏轼《题西林壁》诗："不识庐山真面目，只缘身在此山中。"全方位认识自我是形成自我意识的基础，大学生只有突破自我封闭，拓宽学习生活的人际范围，积极参加各种实践活动，不断增加生活阅历，才能多方面、多角度地认识自我，做到不自卑也不自傲，这样才能充分发挥自己的聪明才智，实现自己的人生价值。

#### （一）通过对他人、对社会的认识来认识自我

大学生认识自我是以认识和理解他人、理解社会为前提的。大学是一个小社会，是大学生自我认识提升的重要场所，大学生应积极主动地投身大学生活中，投身认识周边、认识学校的社会实践活动中去，不断丰富自己对同学、老师和他人的认识，以及对大学生活、社会发展的认识，通过认识他人、社会来进一步认识自我。

#### （二）通过自我反省来认识自我

曾子曰："吾日三省吾身。"对于刚刚进入大学的新生来说，通过自我反省来认识自己，学会积极而准确地看待自己，对他们今后的发展起着至关重要的作用。

在对大学新生的心理普查中发现，不少学生在进入大学后觉得自己好像处处不如别人、能力很差，对自己特别没有信心，甚至全盘否定自己。一个善于自我反省的大学生就会找到原因：过去自己在学校中成绩比较优秀，对自己的评价也比较高，但是进入大学后高手如云，自己也就不再那么突出了；而且大学里成绩已经不是对一个人评价的唯一标准，社团活动、人际交往，甚至是运动、文娱等方面都变得非常重要。

#### （三）通过实践活动来认识自我

宋代诗人陆游曾说："纸上得来终觉浅，绝知此事要躬行。"现在，越来越多的大学生领会到这句至理名诗的含义。随着当今大数据时代对人才要求的提高，大学生越来越意识到参加实践活动的重要性。他们通过参加各种实践活动，通过自己在活动中的表现

以及取得的成效、成果来分析认识自己。例如通过克服大学学习生活中遇到的困难，来认识自己的意志力；通过在班级、学校的活动或工作中的表现以及完成任务的情况，来评价自己的综合能力；通过志愿服务、三下乡以及各种社会实践，来发现、锻炼并提升自己的能力。因此在大学生自我意识完善的过程中，能够正确分析自己实践活动的表现和成果，客观地认识自己的知识才能、兴趣爱好，进一步发挥自己的长处、弥补自己的短处极为重要。

### （四）通过自我发展的比较来认识自我

法国文学家罗曼·罗兰曾说："四十年后你再翻一翻自己年轻时代的内心'日记'，你会在那里发现另外一个人。"每个人都有自己的过去、现在和未来，大学生不仅可以通过与他人的比较来认识自我，也可以从比较自己的过去和现在中认识自我。大学生在自我意识逐步完善的过程中，一方面要勇于超越自我，不要满足于现有的成绩，另一方面要确立恰当的抱负水平，不要一味地跟自己过不去。要在自我的发展历程中进行比较，从比较中进一步认识自我、发展自我。

### （五）通过与他人的比较来认识自我

罗素曾说："进步是比较的结果。"唐太宗有句名言："以铜为鉴，可正衣冠；以古为鉴，可知兴替；以人为鉴，可明得失。"有比较才会有鉴别，才能在比较中看清自己的优劣势。有一项实验，请大学生作为被试者，让他们和另一些竞争对手一起讨论参加工作的问题，在讨论前，被试者接受自尊测试。之后，有一半被试者看到的是衣冠不整、仪表一般的竞争对手，另一半接触到的是仪表端庄、谈吐文雅之士。讨论后，实验者又对大学生进行自尊测试。结果，接触到仪表比自己强的竞争对手的被试者，自信心明显下降；看到仪表不如自己的那一组被试者，自信心却大大提高。

当然，在比较的过程中，不能专门"以己之长比人之短"，也不能专门"以己之短比人之长"，因为这样不能获得正确的自我认识。可见，大学生通过比较来认清自己的优势和劣势、长处和短处，具有重要意义。

### （六）通过分析他人的评价来认识自我

每个人都在乎别人对自己的看法和评价，尤其是有影响力的评价者对自己的看法。大学生在对待别人的评价时，要积极面对每一种评价，要实事求是地审慎分析自我，进一步认识自我，既不因别人指出自己的缺点而耿耿于怀，也不因别人指出自己的优点而沾沾自喜。

## 二、有则改之，无则加勉——正确看待他人的评价

### （一）没有人评价是悲哀的

一个人生活在现实社会中，就要与他人产生千丝万缕的联系，其言论和行动或多或少会受到他人的评价。俗话说得好，"谁人背后无人说，哪个人前不说人"。被人评价是

一件很正常的事，不管评价好坏，起码有人关注你。一个人如果没有人关注、没有人评价，反而是一件很悲哀的事，问题的关键在于我们如何正确对待他人的评价。

### （二）他人的评价是多方面的

**心理故事**

有一位画家把自己的画放在画廊请人们点评，第一天请人们把败笔圈出来，结果一天下来，几乎画的每一个角落都被圈出来了。画家觉得非常沮丧。画家的老师对他说："不要沮丧，明天依然拿这幅画，让人们将精彩的部分都圈出来。"结果一天下来，又是画的每个角落都被圈出来了。这时候画家终于明白，世人的观点难以统一，最关键的是要有自己的想法，画自己想画的。

每个人对事情的看法和评价与其自身的出发点和角度有关，有些在一部分人看来是缺点、不足的地方，另外一部分人可能会认为它们正是你可贵的、值得欣赏的地方，如果我们自己都不能很好地认识自己、评价自己，就会迷失方向，不知所措，更不用说正确对待他人的评价了。

### （三）受他人评价所左右是愚蠢的

**心理故事**

有这样一个笑话，说的是父子俩牵着驴进城，半路上有人笑他们："真笨，有驴子不骑！"父亲便叫儿子骑上驴。走了不久，又有人说："真是不孝的儿子，竟然自己骑驴，让父亲走路！"父亲赶快叫儿子下来，自己骑到驴背上，又有人说："真是狠心的父亲，不怕把孩子累死！"父亲连忙叫儿子也骑上驴背，谁知又有人说："两个人骑在驴背上，不怕把那瘦驴压死？"父子俩赶快溜下驴背，把驴子四只脚绑起来，用棍子扛着。

一个人做人做事最重要的是有主见，要具备判断是非的能力，不能人云亦云，让他人的评价左右自己的言行，要靠自己的脚走路，用自己的脑袋思考问题。任何人都不可能令周围的每一个人喜欢和欣赏自己。因为生活习惯、文化背景、兴趣爱好等方面的差异，评价者的评价也是从他们自己的角度出发的，代表的一定不是全部的和最真实的自己。事实上，最了解你的人只有你自己。所以，每一个大学生都要充分认识自己的优势和劣势、优点和缺点，给自己一个客观的评价。但是，当局者迷，旁观者清，在认识自己的过程中，他人的评价也具有借鉴意义，对其要保持一种尊重的态度。

**心理链接**

一般而言，自我评价是在与他人交往的过程中产生的，因此，也往往导致他人对自己做出评价，即他人评价。一个身心健康的大学生，自我评价和他人评价是完全对等、完全契合的吗？答案是否定的。事实上，一个身心健康的人，其自我评价往往稍稍高于他人评价。这是因为，在人们的心目中，对自我的观察，历来高于对任何外在事物的观察。因此，人们常会高估自己的优秀程度。从心理效果看，这既可以让个人保持适度的自我清醒，又使人具有一定的自信和较高的自我效能。

## 三、明确目标，战胜挫折——努力实现自我完善

大学生的自我完善是大学生在认识自我、战胜挫折和悦纳自我的基础上，自觉规划发展目标，主动调节自身行为，积极改造个性弱点，使自己全面发展，以适应社会要求的过程。

### （一）确立符合自身实际情况的理想自我

符合自身实际情况的理想自我是在认识自我、悦纳自我的基础上，按社会需要和个人特点来确立的自我发展的目标。大学生要积极探索人生，理解人生，树立正确的世界观、人生观和价值观，为理想自我的确立寻找合适的人生坐标，从个人与社会的联系中认识有限人生的价值和意义，并通过实现这一目标而努力地完善自我，不断战胜自我、重塑自我。要努力发展自己，绝不能固守自我。要积极主动地为社会服务，勇于承担重任，既注重自我价值的实现，又追求社会价值的实现，力争在为他人和社会服务、为国家和民族做贡献的过程中实现自我价值。

提高现实自我是一个漫长的过程，必须坚持不懈，持之以恒，才能使现实自我不断地向理想自我靠拢，并最终实现自己的人生目标。这一过程，就是大学生努力完善自我的过程。

### （二）认真进行自我探究

自我统一意味着“主观我”和“客观我”的统一，自我认知、自我体验和自我调节的统一。大学生只有在认真探索人生的过程中，才能逐步获得积极的自我统一，实现自身的价值。在获得自我统一的过程中，首先要分析和确认“理想自我”的正确性和可行性，然后与“主观我”相对照，最后有针对性、有计划地解决二者之间的矛盾，缩小差距，最终获得统一。

### （三）正确对待挫折或失败

**心理故事**

一头毛驴不小心掉进了一口枯井，农夫绞尽脑汁也无法救出它，几小时过去了，毛驴仍在井里痛苦地哀嚎着。最后，农夫决定放弃，于是请来左邻右里帮忙，把井里的毛驴埋了。一铲一铲的泥落在毛驴身上，当它了解到自己的处境时，反而安静了下来，它把背上的泥抖落在一旁，然后踩到泥土堆上面去。最后，它靠着脚下的泥逃出了枯井。

就如毛驴一样，在生命的旅途中，有时候我们难免会陷进"枯井"里，会有各式各样的"泥巴"倾倒在身上，而要想从这些枯井里脱困，就只有将泥巴抖落，然后站到上面去。在成长的过程中，大学生难免会遇到一些挫折或失败，要有勇气面对挫折或失败，认真总结教训，树立越挫越勇的信心。人常说"吃一堑，长一智""从哪里跌倒，就从哪里爬起来"，因此，大学生应正确地对待学习、生活中的种种困难与挫折，从困境中走出来，总结教训，吸取经验，提高自己的能力，认可自己的能力，实现自己的理想。挫折或失败，可能是一座埋葬弱者的坟墓，也可能是一个磨炼强者的火炉。

总之，自我意识的发展是一个漫长的过程，大学阶段是自我意识发展的重要阶段。因此，正确认识自我意识发展的规律和特点，学会全面认识自我，积极悦纳自我，努力完善自我，具有重要意义。

## 心理训练营

### 活动一　心理自测

**自我和谐量表**

下面是一些个人对自己的看法的陈述。填答时，请看清楚每句话的意思，将它与你的真实情况进行比较，选出你认为合适的数字。其中，1代表完全不符合；2代表比较不符合；3代表不确定；4代表比较符合；5代表完全符合。每个人对自己的看法都有其独特性，因此答案没有对错，如实回答即可。

| 序　号 | 题　目 | 你的答案 |
|---|---|---|
| 1 | 我周围的人往往觉得我对自己的看法有些矛盾 | |
| 2 | 有时我会对自己在某些方面的表现不满意 | |

续上表

| 序　号 | 题　目 | 你的答案 |
|---|---|---|
| 3 | 每当遇到困难，我总是首先分析造成困难的原因 | |
| 4 | 我很难恰当地表达我对别人的情感 | |
| 5 | 我对很多事情都有自己的观点，但我并不要求别人也与我一样 | |
| 6 | 我一旦形成对某件事情的看法，就不会再改变 | |
| 7 | 我经常对自己的行为不满意 | |
| 8 | 尽管有时做一些不愿做的事，但我基本上是按自己的意愿办事 | |
| 9 | 一件事情好就是好，不好就是不好，没有什么可以含糊的 | |
| 10 | 如果我在某件事上不顺利，我就往往怀疑自己的能力 | |
| 11 | 我至少有几个知心朋友 | |
| 12 | 我觉得我所做的很多事情都是不该做的 | |
| 13 | 无论别人怎么说，我的观点绝不改变 | |
| 14 | 别人常常会误解我对他们的好恶 | |
| 15 | 很多情况下我不得不对自己的能力表示怀疑 | |
| 16 | 有些朋友是与我截然不同的人，这并不影响我们的关系 | |
| 17 | 与别人交往过多容易暴露自己的隐私 | |
| 18 | 我很了解自己对周围人的情感 | |
| 19 | 我觉得自己目前的处境与我的要求相距很远 | |
| 20 | 我很少去想自己所做的事是否应该 | |
| 21 | 我所遇到的很多问题都无法自己解决 | |
| 22 | 我很清楚自己是什么样的人 | |
| 23 | 我能自如地表达我想表达的意思 | |
| 24 | 如果有了足够的证据，我也可以改变自己的观点 | |
| 25 | 我很少考虑自己是一个什么样的人 | |
| 26 | 把心里话告诉别人不仅得不到帮助，还可能招致麻烦 | |
| 27 | 在遇到问题时，我总觉得别人都离我很远 | |

续上表

| 序　号 | 题　目 | 你的答案 |
|---|---|---|
| 28 | 我觉得很难发挥出自己应有的水平 | |
| 29 | 我很担心自己的所作所为会引起别人的误解 | |
| 30 | 如果我发现自己在某些方面表现不佳，总希望尽快弥补 | |
| 31 | 每个人都在忙自己的事情，很难与他们沟通 | |
| 32 | 我认为能力再强的人也会遇上难题 | |
| 33 | 我经常感到自己是孤立无援的 | |
| 34 | 一旦遇到麻烦，无论怎样做都无济于事 | |
| 35 | 我总能清楚地了解自己的感受 | |

计分说明：

该量表包括三个分量表，三个分量表的项目分别为：

1. 自我与经验的不和谐：第 1、4、7、10、12、14、15、17、19、21、23、27、28、29、31、33 题，将这些题目的得分相加得“自我与经验的不和谐”分数。

2. 自我的灵活性：第 2、3、5、8、11、16、18、22、24、30、32、35 题，反向记分，先进行分数转换，答案“5”=1 分，答案“4”=2 分，答案“3”=3 分，答案“2”=4 分，答案“1”=5 分，将分数相加得“自我的灵活性”分数。

3. 自我的刻板性：第 6、9、13、20、25、26、34 题，将这些题目的得分相加得“自我的刻板性”分数。

总分 = 自我与经验的不和谐分数 + 自我的灵活性分数 + 自我的刻板性分数

结果解释：

得分越高，自我和谐度越低。在大学生中，低于 74 分为低分组，75 ~ 102 分为中间组，103 分以上为高分组。

## 活动二　知识之窗

### 意志就是生命

佚名

春秋战国时代，一位父亲和他的儿子出征打仗。父亲已做了将军，儿子还只是马前卒。又一阵号角吹响，战鼓擂鸣，父亲庄严地托起一个箭囊，其中插着一支箭。父亲郑重地对儿子说：“这是祖传宝箭，带在身边，力量无穷，但千万不可抽出来。”

那是一个极其精美的箭囊，厚牛皮打制，镶着幽幽泛光的铜边儿，再看露出的箭尾，一眼便能认定是用上等的孔雀羽毛制作。儿子喜上眉梢，贪婪地推想箭杆、箭头的模样，耳旁仿佛嗖嗖的箭声掠过，敌方的主帅应声折马而毙。果然，带着宝箭的儿子英勇非凡，所向披靡。当鸣金收兵的号角吹响时，儿子再也禁不住得胜的喜悦，完全忘记了父亲的叮嘱，强烈的好奇心驱使他呼地一下拔出宝箭，试图看个究竟。骤然间他惊呆了。一支断箭，箭囊里装着一支折断的箭。“我一直挎着支断箭打仗呢！”儿子吓出了一身冷汗，仿佛顷刻间失去支柱的房子，意志轰然坍塌了。结果不言自明，儿子惨死于乱军之中。

拂开蒙蒙的硝烟，父亲拣起那柄断箭，沉重地叹息道：“不相信自己的意志，永远也做不成将军。”

## 活动三　拓展训练

### 20个“我是谁”

活动目的：

强化自我认识，促进自我接纳。

活动程序：

（1）写出20句“我是怎样的人”。要求尽量选择一些反映个人风格的语句，避免出现类似“我是一个男生”这样的句子。

（2）将陈述的20项内容作下列归类：

A. 身体状况（属于你的体貌特征，如年龄、身高、体形等）

B. 情绪状况（你常持有的情绪情感，如乐观开朗、振奋人心、烦恼沮丧等）

C. 才智状况（你的智力、能力情况，如聪明、灵活、迟钝、能干等）

D. 社会关系状况（与他人的关系，对他人持有的态度、原则，如宽容、坦诚等）

E. 其他

（3）评估你对自己的陈述是积极的还是消极的。在列出的每句话后面加上正号（+）或负号（-）。正号表示“这句话表达了你对自己肯定、满意的态度”，负号表示“这句话表达了你对自己否定、不满意的态度”。看看正号与负号的数量各是多少。如果正号的数量多于负号的，说明你的自我接纳状况良好。相反，负号超过一半，这显示你不能很好地接纳自己，你的自尊程度较低，这时需要内省一番，寻找问题的根源，比如是否过低地评价了自己？是什么原因使你成为这样？有没有改善的可能？

# 第五章　解读人格密码

## ——大学生健康人格的塑造

为了成功地生活，少年必须学习自立，铲除埋伏各处的障碍，在家庭教养他，使他具有为人所认可的独立人格。

——［美］戴尔·卡耐基

**本章要点·**

1. 了解人格的内涵、结构、特征。
2. 了解人格发展过程中的影响因素。
3. 了解人格异常的表现与评估及防治方法。
4. 掌握大学生人格完善的途径和调适方法。

**案例导入**

### 完全不同的双胞胎

有一对兄弟，一个十分乐观，一个却非常悲观。有一天，他们的父亲欲对他们进行“性格改造”。于是，他把那个乐观的孩子锁进了一间堆满马粪的屋子里，把悲观的孩子锁进了一间放满漂亮玩具的屋子里。

一个小时后，父亲走进悲观孩子的屋子里，发现他坐在一个角落里，一把鼻涕一把眼泪地在哭泣，便问：“你怎么不玩那些玩具呢？”“玩了就会坏的。”孩子仍在哭泣。当父亲走进乐观孩子的屋子时，发现孩子正在兴奋地用一把小铲子挖着马粪，把散乱的马粪铲得干干净净。看到父亲来了，乐观的孩子高兴地叫道：“爸爸，这里有这么多马粪，附近肯定会有一匹漂亮的小马，我要给它清理出一块干净的地方来。”

所谓“人心不同，各如其面。”大学生作为社会上一个特定的群体，他们之间既有着共同的心理特点，又存在着丰富多彩的个性差异，这些差异就像人的面孔，千差万别、千姿百态。有的人积极乐观，有的人消极悲观；有的人活泼可爱，有的人文静内向；有的人勇敢坚强，有的人胆小懦弱，这些都是人格的外在表现。大学阶段正是人格发展、完善的重要时期，向往成才、追求卓越是每个大学生的期盼。因此，大学生应该了解人格的知识，关注自己的人格发展，积极主动塑造良好的人格，使自己的人格不断完善，为走向成功奠定坚实的基础。

# 第一节 人格概述

## 一、人格的内涵

在心理学上，人格一词是由拉丁语“persona”翻译过来的，原意指古希腊戏剧演员在舞台上戴的面具，面具反映了对不同角色的要求。心理学沿用面具的含义，转意为人格。人格所具有的“外壳”，就像舞台上根据角色要求所戴的面具一样，能表现出一个人外在的人格品质。由于某种原因而不愿向人所展现的内隐人格成分，即面具后的真实自我，是人格的内在特征。因此，在心理学中人格一词的定义为“人格是个体在遗传因素的基础上，通过与后天环境的相互作用而形成的相对稳定的和独特的心理行为模式，简单地说，人格就是一个人各种心理特征的总和。”

## 二、人格的结构

人格是一个复杂的结构系统，它包含着各种成分，主要概括为两个部分：一是人格的个性倾向性，二是人格的心理特征。

### （一）个性倾向性

个性倾向性是推动个体进行活动的动力系统，是个性结构中最活跃的因素，是人与客观现实相互作用的过程中产生的对现实的态度以及行为趋向，主要包括需要、动机、兴趣、态度、理想、信念、价值观等成分。

### （二）个性心理特征

个性心理特征是指个体之间的差异，是人的多种心理特点的独特组合，是人格中比较稳定的特征。主要包括气质和性格两个方面。

1. 气质

气质是个体表现在心理活动的速度、强度、灵活性和稳定性以及指向性等方面的一种典型而稳定的心理活动的动力特征，例如情绪体验的快慢、强弱，表现的隐显以及动作的灵敏或迟钝等。个体的气质特征与生俱来，受神经系统活动过程的特性所制约，较难发生改变。古希腊医生希波克拉底很早就观察到人有不同的气质，他根据人体内血液、黏液、黄胆汁和黑胆汁这四种体液的不同配合比例，将人的气质划分为胆汁质、粘液质、抑郁质和多血质四种。胆汁质的人反应速度快，情感和行为产生得迅速且强烈，性格热情坦率，精力旺盛，但脾气暴躁，好与人争论，缺乏耐心。粘液质的人反应慢，情感和行为迟缓稳定，不易激动，情绪也不易外露，能克制冲动，思维灵活性较差，喜欢沉思。抑郁质的人则比较悲观，感受性高，情感和行为缓慢柔弱，情感容易产生，善于观察，敏感性高，易多愁善感，有时会优柔寡断。多血质的人灵活性高，易于适应环境变化，善于交际，在工作、学习中精力充沛而且效率高，情感易转变。

**心理学堂**

**与不同气质类型的同学进行人际交往的小诀窍**

胆汁质的同学，用一句话来形容就是“刀子嘴，豆腐心”。他们心地善良，热情直爽，但容易为小事激动或发脾气，和他们交往时要多些包容，适当忽略他们的坏脾气。在爱情中，他们常常爱得轰轰烈烈，但可能并不能持久专一，很多时候只是三分钟热度。

粘液质的同学出了名的好脾气。他们很有耐心和包容心，不会去斤斤计较，但千万不要因为他们的好脾气就去挑战他们的底线和原则，因为一旦真的惹他们生气，再求和好是很困难的。在爱情中，他们能够很好地包容对方的小脾气和小任性，默默地用行动来表达自己的爱意，但若想要听他们说花式表白和浪漫情话几乎不可能。

抑郁质的同学是玻璃心的小天使。他们的情绪情感很容易产生，而且比较深刻持久，为他们做一些小事就能打动他们，对他们的各种好也常会铭记于心。但同时要注意他们心思细腻，敏感脆弱，和他们相处时要尽量照顾他们的情绪情感。在爱情中，他们一旦爱上就会付出自己的全部真心，专一而深情，但他们较为敏感且内向，容易吃醋和生闷气，需要给予足够的安全感。

多血质的同学是人际交往小达人。他们的朋友很多，交际圈很广，但他们喜欢新鲜感，追求刺激，很容易厌倦平淡单调的生活，和他们交往时不如多制造些惊喜与变化。在爱情中，灵活有趣的他们能够给对方带来各种浪漫的体验，但人缘极佳的他们，身边也经常围绕着很多异性。

2. 性格

性格是人格的核心，是一个人对现实的态度和行为方式中比较稳定的心理特征的总和。性格与个体的态度和行为方式关系密切，一个人的性格一旦形成，就具有相对的稳定性。偶尔形成的态度和相应的行为方式不能称为性格，只有当它们巩固下来，成为对现实的稳定的态度或习惯化的行为方式，才能称之为性格。性格不是某种个别的心理特征，而是多种心理特征在一个人身上的有机结合，体现出个人的独特风格。性格是个体在后天获得的，是现实生活中社会关系的反映，性格中的许多特征反映了个体道德品质的好坏。

**成长案例**

**为什么内向的总是我?**

我是一名职业院校三年级的女生，现在对前途很担心，主要因为我性格内向，与人交往很拘谨，尤其与异性交往更是紧张。大学三年，除室友外和其他同学来往很少，甚至与同班有些男生根本没说过话。看见朋友和别人从容聊天，我除了羡慕就是自卑。有时觉得生活不公，也很讨厌自己，为什么我就摊上了这种内向的性格，不能像很多人一样开朗?

【分析】该生因自己的内向性格产生了烦恼。心理学上将“注意力的指向”作为划分内向和外向的依据，内向的人更多地将注意力指向自己的内心世界，而外向的人则对外部世界给予更多关注。内向的人往往将“与人交往表现拘谨”对自己人际关系的负面影响看得过重。研究表明，虽然“开朗”等外向性格品质确实在人际交往中占有一定优势，但并不是最主要的，甚至没有排到大学生高度喜欢的品质的前十位，“真诚”“诚实”“理解”等才是大学生交友中最看重的品质，“羞怯”“文静”等内向性格品质其实是中性的，人们并不会因为一个人有些拘谨就反感、否定和拒绝与其交往，而“古怪”“不友好”“敌意”等品质才会引起大学生人际交往中的高度厌恶。

## 三、人格的基本特征

### （一）人格的整体性与统一性

人格由气质、性格、需要、动机、态度、价值观等多种成分和特质组成，但并非由各种特征简单堆积起来的，而是依照一定的内容、秩序、规则有机结合起来的，这些成分紧密联系成为一个完整的自我统一的有机整体，即人格具有内在的一致性，受自我意识的调控，使个体能够在各种环境背景下表现出和谐统一的心理行为，否则便会出现适应困难，严重者甚至出现人格分裂等人格障碍。

**心理链接**

**《24 个比利》**

《24 个比利》是美国作家丹尼尔·凯斯创作的长篇小说，是一部多重人格分裂纪实的作品，该书讲述了一个真实的历史人物——威廉·斯坦利·米利根（比利）的故事。比利是美国史上第一位犯下重罪，结果却获判无罪的嫌疑犯，因为他是一位多重人格分裂者。比利因为童年经历了一系列的创伤而逐渐分裂出 24 个人格，在这一具躯体之下，有淘气的小孩、女同性恋者、变态杀人狂、时尚设计师等 24 种性别、年龄、职业、背景各不相同的人格，这给比利的生活带来了极大的混乱……

### （二）人格的独特性和共同性

每个人的人格都是独特的，这种独特性不仅仅表现在个别的心理或行为特征上，更主要表现在整个行为模式上，从而使得人与人区别开来。当然，我们强调人格的独特性，并不排除人与人之间在某些心理或行为特征上具有共同性。受到自然气候、地域文化等因素的影响，同一个民族、同一个阶层、同一个群体的人们会表现出一些共同的心理特点，例如流传甚广的“英国人绅士、法国人浪漫、德国人严谨、美国人幽默、中国人谦逊”等说法，这当然是一种社会刻板印象，但同时也体现了同一个国家、同一个民族的人在整体上会表现出一些相似的人格特征。在日常生活中，我们会发现一些与自己在性格等各方面有很多相似之处的朋友，这些都是人格共同性的体现，但我们又经常会说：“我就是我，颜色不一样的烟火。”便是因为人格具有独特性，每个人都是独一无二的。

### （三）人格的稳定性和可塑性

人格的稳定性源于孕育期，随着年龄的增长，儿童时代的人格特征往往变得日益巩固。但是，人格不是一成不变的，它会随着生存环境的变化发生某些变化，具有一定的可塑性。因其有可塑性，方有教育和发展的可能；因其有稳定性，方有了对一个人人格进行判断和评价的可能。一个人的人格及其特征在时间上具有前后一贯性，在空间上具有一定的普遍性。例如，某个人性格比较急躁，他昨日是这样，今日是这样，明天很可能也是这样。同样，这个人在学习上比较急躁，工作中也是这样，甚至在日常生活和人际交往中也表现得很急躁。这就是所谓人格在时间上的前后一贯性和空间上的普遍性。当然，我们并不排除这个人在某种场合偶尔也会表现得比较沉稳。这时我们会说：“他的举止不像他本人。”

### （四）人格的生物性与社会性

人是生物个体，也是社会个体，人格的形成是生理遗传与社会环境相互作用的结果，因此具有生物性和社会性。人的生物特性不能预定人格的发展方向，然而它却构成了人格形成的基础，影响人格发展的方向及人格特质形成的难易。人格是在先天遗传素质的基础上，通过社会活动和社会交往而逐渐形成的，因此也受社会环境的制约。在人格的形成中，既不能排除生物因素，更不能排除社会因素。

# 第二节　人格形成的影响因素

## 一、生物遗传因素

生理基础与遗传是人格形成的自然基础，是形成人格特征的重要前提。生理基础与人格的形成密切相关，有研究资料表明，人的大脑是人格的主要物质基础，同时人格的异常也会影响大脑的正常发育和活动，如果脑部产生局部病变或受伤则会导致人格和行为的改变。遗传因素对人格的形成十分重要，有心理学家曾对双生子进行研究，从学前儿童中选取 139 对出生后共同生活的同性别孪生子为研究对象（平均年龄为 4 岁半），同样都是双生子，出生后又生活在同一家庭，其环境因素的影响应大致相同，然而双生子之间的人格特征表现出极大的不同，从而说明，遗传因素对人格的形成的确具有相当大的影响。

**心理链接**

**上帝的实验**

菲尼亚斯·盖奇是美国一名 25 岁的铁路工人，他工作努力、待人谦虚。在修建佛蒙特州的一条新的铁路线路时，一场意外的爆炸事故导致一根铁杆戳进了他的脑袋，从左前叶一直穿出颧骨。爆炸之后几分钟，盖奇苏醒过来慢慢地离开了爆炸现场。当医生把那根铁杆拿掉之后，盖奇恢复得很好，除了左眼瞎了，似乎和以前没什么不同，智力正常，走路很稳，双手灵活，讲话也没有什么明显的困难。但是大家很快就发现盖奇变了，从之前的崇尚和平变得冲动而且杀气腾腾，连讲话都从之前的恭敬礼貌变得粗话连篇，经常打架、酗酒，无法胜任以前的工作，他的人格发生了彻底的改变。在他生前和死后，医学和心理学权威人士对他进行了深入研究。由于菲尼亚斯·盖奇的经历太过惊险神奇，因此对他开展的实验也被人们称为“上帝的实验”，现在这根铁棍被保存在美国波士顿解剖博物馆内。

## 二、社会文化因素

人一出生，便置身于特定的社会文化之中并受到社会文化的熏陶与影响，文化对人格的影响伴随人的一生。社会文化塑造了社会成员的人格特征，使其成员的人格结构朝着相似的方向发展。以正确的道德价值为导向的社会思潮和社会风气，就会促进健康人格的发展和健全，反之，就会使人格走向分裂。社会文化对人格具有塑造功能，还表现在不同文化的民族有其固有的民族性格。例如中华民族是一个勤劳勇敢的民族，这里的“勤劳勇敢”的品质便是中华民族共有的人格特征。社会文化对人格的影响力因文化而异，取决于社会对顺应的要求是否严格，要求越严格，其影响力越大。

## 三、家庭环境因素

俗话说“有其父必有其子”，正说明了家庭对孩子人格形成过程中的巨大影响力。家庭环境对人格的影响，从发生时间来看，开始最早，持续最长；从作用上来看，范围最大，内容最广。因此，家庭也被称为制造人格的工厂。家庭气氛能从各种不同角度向儿童传递信息，对儿童的人格发展起着潜移默化的作用。此外，父母是孩子的第一任老师，父母的心理状态、言谈举止、教养态度、为人处世、品质修养和文化素质等，直接影响子女对所经历的事件的认知与适应，影响着他们人格的形成。

研究人格的家庭成因，重点在于探讨不同的教养方式对人格发展和人格差异具有不同的影响。家庭教养方式可分为民主型、专制型、放纵型和忽视型四种，不同的教养方式会促使孩子形成不同的性格。

1. 民主型父母：高要求、高反应

民主型父母对孩子的要求适当“高”和“严”，会为孩子设立合理的行为目标，对孩子的任性行为做出适当的限制，并督促孩子努力达到目标。同时他们并不缺乏父母应有的温情，能主动关心孩子，耐心地倾听孩子诉说，而且能晓之以理、动之以情，激励孩子自我成长。这类父母用“理性、严格、民主、关爱和耐心”教导孩子，慢慢培养孩子自信、独立、合作、积极乐观、善于社交等良好的性格品质。

2. 专制型父母：高要求、低反应

这类父母会拿自己的标准要求孩子，而没有意识到过高的要求是对孩子个性的一种变相扼杀。他们不能接受孩子的反馈，对孩子缺乏热情和关爱，要求孩子无条件地服从，不能及时鼓励孩子。父母的这种“专制”容易使孩子形成对抗、自卑、焦虑、退缩、依赖等不良的性格特征。

3. 放纵型父母：低要求，高反应

这类父母对孩子充满了无尽的期望和爱，无条件地满足孩子的要求，但很少对孩子提出要求。这些孩子会随着年龄的增长变得依赖、任性、冲动、幼稚、自私，做事没有恒心、耐心。

4. 忽视型父母：低要求，低反应

这类父母不关心孩子的成长，也不对孩子提出适度的要求和合理的行为标准，而是冷漠地对待孩子，缺少应有的教育和爱。这类父母其孩子自控能力差，对一切事物都采取消极的态度，还会有其他不良心理特征。

**成长案例**

大学生张某，男，头脑聪明、灵活，好奇心强。家庭经济状况一般，父亲酗酒嗜赌，脾气暴躁。母亲不信任丈夫，常与丈夫吵架，家庭关系紧张。张某很羡慕同学家庭的和睦，对别的同学拥有的各种新鲜物件很好奇。而他平时的正当要求常遭到父亲拒绝或不信任，经常受到再三盘问。次数多了，他情绪焦躁，无心学习，时常在课堂上顶撞老师，课后常寻衅、与人打架。在咨询室对其进行心理辅导时，他说："我很想读好书，我向往更好的生活，可我家不像家，常常被父亲打。反正，我是没有希望了。"

【分析】有些父母会使用伤害的方式来与孩子进行连接，连爱都只会用不信任、鄙夷否定和训斥打骂的方式来表达，这对孩子美好人格的形成具有摧毁性的作用。父母的教育固然会给孩子的成长带来重要影响，但一味地自怨自艾和埋怨父母是没有用的，我们应该学会自己对自己的人生负责，学会自我成长。小张同学内心向往更好的生活，他需要勇敢地从自身寻找解决问题的力量，把父母错误的行为和他们本人分开，把他们带来的伤害和爱分开，继续勇敢地不断学习如何爱，学习如何成为更好的自己，成为更好的恋人、丈夫乃至父亲。这样的成长往往需要一个比较漫长的历程，需要学习新的体验和行为模式，需要莫大的耐心、勇气、力量和爱，需要自己不断内省，成长独立到能建立更健康的关系，才能打破原生家庭带来的宿命循环。终结创伤的代际传承，很多时候也需要专业的心理咨询师的帮助。

## 四、学校教育因素

学校被称为"修正人格的工厂"，可见，学校教育对人格的形成与发展具有重要作用。学生通过课堂教育接收系统的科学知识，同时形成科学的世界观。通过学习还可以促使学生形成与发展坚持性、主动性等优良的人格特征。校风和班风也是影响学生人格形成与发展的重要因素，良好的校风和班风能够促使学生养成积极、独立和遵守纪律等品质。在学校，老师要通过各种教育教学活动塑造学生的人格特征，同时老师又是学生学习的榜样，老师的言行对学生的人格产生潜移默化的影响。

## 五、自然物理因素

生态环境、气候条件、空间拥挤程度等物理因素都会影响人格的形成与发展。在不同物理环境中，人可以表现出不同的行为特点。有研究表明，气温会提高某些人格特征的出现频率，如天气闷热会使人烦躁不安等。但自然环境对人格不起决定性的作用。

## 六、个人主观因素

社会上各种影响因素，首先要为个人接受和理解，才能转化为个体的需要、动机和兴趣，才能推动个体去思考与行动。另外，个体的心理发展水平对人格特征形成的作用会随着年龄的增加而日益增强。

**名人故事**

### 从少年犯到心理学家

丹尼斯·克雷布斯，1942 年出生于温哥华，是一位木匠的儿子。在他 14 岁的时候，全家搬到了圣弗兰西斯科地区，他一时难以适应那里的文化，那里的人们常常取笑他的穿着、行为，甚至口音。为此他常拳脚相向，大打出手，一次次卷入打斗中，一发不可收。后来因逃学、打架、去商店偷东西被抓，在管教所待了几个月。出来后，又因酗酒开车，惹是生非，触犯法律而被关进监狱。越狱逃跑后，他来到了某伐木营帐中。在这里他对人生进行了“深度的思考”，萌发了“换个活法”的念头，他决定去哥伦比亚上大学。伐木半年挣足了钱，他动身了。那时他已 20 多岁，比其他大学生大好几岁，意识到自己的落后，便更加认真地学习。1967 年毕业时，他获得了心理学顶尖学生的荣誉。

当他申请去哈佛大学读博士时，他发现自己一直生活在恐惧中，怕有人揭发他是个逃犯，便去自首，被当地新闻媒体报道后引起轰动，结果被宽恕了。1970 年，他在哈佛大学获得博士学位后，便被哈佛大学录用为副教授和本科教学负责人。之后，他对心理学的发展做出了卓越贡献。

# 第三节　常见的大学生人格异常

大学生在大学中逐渐适应其社会角色，不断扩大人际交往的范围，适应激烈的学习竞争，他们的人格发展也因此受到影响。健全人格强调的是人格各方面的整合，强调的是整体性与统一性。重视人格的整合和塑造既是大学生身心健康的需要，又是其自我发展、自我实现的需要。从某种意义上来说，人格决定了命运。但是，大学生作为趋于成熟的群体来说，其人格特质的某些方面并不是十全十美的，或多或少地存在一些不足和缺陷。因此，大学生只有充分了解自己的人格特征，才能针对不足，用科学的方法加以改善。

人格障碍也称“病态人格”，是指人格特征显著偏离正常，其以固定的、特有的行为模式对环境刺激做出反应，在知觉与思维方面存在适应功能的缺陷，对环境适应不良，甚至与社会发生冲突。人格障碍常始于幼年，青年期定型，持续至成年甚至终生。幼年期的人格具有很大的可塑性，故人格障碍的诊断必须在 18 岁以后进行。人格障碍患者都有难与人相处的特点，遇到困难归咎于他人或社会，不接受他人的意见，对自己的错误行为不负责任，故人格障碍的治疗效果一般不太理想。有的人格障碍类型与精神病有相似之处，或易发展成精神病。

常见的大学生人格异常类型包括偏执型、分裂型、冲动型、强迫型、反社会型、表演型和回避型等。

## 一、偏执型人格

偏执型人格又称妄想型人格，以过分偏执和猜疑为特点，对别人的伤害耿耿于怀，对别人的荣誉十分妒忌，对自己估计过高，同时又很自卑。在工作和学习上往往言过其实，把失败和责任归咎于他人。不信任他人，认为他人心存不良。处理问题喜欢从个人感情出发，喜欢在别人背后说风凉话，公开抱怨和指责别人。患者中男性多于女性。

### （一）偏执型人格的主要表现

①对挫折、拒绝和失败过度敏感，对侮辱和伤害不能宽容、耿耿于怀，有超越常人的好斗倾向和对维护个人权利的执意追求，不达目的不罢休。

②容易将他人无意的、中性或友好的行为误解为敌意或轻视，总感觉受压制或被迫害，将周围事物解释为不符合实际的“阴谋”。

③将自己看得过分重要，自我评价过高，容易发生病理性嫉妒，毫无根据地怀疑配偶或伴侣的忠诚。

**成长案例**

**班长风波**

有一位男生，在大一军训时被老师指定为临时班长，一学期后因与同学不和，被撤班长之职。于是，该生疑心某同学嫉妒他的才干，在老师那儿说他的坏话，自己受到了排挤和压制，认为老师对他不公，对撤换班长一事耿耿于怀，愤愤不平。此后的一年里，他常为此与师生发生冲突，要求恢复班长之职，否则要伺机报复。大家耐心相劝，他却将此理解为恶意、敌意，人际关系日益恶化。

【分析】该生具有典型的猜疑和偏执的人格特征，他倾向于从环境中寻找蛛丝马迹来证明自己受到了不公平待遇；喜欢寻根究底；容易从别人的无害行为中找到隐藏的动机和特殊意义；把过失归罪于他人，自己不为失败承担责任。需要采取积极的方式对自己的人格偏差进行矫正。

### （二）偏执型人格的防治

1. 自我疗法

偏执型人格的人喜欢走极端，这与其头脑里的非理性观念相关联。因此，要改变偏执行为，首先必须分析自己的非理性观念。患者可以罗列自己固有的不合理信念，对其中极度偏激的成分加以改造，使自身的信念合理化。通过默念的方式逐渐把合理化的信念内化。

2. 交友训练

积极主动地进行交友活动，在交友中学会信任别人、真诚相待，以取得朋友的信赖和增进友谊。

3. 敌意纠正训练

经常提醒自己不要陷于“敌对心理”的漩涡中，减轻敌意心理和强烈的情绪反应。要懂得“只有尊重别人，才能得到别人尊重”的基本道理，要学会对那些帮助过自己的人表达感谢。在生活中学会忍让和耐心，在冲突发生时学会自我克制。

## 二、分裂型人格

分裂型人格又称关闭型人格，以怪异孤僻和情感淡漠为主要特点，不仅自己不能体验到欢乐，对人亦缺乏温暖，爱好不多，缺乏进取心，对人际关系采取不介入态度。多见于男性。

### （一）分裂型人格的主要表现

①情感淡漠，几乎没有可以获得愉快体验的活动，对他人表达温暖、体贴、愤怒等感情的能力十分有限，对批评或表扬无动于衷。

②行为孤僻，偏爱单独行动，没有亲密朋友，不能与人建立相互信任的人际关系，也没有与异性发生性接触的兴趣。

③过分沉溺于幻想和内省中，喜欢想入非非，缺乏进取心，回避竞争性情境，无视公认的社会规范和习俗。

### （二）分裂型人格的防治

1. 社交训练

分裂型人格患者对自己的行为缺乏自知力，治疗的目标是纠正其孤独离群、情感淡漠和与周围环境的分离，进行社交训练旨在使其懂得孤独不合群、严重内向的危害，自觉投入心理训练。

2. 培养兴趣

患者要有意识地分析自己，确定积极的人生理想和追求目标，克服兴趣索然、情感淡漠的人格特征。培养自己对艺术、体育、科技等活动的兴趣，有意识地创造条件接触社会和实际生活，扩大社会信息量，使自己的生活充满乐趣和前进的动力。

## 三、冲动型人格

冲动型人格又称爆发型和攻击型人格，这类人格特征始于童年，常常因为极小的事情和精神刺激就会突然爆发强烈的愤怒或暴力行为，情感及行为的暴烈程度与精神刺激不相称，从而造成破坏物品和伤人行为。发作时患者不能自控，爆发历时数分钟至数小时，随即平静下来。事后常感到后悔和自责，但不能防止再次发作，在间歇期情绪和行为正常。

### （一）冲动型人格的主要表现

①有不可预测和不考虑后果的行为倾向，行为爆发不受控制。不良行为或犯罪行为反复无常，可以是有计划的，也可以是无计划的。

②情感上极不稳定，易激怒，常为一点小事而暴跳如雷，容易与他人争吵或发生冲突，特别严重的是易于发生暴力行为，不考虑行为的后果，以致出现伤人或自伤。

③生活无目的，做事没有计划性，缺乏坚持性，人际关系不稳定，几乎没有朋友。

### （二）冲动型人格的防治

1. 加强青春期知识的学习，正确认识自己的心理变化

加强青春期知识的学习，正确认识自己的心理变化，不要仅仅把对自己的认识停留在身体的外部特征和外部行为表现上，应经常自我反省，完善自我。应多参加体育锻炼和文艺活动，使自己的内在能量得到合理释放，陶冶性情，健康成长。

2. 正确对待挫折，积极分析受挫的原因，总结经验

受挫后用另一种可能成功的目标来获得他人和自己的认同，或者把受挫时产生的能量转移到学习上，以获取成功。

## 四、强迫型人格

强迫型人格障碍的主要特点是过分追求细节和完美，患者做事往往谨小慎微，希望所有事都能做到尽善尽美，如果症状不是十分严重，往往可在工作中取得比较大的成就，但有时会因过分注重细节、墨守成规，反而影响工作效率。在生活中，患者常会用严苛的尺度衡量周围事物，使自己和身边的人陷入紧张、焦虑的氛围。症状在童年或青春期就会有所表现，持续到成年后逐渐显著。

### （一）强迫型人格的主要表现

①做事按部就班、犹豫不决，要求十全十美，事后反复检查、穷思细节，以致忽视全局，并因此而焦虑、紧张和苦恼。

②过于自我克制，过分关注自我，责任感过强，平时拘谨、小心翼翼，对自身安全过分谨慎，思想得不到放松。

③做每一件事都事先计划好所有动作，而且过多考虑细节，刻板和固执，不顾及人际关系，要求别人也按其规则办事。

### （二）强迫型人格的防治

1. 顺其自然

减轻和放松精神压力，做任何事情都不要太强求，顺其自然，对做过的事情不要评价，也不要多想。刚开始时可能会有较强烈的焦虑情绪，但只要坚持一段时间，症状就会慢慢消失。

2. 给予关心、理解、帮助

症状较轻的患者，可给予理解、关心和肯定，让他们从事有规律、需要耐心细致的工作。同时也要指出他们的缺点，给他们提供更多的成功机会，以增强他们的自信心。

## 五、反社会型人格

反社会型人格也称为无情型人格。反社会型人格的主要特征是高度攻击性和缺乏羞惭感，患者表现为不遵守法律和社会规范，漠视或侵犯他人权利。反社会型人格障碍形成的主要原因有：先天体质异常、家庭破裂、被父母抛弃和被人忽视、从小缺乏爱等。始于儿童或青少年早期，一直持续到成年，男性比女性更为常见。反社会型人格与冲动型人格类似，但冲动型人格是对自己的冲动行为缺乏自控力，而反社会型人格则是明知故犯、屡教不改。

### （一）反社会型人格的主要表现

①无视社会道德规范，常出现违法犯罪行为，例如童年时开始出现偷窃、逃学、离家出走等反抗行为；少年期过早出现性行为或性犯罪，经常旷课、打架斗殴、酗酒、破坏公物和不遵守规章制度；成年后没有责任心，如经常旷工、借钱不还、不抚养孩子、不赡养父母等。

②没有是非观，常常为了个人利益或乐趣进行欺诈，行事冲动，易激惹，有明显的攻击性，经常不顾自身和他人安危做出危险的事情。

③做出对他人造成伤害、痛苦或侵犯他人权利的行为后，毫无羞惭悔过之心，对受害者缺乏同情，对他人痛苦无动于衷，反而可能认为对方愚蠢或罪有应得，也可能提出诸如“生活是不公平的”等理由为自己开脱。

**心理故事**

徐凯文教授是北京大学心理健康教育中心副主任，他曾在接受采访时公开谈论自己在读博期间做反社会型人格障碍的课题研究时，与反社会型人格障碍患者的接触经历：

我的博士论文是在监狱里做的，研究“反社会型人格障碍”课题。反社会型人格障碍，简单来说就是没人性。比如，我现在给你一把刀，让你去捅人，你不用负任何法律责任，实际上你是下不了手的，对吧？因为你捅了人，他痛苦、他流血，你自己也会害怕、痛苦。让你下不了手的原因是什么？是你的共情能力。我不需要亲自动手，就单单想这些事情都会觉得不舒服，这是非常重要的人性。

那反社会是什么呢？反社会就是他去伤害别人的时候非但没有这种内疚、痛苦、不忍心，反而很喜欢。举一个特别具体的例子，当时有一个犯人，这个犯人我还记得第一次跟他做访谈的时候对他的印象。他一看就符合一般罪犯的"样子"，五大三粗，文化很低，攻击性特别强。其实我当时已经见过很多种杀人犯了，但是他让我特别害怕。为什么呢？他第一句话就跟我说："我抢了200多次只被抓到6次，判了22年，实际上我抢了200多次。"也就是说他炫耀他的罪行，大多数人都是恨不得少说一点，他一定要多说一点。更重要的是他说他是怎么抢劫的，他骑车在二环上兜风，在兜风的过程中他觉得今天不爽，看到路上有人在走着，他就把车停下来，不管男女老幼上去一脚把人踹倒。他不是直接去要钱包，而是先把人踹倒。人家被踹倒以后，一看他孔武有力，且手里拿着刀，谁敢反抗？没人敢反抗的。但是他不急着抢劫，他告诉我："我一定要先把他们狠狠地揍一顿，我要把他们打得皮开肉绽，满脸是血，我看到血才舒服。"他喜欢听人哀嚎。然后他就把钱包拿走了，再去抢第二个，他靠这种刺激来满足自己的这种暴虐的状态。他从小是被别人打大的，所以用他的话来讲，小时候被别人打，长大以后打别人，他的这种恶的行为实际上也是习得的结果。我大概给他做了两个月的心理治疗，重点方向就是让他能够恢复共情能力，能够理解他人的想法和感受，甚至能够说出他人内心深处的感受，这是人特别重要的人性，是人与人之间之所以能够相互理解的关键。

后来，他给我写了一封长信，他觉得其实我从来没跟他谈善恶的话题，我跟他讨论的问题只是让他想想看这样做的时候对方的想法是什么，他的感受是什么。他说他不知道善恶是什么，他也想做好人，但是不知道怎样做才是对的，怎么才是错的。

（资料来源：《我在北大当教授》）

### （二）反社会型人格的防治

1. *心理治疗*

心理治疗对那些由于中枢神经系统功能障碍而形成反社会型人格的患者毫无作用。但对那些因环境影响形成的、症状较轻、能充分意识到自己的问题并愿意改变者，可帮助其认识和了解自己的行为对社会的危害，培养其对家庭、社会的责任感，减少其反社会行为。

2. 加强心理健康教育

该人格一旦形成，极难矫治。因而加强青少年期的心理健康教育，预防人格畸形发展十分重要。一旦患者危害社会治安，必须长期收容。

## 六、表演型人格

表演型人格又称寻求注意型人格，主要特征是人格的不成熟，过分感情用事或以夸张的言行吸引注意力。具有表演型人格障碍的人其行为举止常带有挑逗性，他们十分关注自己的外表，矫揉造作，言行夸张，总希望引起他人的注意。这类人情绪外露，表情丰富，喜怒哀乐皆形于色，情绪带有戏剧化色彩，喜欢别人同情和怜悯；思维肤浅，不习惯于逻辑思维，言行举止显得天真幼稚。女性多于男性。

### （一）表演型人格的主要表现

①常以自我表演、做作、夸张的行为引人注意。暗示性和依赖性特别强，高度的自我中心，不为他人考虑。情绪变化富有戏剧性，往往给人肤浅、没有真情实感和装腔作势甚至无病呻吟的印象。

②感情肤浅，难以与他人保持长久关系，渴望得到他人的理解和夸奖。爱幻想，常把想象当成现实，耐不住寂寞，希望生活像演戏一样热闹。

### （二）表演型人格的防治

1. 自我调节

了解自己人格中的缺陷及其危害，正确认识自己，自我调整过分的情绪，扬长避短。

2. 升华

表演型人格的人都有一定的表演才能，可以利用自己的特长，把兴趣转移到表演艺术中去，使自己原有的能量得到升华。

## 七、回避型人格

回避型人格又叫逃避型人格，是以全面的社交抑制、能力不足感、对负面评价极其敏感为特征的一类人格障碍。患者在幼年或童年时期就开始表现出害羞、孤独、害怕见陌生人、害怕陌生环境等。成年以后这些性格特点对患者的社交和职业产生不利影响。这类患者总觉得自己缺乏社交能力，缺乏吸引力，在各方面都处于劣势，因而显得过分敏感和自卑。自尊心过低加上过分敏感，担心自己会被别人拒绝，使得患者很难与他人建立亲密关系。

### （一）回避型人格的主要表现

①被他人批评和指责后，常常感到自尊心受到伤害而陷于痛苦之中，并很难从中解脱出来。因而除了至亲，极少知心朋友。

②行为退缩，对需要与人交往的活动和工作尽量逃避，担心自己言行不当而被人讥笑讽刺。除非确信受到欢迎，否则不愿参与他人事务。

③自卑、敏感，在与人交往中缄默，怕惹人笑话和回答不出问题，害怕在别人面前露出窘态。在处理普通的但不在自己常规中的事情时，表现得瞻前顾后、左思右想。夸大潜在的困难和危险，常常不能下定决心，错过了解决问题的时机。

### （二）回避型人格的防治

1. 客观评价自己

正确认识自己，提高自我评价，善于发现自己的长处，肯定自己的成绩，不要把别人想得太完美，把自己想得一无是处。只有提高自我评价，才能提高自信心，克服自卑感。

2. 克服人际交往障碍

主动给自己制订一些人际交往任务，主动与人交往。如制订与人交往的梯级表，按梯级表的要求完成自己的交友计划，能取得较好的治疗效果。

3. 积极自我暗示

要进行积极的自我暗示，自我鼓励，相信事在人为。当面临某种情况感到自信心不足时，不妨自己给自己壮胆："我一定会成功！一定会的！"或者不妨自问："人人都能干，我为什么不能干？"如果怀着"豁出去了"的心理去从事某项活动，事先不过多体验失败后的情绪，就会产生自信心。

人格障碍发展到一定程度，不仅危害个人，还有可能对社会带来严重的危害。为此，对人格异常者的及早发现和治疗是十分必要的。由于人格异常是个体在长期生活中形成的，比较稳定，所以，对人格异常的治疗所需时间较长。这就要求治疗者及其亲友在其治疗过程中保持耐心，综合运用心理咨询、药物、理疗、催眠、生活指导、暗示等多种方法，以帮助患者矫正人格异常，适应社会生活。

## 第四节　大学生健康人格的塑造

人格塑造与完善是一项系统而又复杂的工作。大学生要形成良好的人格特质，首先要立足于了解自己的个性特征，健全自己的人格；其次要通过心理学的科学方法对不良人格造成的心理问题加以疏导和调适，以维护和保持自己健康的心态；最后，对于较严重的人格障碍，要积极地寻找专业人士进行咨询和治疗，做到早发现、早预防和早治疗。

### 一、增强自我意识

自我意识对大学生的成长和发展具有重要作用。从某种意义上说，一个人有什么样的自我意识，其人格就会向什么方向发展。怎么培养大学生良好的自我意识，使其具有健康正确的自我意识呢？归结起来，大致可以从以下几个层面进行。

### （一）建立多元自我概念

大学生在自我认知与自我评价中易走极端，要么觉得自己一无是处，要么觉得自己一切皆好。于是一旦在某方面稍有成绩，便沾沾自喜；一旦在某方面受挫，又会全盘否定自己的价值。所以，要纠正单一的自我概念，建立多元自我概念，全面认识自己。要知道，此方面失败不一定彼方面失败，某阶段失败并不意味着整个人生失败。

### （二）建立合理的比较体系

比较是大学生认识自我、了解自我和发展自我的重要方法。首先，通过与他人进行客观比较来正确认识自己。他人是反映自我的镜子，大学生纠正自我意识偏差的关键是与类似的人进行客观的比较。大学生每时每刻都处在人际交往中，尤其是与教师、同学、朋友交往甚密，要自觉寻找合适的比较对象，在比较中取长补短，发展自己。其次，通过别人的评价来正确认识自己。有人将对自我的认识比喻为看画，从合适的距离和角度看，齐白石的《虾趣图》栩栩如生；但是，若过于贴近，且只盯住一处，满眼不过几个墨团，便无甚意趣了。大学生自我认识上的偏差，就是因为缺乏“距离感”，从而造成了“当局者迷”的局面。因此，大学生要注重父母、长辈、教师和同学的评价，要接受别人评价中的合理部分，避免自我评价的偏差。

### （三）在活动分析中认识自我

大学生可以通过参加各种活动时的动机、态度、表现、取得的成果来分析和认识自己。社会衡量一个人的价值主要是通过活动成果进行的，活动成果的价值有时直接标志着自身的价值。因此，理想的活动成果、良好的活动效果可以使个体进一步认识自我的能力，发现自我的价值，从而激发自信、开发潜能。例如，一个原本有些害羞的大学生在同学的鼓励下参加了一次演讲比赛，并得奖了，他在活动的分析中就会发现自己具有这方面的能力，只要态度积极，努力去做，就可以取得成功。这对他克服害羞情绪、增强自信、发现自我潜能起到了积极作用。

## 二、有效的自我控制

有效的自我控制是健全自我意识的根本途径，有效进行自我调控是为了保证自我的健康发展。

### （一）建立合乎自身实际的目标

要使自我控制积极有效，大学生应该建立合乎自身实际的目标。首先，要合理定位理想自我。理想自我是将来要实现的目标，大学生在确立其内容时，要立足社会需要，符合社会对大学生的要求和规范。同时，要从大学生自身的实际出发，既不好高骛远，也不过于简单，应把远大的目标分解成一个个远近高低不同的具体目标。目标要符合自己的实际能力，不苛求自己，不被他人的要求所左右。只有明确这一点，才可能真正认清自己，规划自己的发展方向，最终建立独立的自我。

### （二）积极参加社会实践

参加社会实践，用学到的知识和智慧为社会服务，可以帮助大学生认清自身的能力和价值、责任与义务，确立科学的人生观、价值观。在实践中，应学会用乐观的情绪和积极的心态去看待问题，客观公正地看待事物，增加自我意识中的理性成分，消除偏激和肤浅，使自己得到和谐发展。

## 三、培养自信心

有自信的人并不是天生就自信，其自信来源于自觉地维护和积极地增进自信。缺乏自信的人也并非天生就不自信，其不自信往往是长期缺乏自我肯定、自我激励以及被动接受外界消极评价的结果。真正自信的人首先有自爱，知道自己有哪些长处，确信不疑而且十分珍爱，引以为荣。不自信的人缺乏自爱，并不特别了解自己的长处，相反总是盯住自己的缺点或者有意挑剔自己的不足，并且耿耿于怀；即使有好的地方，也十分轻视它们的价值，甚至会怀疑它们的真实性。因此，培养自信对于塑造大学生健全人格十分重要。

## 四、建立和谐人际关系

人际关系最能体现一个人人格健康的程度。人格健康的人乐于与他人交往，并能与他人建立良好的关系；与人相处时，尊敬、信任等正面态度多于嫉妒、怀疑等消极态度。人格健康的人常常以诚恳、公平、谦虚、宽容的态度尊重他人，同时也受到他人的尊重与接纳。而如果长期缺乏正常的人际交往会使人将自己困在一个狭小的空间里，变得愈来愈沉默孤僻，甚至产生人格扭曲，做出不可挽回的错事。好的人际关系必须在人际关系的实践中去寻找，逃避人际关系却想得到别人的友谊只能是缘木求鱼，不可能达到理想的目的。

## 五、提高心理承受力

心理承受力不是与生俱来的，而是在后天学习、实践、磨炼的基础上产生的。人生不如意之事十之八九，一般说来，承受能力较强的人能更好地适应环境和调节自身情绪，受到的伤害较小；而挫折承受能力差的人，不能形成正确的自我意识和对客观环境的正确认知，容易受到伤害。如果挫折的出现较频繁，大学生不能及时调整自身生理及心理状态，那么便会渐渐产生心理失衡及心理疾病，甚至导致自杀行为。因此，大学生需要增强心理承受力，让自己更加勇敢、坚强地面对世界。

# 心理训练营

## 活动一 心理自测

### 气质类型测试

下面60道题，可以帮助你大致确定自己的气质类型，请根据自己的情况在“很符合、比较符合、介于符合与不符合之间、比较不符合、完全不符合”五个答案中选择一个适合自己的。“很符合”得2分，“比较符合”得1分，“介于符合与不符合之间”得0分，“比较不符合”扣1分，“完全不符合”扣2分。

| 序 号 | 题 目 | 你的答案 |
|---|---|---|
| 1 | 做事力求稳妥，一般不做无把握的事 | |
| 2 | 遇到可气的事就怒不可遏，想把心里话全说出来才痛快 | |
| 3 | 宁可一个人干事，不愿很多人在一起 | |
| 4 | 到一个新环境很快就能适应 | |
| 5 | 厌恶那些强烈的刺激，如尖叫、噪声、危险镜头 | |
| 6 | 和人争吵时总是先发制人，喜欢挑衅 | |
| 7 | 喜欢安静的环境 | |
| 8 | 善于和人交往 | |
| 9 | 羡慕那种善于克制自己感情的人 | |
| 10 | 生活有规律，很少违反作息制度 | |
| 11 | 在多数情况下情绪是乐观的 | |
| 12 | 碰到陌生人觉得很拘束 | |
| 13 | 遇到令人气愤的事，能很好地克制自我 | |
| 14 | 做事总是有旺盛的精力 | |
| 15 | 遇到问题总是举棋不定，优柔寡断 | |
| 16 | 在人群中从不觉得过分拘束 | |
| 17 | 情绪高昂时，觉得干什么都有趣；情绪低落时，又觉得什么都没意思 | |
| 18 | 当注意力集中于一件事时，别的事很难使我分心 | |

续上表

| 序　号 | 题　目 | 你的答案 |
|---|---|---|
| 19 | 理解问题总比别人快 | |
| 20 | 碰到危险情境，常有一种极度恐惧感 | |
| 21 | 对学习、工作、事业怀有很高的热情 | |
| 22 | 能够长时间做枯燥、单调的工作 | |
| 23 | 符合兴趣的事情，干起来劲头十足，否则就不想干 | |
| 24 | 一点小事就能引起情绪波动 | |
| 25 | 讨厌做那种需要耐心、细致的工作 | |
| 26 | 与人交往不卑不亢 | |
| 27 | 喜欢参加热烈的活动 | |
| 28 | 爱看感情细腻、描写人物内心活动的文学作品 | |
| 29 | 工作学习时间长了，常感到厌倦 | |
| 30 | 不喜欢长时间谈论一个问题，愿意实际动手干 | |
| 31 | 宁愿侃侃而谈，不愿窃窃私语 | |
| 32 | 别人总是说我闷闷不乐 | |
| 33 | 理解问题常比别人慢些 | |
| 34 | 疲倦时只要短暂的休息就能精神抖擞，重新投入工作 | |
| 35 | 心理有话宁愿自己想，不愿说出来 | |
| 36 | 认准一个目标就希望尽快实现，不达目的誓不罢休 | |
| 37 | 学习、工作一段时间后，常比别人更疲倦 | |
| 38 | 做事有些莽撞，常常不考虑后果 | |
| 39 | 老师讲授新知识时，总希望他讲得慢些，多重复几遍 | |
| 40 | 能够很快地忘记那些不愉快的事情 | |
| 41 | 做作业或完成一件工作总比别人花的时间多 | |
| 42 | 喜欢运动量大的剧烈体育运动或参加各种文艺活动 | |
| 43 | 不能很快地把注意力从一件事转移到另一件事上去 | |
| 44 | 接受一个任务后，就希望能把它迅速完成 | |

续上表

| 序　号 | 题　目 | 你的答案 |
|---|---|---|
| 45 | 认为墨守成规比冒风险强些 | |
| 46 | 能够同时注意几件事物 | |
| 47 | 当我烦闷的时候，别人很难使我高兴起来 | |
| 48 | 爱看情节起伏跌宕、激动人心的小说 | |
| 49 | 对工作抱认真严谨、始终一贯的态度 | |
| 50 | 和周围人的关系总处不好 | |
| 51 | 喜欢复习学过的知识、重复做熟练的工作 | |
| 52 | 希望做变化大、花样多的工作 | |
| 53 | 小时候会背的诗歌，我似乎比别人记得清楚 | |
| 54 | 别人说我“出语伤人”，可我并不觉得这样 | |
| 55 | 在体育活动中，常因反应慢而落后 | |
| 56 | 反应敏捷，头脑机智 | |
| 57 | 喜欢有条理而不甚麻烦的工作 | |
| 58 | 兴奋的事情常使我失眠 | |
| 59 | 老师讲新概念，常常听不懂，但是弄懂了以后很难忘记 | |
| 60 | 假如工作枯燥无味，马上就会情绪低落 | |

计分说明：

胆汁质型：计 2、6、9、14、17、21、27、31、36、38、42、48、50、54、58 题的得分之和。

多血质型：计 4、8、11、16、19、23、25、29、34、40、44、46、52、56、60 题的得分之和。

黏液质型：计 1、7、10、13、18、22、26、30、33、39、43、45、49、55、57 题的得分之和。

抑郁质型：计 3、5、12、15、20、24、28、32、35、37、41、47、51、53、59 题的得分之和。

结果解释：

如果某种气质得分明显高出其他三种得分且均高出 4 分以上，则可定为该种气质。如果两种气质得分接近，差异低于 3 分，而且又明显高于其他两种（高出 4 分以上），则可定为这两种气质的混合型。如果三种气质得分均高于第四种，而且接近，则为三种气质的混合型，如多血—胆汁—黏液质混合型或黏液—多血—抑郁质混合型。

## 活动二 知识之窗

### 如何保持积极乐观的心态

真正的乐观者并不是因为没有如实地看到困境才会乐观的，也不意味着要一直快乐，而是他们相信无论现状是什么样子的，最艰难的日子总会过去，事情总会朝着好的方向转变。保持积极乐观的心态有以下小妙招：

1. 善于利用脑内的小剧场

悲观的人在着手解决问题前，往往会在脑中预演千万种失败的可能性，每一个假想中的失败，都足以让他们踌躇不前，越想越害怕，越琢磨越无法真正下手——永远有解决不完的问题，我做出尝试又如何？这早就超出了我的能力范围，不过是徒劳罢了。一旦实操后真的失败，他们会立刻合理化自己的失误：我本来就做不好嘛，失败了很正常。

所以，我们要反其道而行之。在脑海中预演多种成功的可能性，客观分析成功的必要因素，在解决问题的过程中可能会碰到哪些问题，针对每个问题又有哪些解决方案……每次预演都不可能 100% 周全，每个解决方案都不可能一步到位。因此，在解决问题时没能一次成功，并不意味着自己有缺陷，对现状无能为力，而是我们准备得不够周全，凡人凡事都有进步的空间，而失败恰恰帮我们指出了这片区域。

2. 分清优缺点，不要刁难自己

虽然我们渴望在更多领域都能优秀，但没必要因这种渴望而故意与自己过不去，因为人无完人，在某一个领域取得成功也并不意味着自己在所有领域都能取得成果，这也是为什么我们都觉得自己有擅长与不擅长的事情。比如，一个人可能相信再难的数学题，给他足够的时间，他都能理清解题思路；但如果让他去当众演讲，他会觉得自己无论怎样都无法克服恐惧心理。面对这种情况，积极乐观者和消极悲观者会得出两种截然不同的结论：在乐观者看来，自己是一个数学不错，但还需练习演讲能力的人，能够认识到自身的不足，并具体明确需要努力的方向；但对悲观者来说，自己是一个人多就怂、组织不好语言的人，完全忽视自己的优势，将自己的不足严重化。同时，悲观者还会不停地在脑中把自己和其他善于演讲的人作对比，加重毫无证据支持的消极心理暗示：果然我这个人能力有限。所以，为了保持乐观、积极的生活态度，我们应该时刻提醒自己：我们不能把自己拆分成很多个小部分，再拿每一个部分和其他人最强的部分比较，这对自己来说是不公平的。

3. 利用人际关系变得更乐观

“物以类聚，人以群分”，乐观的人往往身边聚集着更多乐观的人。这也是为什么乐观者被称为“快乐磁铁”。在日常生活中，我们可以多和乐观的人打交道，让他们自然地感染我们，观察并从他们身上学习乐观心态。此外，主动表现出对他人的兴趣也不失为一个好办法，主动与他人建立联系，不否定他人的感受，乐于分享自己的看法，都能巩固良好关系，加强社会支持，最终进入一个积极、乐观的良性循环。“自暴自弃”“破罐子破摔”等消极态度都会将自己拒之门外。

（资料来源：https：//www.zhihu.com/question/19603089/answer/516092177）

## 活动三　拓展训练

### 我的生命河

活动程序：

在一个舒适、安全的环境里，为自己准备一大张白纸和一盒彩笔，请根据下面的提示为自己画一条到目前为止的生命河。

我们每个人的成长经历，就好像一条生命河，在生命过程中我们都经历过一些给我们的生命留下烙印的人物和事件，到现在还是这样。现在请回顾你的成长经历，从孩提时期有记忆时开始回忆，一直到现在。重点回顾成长过程中对自己成长具有重要作用和意义的人物或事件，可以是高兴的，也可以是悲伤的。接着，给自己 20 分钟时间，用自己喜欢的颜色画一条表示自己成长经历的生命河。在生命河上可以标注自己的成长阶段，可以标上自己接触过、经历过并留下深刻印象的人物和事件。当你画完的时候，再回头看看：你的生命河是什么颜色的？生命河的宽度怎样？河中和河岸有什么景色？最后，当你重新看这条生命河时，你会有什么样的体会和感受？

# 第六章　我的情绪我做主

## ——大学生情绪管理

生活就是一面镜子，你对它笑，它就会对你笑；你对它哭，它也会对你哭。

——［英］萨克雷

### 本章要点

1. 了解情绪的含义、特性、功能及分类。
2. 认识大学生情绪发展的特点。
3. 识别大学生常见的不良情绪及影响。
4. 掌握不良情绪的调控方法。

### 案例导入

**一只苍蝇打败了世界冠军**

1965 年 9 月 7 日，世界台球冠军争夺赛在纽约举行。路易斯·福克斯一路领先，他只要再得几分就能登上冠军宝座，然而，正当他准备全力以赴拿下比赛时，发生了一件意想不到的小事：一只苍蝇落在了主球上。

路易斯没有在意，挥手赶走苍蝇，可当他俯身准备击球时，那只苍蝇又回到主球上，他只好再次起身撵走苍蝇。就在路易斯再次俯身准备击球时，苍蝇第三次落到了主球上，观众不由得哄堂大笑。在观众的笑声中，路易斯又去赶苍蝇，情绪也受到了影响。

然而，这只苍蝇好像故意要和他作对似的，他一回到台球桌，它也跟着回到主球上，周围的观众更是笑得前俯后仰。路易斯情绪恶劣到了极点，终于失去冷静和理智，愤怒地用球杆去击打苍蝇，却不小心碰到了主球，被裁判判为击球，从而失去了一轮宝贵的击球机会，这使得路易斯方寸大乱，连连失利，本以为败局已定的对手约翰·迪瑞见状勇气大增，信心十足，愈战愈勇，最终赶上并超过了他，夺得冠军。

第二天早上，人们在河里发现了路易斯·福克斯的尸体——他投河自尽了！

思考：打败他的真的是那只苍蝇吗？

常言道：“人非草木，孰能无情？”情绪是人类心理活动中重要的环节，在人的精神生活中占据不可忽视的位置，是判断心理健康与否的重要标准之一。积极的情绪既可使人身心健康、和谐地与人交往，又可提高工作和学习效率；相反，消极的情绪不仅会降低一个人的活动效能，而且还会危及人的健康。了解情绪的基本理论，掌握调控情绪的方法，将有助于大学生的健康成长和发展。

# 第一节　情绪概述

## 一、情绪的含义

人们的生活时时刻刻伴随着愉快、热爱、满意、愤怒、忧伤等各种体验，这些在心理学上被称之为情绪。具体地说，情绪是一种由客观事物与人的需要相互作用而产生的包含生理唤醒、主观体验和外部表现的整合性心理过程。

当情绪产生时，生理唤醒、主观体验和外部表现三个成分一般会同时出现。生理唤醒指的是情绪的生理变化，不同情绪状态下，人的血压、呼吸、心率、内分泌系统、消化系统等都会发生相应的变化。主观体验指的是人在不同情绪下的生理反应会反映到人的意识中，从而形成不同的内心感受和体验。外部表现则包含面部表情、声音表情以及动作表情等。

情绪是人对客观事物的反映，但它不是对客观事物本身的反映，而是对客观事物和主观需要之间关系的反映。同样的客观事物，在不同的需要之下，可以引起不同的体验。比如，同一首歌曲在休息时听起来很悦耳，让人很愉快，而在学习时听可能使人感到很厌烦。又如，当你聚精会神地听讲时，铃声会让你感到很刺耳，而当你急盼下课时，它会让你很欣喜。

## 二、情绪的特性

### （一）情绪的生理特性

情绪作为一种心理现象，对生理也会产生一定的影响。当情绪发生时，机体内部会出现一系列明显的生理变化，这被称为情绪的生理特性。人在不同的情绪状态下，消化系统、内外分泌腺、血液循环系统及呼吸系统的活动会发生不同的变化。一般而言，正情绪对胃液、唾液、胆汁的分泌有促进作用，有利于消化系统正常健康运作；而人处于焦虑、悲哀等负面情绪状态时，肠胃蠕动功能下降，消化液的分泌减少、酸度下降，因而会使人食欲减退。又如，有机体处在紧张、恐怖、悲哀、痛苦和愤怒等情绪状态下，表现为心率加速、血管收缩、血压上升、血糖和血液中含氧量增加、内脏和皮肤血液减少等。不同的情绪状态还会改变人们呼气与吸气的长短、快慢。

**心理学堂**

### 测谎仪

在一般情况下，个体很难控制情绪状态下伴随产生的生理变化和行为反应。根据这个原理，可通过记录受试者在回答一些特定问题时的呼吸变化、心率变化、皮肤电流变化等生理指标，来观察受试者的情绪变化，以判断受试者是否说谎。人们在说谎时的心理是异常复杂的，紧张、恐惧、慌乱等情绪变化交织在一起，必然会在生理上产生异常反应，比如呼吸变化、心跳加快、血压升高、皮肤出汗等。不管受试者如何回答或缄默，由于这些反应不易受人的意识控制，仪器将忠实地记录这些生理反应的变化，成为判定受试者是否说谎的重要科学依据。

不过，到目前为止，测谎仪的记录结果只能用作参考，而不能作为判定的最终依据。因为经过训练，有些人可以部分控制自己的生理反应。

### （二）情绪的外显性

情绪的外显性是其区别于其他心理现象的一个显著特点，它是指情绪发生时，个体会出现身体上的外部变化。这种由情绪所引起的身体外部变化，称之为表情。人类的表情可分为言语表情和非言语表情两种类型，而非言语表情又包括面部表情及体态表情。言语表情是指和一定情绪状态相联系的言语、声调、节奏、速度和音色方面的表现。如悲哀时，语调低沉，节奏缓慢；高兴时，语调高昂，速度快。面部表情指面部肌肉、眼睛、眉宇等的表情动作，不同的情绪会引起不同的面部变化。如高兴时，面部肌肉横伸，眉宇舒展，眼睛生动有神，嘴角向上；愁苦悲哀时，面部肌肉呆滞，眉宇紧锁，眼睛无神，嘴角下垂；愤怒时，面部肌肉紧张，横眉冷对，双眼圆瞪，嘴唇紧闭。此外，身体各部分动作也可以传递一定的情绪。如高兴时手舞足蹈，惊慌时手足无措。

研究表明，人类的表情具有以下特点。一是人类的表情具有先天共性。有些表情在个体出生最初几天就会出现，而且它们的表达在世界各民族中具有相当的一致性。二是人类的表情具有后天习得性。人类表情是在先天发生的基础上，在后天的社会交往中丰富、发展起来的，并受一定社会文化、习俗的影响。因此，有的表情表现出民族差异性。三是表情具有掩饰性、可控性的特点。由于人的言语、动作是受主观意识控制的，故为了某种需要，人的表情有时与真实的情绪是不一致的。

### （三）情绪的两极性

情绪的两极性是指人的情绪往往表现为性质对立的完全相反的两个极端，如爱与恨、悲与喜。情绪的两极性主要表现为肯定（正性）与否定（负性）、积极与消极、紧张与放松、强与弱的对立。肯定的情绪与人对需要的满足相联系，如欢喜、愉快、赞慕、欣慰；否定情绪则相反，如悲哀、烦闷等。肯定情绪与否定情绪可并存，“百感交集”正是这种情况的表述。

### （四）情绪的情境性

情绪的情境性是指人的情绪随其所处情境的不同而变化，这是因为人在不同的时间、不同的情况下有不同的需要，因而，对同一事物会产生不同的情绪。

### （五）情绪的感染性

情绪的感染性是指情绪可以影响和感化他人。例如，人们在观看电视剧时，情绪常随故事情节变化而产生悲欢离合的复杂的情绪体验。西方心理学家把情绪的感染传递现象称为移情或感情移入，即个体感受到他人的情绪而产生相应的情绪性反应。大家都有这样的体验：与一个快乐的人在一起，自己的心情也会变得开朗起来；而与一个愁眉不展、满脸忧愁的人在一起，自己的心情也会笼罩上一层阴云。在家庭生活中，孩子天真无邪的笑脸，常常能使忙碌一天的父母把工作中的烦恼忘得一干二净，心情豁然开朗。又如，寝室中一个人情绪低落，就会影响整个寝室的气氛，大家都会感到压抑、不自在。

**心理学堂**

**踢猫效应**

“踢猫效应”是指对弱于自己或者等级低于自己的对象发泄不满情绪，而产生的连锁反应。“踢猫效应”描绘的是一种典型的坏情绪的传染。人的不满情绪和糟糕心情，一般会沿着等级和强弱组成的社会关系链条依次传递，由金字塔尖一直扩散到最底层，无处发泄的最弱小的那一个元素，则成为最终的受害者。

## 三、情绪的功能

### （一）信号功能

情绪的信号功能是指情绪通过表情外显而具有传递信息的效能。在工作、生活和学习中，情绪是人们相互影响的一个重要因素，它在人际交往中具有传递信息、沟通思想的作用。积极的情感表达向人传递的是愉悦、接纳、满意、肯定等信息，会使人感到心情愉快，交往和谐顺畅；消极的情绪表达向人传递的是不悦、排斥、拒绝、不满、否定等信息，往往会使人感到压抑，使交往蒙上一层阴影。情绪的这种功能是通过表情发挥出来的。如学生在听课时，理解就会点头，不理解就会蹙眉，恍然大悟就会惊喜、情绪振奋，这在教学中是个重要的反馈信息，有助于教学效果的提高。教师可以借此改进教学方法，调整教学内容。又如，语言不通的人进行交往时，只要互相微笑点头，就表示了友好的情感，“暗送秋波”就体现了情绪的这种功能。

### （二）动力功能

情绪的动力功能是指情绪对人的行为活动具有促进和阻碍的作用。情绪是人对需要是否满足的一种反映，因此它必然会和满足某种需要或实现某种目的的动机相联系。当某一事物与自己的某种需要契合时，就感到愉快，这种愉快的体验就成为一种力量，促使人们接近、取得、维护这种事物；相反，当某一事物与自己的某种需要相抵触时，不愉快的体验就会促使人们避开、遗弃、破坏、限制及消灭这种事物。在不同的情绪状态下，人的行为表现也不同。人们常说这样的笑话：在房屋着火时，老太太可以把箱子从屋里搬出来，可是等火灭后，她却搬不回去了。人在情绪高涨时，会全力以赴，力量倍增，即使遇到困难也会勇往直前，力争达到预定的目标；而在情绪低落时则无精打采，缺乏冲劲和拼劲，稍遇困难就会畏缩不前。

### （三）调节功能

情绪不仅会影响人的行为，而且对个体的认知水平也有提升和降低的功能。一般而言，愉快、欣喜、自豪等正面情绪对个体的认知活动起着促进作用；而恐惧、烦恼、悲伤等负面情绪则会抑制、干扰个体的认知活动。另一方面，情绪的强度也会影响个体的认知水平。情绪过高或过低都会对认知活动产生不良影响，只有适度的情绪强度水平才会发挥出促进活动的效能。如图 6–1 所示，在应试时，情绪过于低落或过度兴奋都不能使人发挥出正常水平。

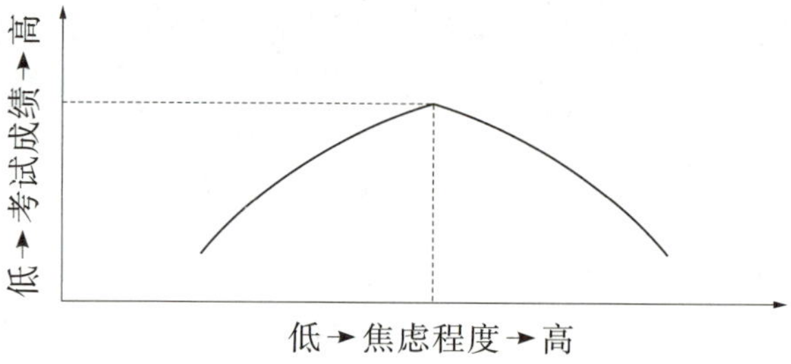


**图 6–1　大学生焦虑程度与学习成绩关系抛物线**

### （四）迁移功能

情绪的迁移功能是指个体对他人的情绪会影响到对与他人有关的对象的态度。大多数学生都有过这样的体验，如对某老师有好感，就会对他所教的课程产生积极的态度，就喜欢听他的课，喜欢完成该老师布置的作业；相反，如不喜欢某老师，那么无论他的课讲得多么精彩也不会引起学生过多的兴趣，也很难学好他所讲的内容。

### （五）保健功能

**心理学堂**

英国科学家法拉第，年轻时体质较差，加上工作紧张，用脑过度，身体十分虚弱，多方求治也不见效。后来，一位名医给他进行了检查，没有给他开药方，只送他一句话："一个小丑进城，胜过一打名医。"法拉第细细品味这句话，悟出了其中的奥妙。从此，他经常抽空去看马戏和喜剧。精彩的表演，总是令他开怀大笑。他还到野外和海边度假，调剂生活，经常保持愉快的情绪。久而久之，法拉第的身体逐渐康复了。

情绪是影响一个人健康的重要因素。积极的情绪不仅可以提高个体的工作和学习效率，而且会使人延年益寿。有人曾做过试验，如果让一个健康的人处于舒适状态，并用语言暗示使之精神愉快，那么此人的动脉血压就可下降 20 毫米汞柱左右，脉搏每分钟也可减少 8 次。同时，用 X 光可观察到他的胃部也发生了变化，表现为体积缩小，张力增大。人们常说的"心宽体胖""笑一笑十年少"不无道理。

长期的情绪不良，可能会使人出现相应的身心疾病。中医认为："喜伤心，怒伤肝，思伤脾，忧伤肺，恐伤肾。"研究发现，人在痛苦或愤怒时，外周动脉阻力增加，舒张压明显上升；恐惧时，心输出量增加，收缩压升高。因此，经常愤怒、焦虑、惊惧的人高血压发病率高。年轻时倾向于压抑、焦虑和愤怒的人比生性文静的人患结核病、心脏病、癌症等疾病的比例高出三倍。大学生中常见的消化性溃疡、紧张性头痛、偏头痛、月经失调、神经性皮炎等疾病都和不良情绪有关。巴甫洛夫曾说："一切顽固沉重的忧虑、焦虑都可以给各种病症大开方便之门。"大学生应善于调节自己的情绪，应泰然地对待生活中的挫折和不幸，尽量减少消极情绪的产生，促进身心良好发展。

**心理故事**

卡内基梅隆大学心理学教授谢尔顿·科恩（2003）曾对 334 名成年人做过一项研究，在积极与消极情绪后，给每个人的鼻子里滴入感冒病毒，然后进行隔离观察，结果发现积极情绪多的人更不容易感冒。除了普通的感冒，科恩还对流行性感冒（由流行病毒引起的呼吸道感染）做了实验，结果也是一样的，积极情绪多的人也不容易患流感。由此可见，积极情绪可以降低大约 1/3 患感冒或者流感的概率。

## 四、情绪的分类

人对客观事物的态度和体验是十分复杂的。因而，情绪存在不同的分类方法。

### （一）基本情绪与复合情绪

按照情绪产生的时间（先天与后天）和复杂程度，情绪可以分为基本情绪和复合情绪。基本情绪指的是与生俱来的、人和哺乳动物所共有的原始情绪。古人认为情绪有七种，即“喜、怒、忧、思、悲、恐、惊”。达尔文观察不同种族、不同文化的人之后，认为喜悦、愤怒、悲伤、恐惧等基本情绪具有跨种族的一致性。美国心理学家保罗·艾克曼发现在一定程度上人类的确存在少数几种核心情绪，包括快乐、惊讶、恐惧、悲伤、生气和厌恶，每种情绪对应的表情在不同文化中均能被普遍识别。由基本情绪的不同组合而派生的情绪是复合情绪，包括爱、恨、嫉妒、敌意等。

### （二）情绪状态：心境、激情和应激

按照情绪发生的强度、速度与持续时间的长短，可将情绪分为心境、激情、应激三种。

1. 心境

心境是一种微弱、平静而持久的情绪状态。有人把它喻为“和风细雨”“微波荡漾”式的情绪现象。持久性是心境区别于其他情绪状态的一个显著特点，某种心境一旦产生，便会持续很长时间。心境还具有渲染性和弥散性。渲染性是指当个体处于某种心境时，他的言谈举止、心理活动都会体现出相应的情绪色彩。所谓的“人逢喜事精神爽”正是这种特点的写照。弥散性是指当个体处于某种心境时，这种心境状态作为人的情绪背景，会影响对周围一切事物的认识、态度。因此，处于不同心境的两个人会对同一事物产生不同的体验，古人所说的“忧者见之则忧，喜者见之则喜”就是这个道理。

心境持续的时间取决于产生该心境的客观事物和个体的特点。一般而言，重大的生活事件导致的心境持久；性格内向的人心境持续时间可能会长一些。心境的形成原因是多方面的，学业的成败、人际关系状况、健康状况、环境变化、季节变更及往事等都会引起某种心境。常见的心境有消沉、喜悦、焦虑、抑郁、烦躁、空虚等。心境有积极和消极之分，积极的心境有助于个体克服困难，提高活动效能，有利于身心的健康发展；相反，消极的心境会阻碍个体活动的顺利进行，妨碍其学习和生活，危害其身心健康。因此，大学生应善于调节自己的心境，使自己的心境处于积极状态。

2. 激情

激情是指一种迅速爆发的、激烈而短暂的情绪体验，如欣喜若狂、悲痛欲绝、气急败坏、惊惶失措等，平时所说的过于激动也是一种激情。发生重大的事件、长期压抑自己的情绪或心理冲突都可能引起激情的产生。如国际奥委会主席宣布北京是 2008 年奥运会的主办城市时，全国上下一片沸腾，男女老少齐声欢呼，人们此时就处于狂喜的状态之中。激情具有爆发性和冲动性的特点。爆发性是指激情的发生过程十分迅猛，大量

心理能量在极短的时间内释放出来，强度极大。因此，有人用“狂风暴雨”来形容激情的表现。冲动性是指个体处于激情状态时，往往会暂时失去对自己的行为及意志力的控制，或控制力降低。这时，个体的认识范围缩小并局限于与情绪体验有关的对象上，往往不能意识到自己行为的意义及后果。

大学生中常见的激情有狂喜、发怒、恐惧、绝望等。激情有积极的意义，激情可以使人的感情完全投入当前的活动中，激发个人的潜力，完成面临的任务。激情若与理智和意志相连，可以激发见义勇为的正义行动、求知的热情以及创作的灵感，如适度的激情可以使作家创作出激人奋进、脍炙人口的佳作。

3. 应激

应激是在出乎意料的紧迫情境下所引起的情绪状态。应激作为一种高度紧张的情绪状态，常常产生于意外的危险情境或紧要关头，如发生火灾、地震，司机在驾车急行中突然遇到横穿马路的行人或车辆，一刹那间产生的情绪反应，就是应激状态。当应激出现时，个体会出现复杂的心理和生理反应，以应对紧急局面。一般个体会有两种反应：一种是消极反应，表现为惊惶失措、注意力和知觉范围缩小、言语不规则、行为紊乱；另一种是积极反应，表现为急中生智、精力旺盛、动作敏捷。如果个体长期处于应激状态，可能会导致精力衰竭，甚至会危及生命。

**成长案例**

**我到底怎么了？**

小波是大学二年级的学生，刚接任某社团社长的他，最近忙于社团的纳新。虽然迎新活动该准备的事项都进行得差不多了，但是不知怎么的，他心里就是觉得担心，一会儿想“纳新那天不知会不会下雨？”一会儿又想“不知道会有多少新社员加入？”“如果加入的人少，其他会员会不会觉得我没能力？”一颗心就是放不下，坐立不安，呼吸困难。回到宿舍看到上铺室友上床时不小心把自己床单弄脏了，对方还没来得及道歉，一向好脾气的小波顿时感觉受到了侮辱和侵犯，心跳加快、血压升高，暴跳如雷的他冲上铺室友发了一通火。争吵过后，小波意识到是自己的情绪出了问题。

【分析】小波在协会纳新这一阶段产生的时间持续较长的焦虑、担心的状态是心境的表现，这种心境是与小波渴望纳新取得成功、赢得他人认可这种需要密切相关的。在这种心境下，小波表现出的情绪体验是焦虑不安，并出现了坐立不安、有时呼吸困难等生理唤起状态，激惹性很强。在遇到室友无意冒犯之后，表现出了过激的应激反应，产生了愤怒的情绪体验，其行为表现为向上铺室友大发雷霆，而这种情绪体验和行为又跟其在特殊心境下的认知偏差有直接关系。

# 第二节 大学生的情绪特征

情绪与身心健康密切相关，是人进行各种活动的心理背景。大学生了解自身的情绪发展特点及常见的不良情绪，将有助于身心的健康成长。

## 一、大学生情绪发展的特点

随着社会角色、知识素养及年龄的变化，大学生的情绪与中学生相比发生了明显的变化，但又有别于成年人。大学生的情绪发展带有一定的独特性，主要体现在以下几个方面。

### （一）情绪的丰富性和复杂性

随着自我意识的不断发展，各种新需要强度不断增加，大学生的情绪也日益丰富和复杂。人类所具有的各种情绪基本都能在大学生身上体现出来，包括快乐、愤怒、厌恶、忧郁、羞愧、焦虑、自卑等。大学环境相对宽松，大学生有了更多的自由支配时间，可根据自己的爱好参加各种社团活动，这样既培养了他们的某些兴趣，同时也为他们结交更多的朋友提供了机会，更使大学生的情绪变得丰富多彩。同时，这些丰富多彩的情绪的表现形式又是复杂的。通常情况下，大学生对外部刺激反应迅速、敏感，喜怒哀乐溢于言表，但在对立紧张的情况下，他们又会隐藏真实情绪。

### （二）情绪的理智性与冲动性

美国著名心理学家霍尔曾指出，青年期是“疾风怒涛”时期。大学生对某一情绪的体验特别强烈、富于激情。大学生和中学生相比，虽具有一定自我控制能力，但他们的人生观尚未定型，理智尚未成熟，情绪不稳定，易于兴奋，因而容易产生激情。他们对事物反应敏感，常在外界刺激下，对某一事件或行为做出迅速而强烈的反应，并不计后果，带有很大冲动性。例如，学生观看精彩的足球赛时，不知何故校园却突然断电，他们常会敲盆子、吼叫、向外抛东西。也有的学生易感情用事，因一点小事与他人大打出手，甚至造成不可挽回的后果。与中学时期相比，大学生的理智和自控力有所提升，在感情冲动之后一般能相对理性地思考，对情绪和行为进行自我调节。

### （三）情绪的稳定性与波动性

随着年龄的增长，知识水平的提高，生活阅历的丰富，大学生有了一定的情绪控制能力，情感状态趋向稳定，表现出更强的持续性，出现了心境化的特点，如一次成功的喜悦往往会影响一段时间的活动和心理状态。然而，与成人相比，他们情绪的发展尚未成熟，情绪波动性仍然很明显，起伏较大，容易从一个极端走向另一个极端。如学习和工作顺利时，热情高涨、信心倍增，认为自己无所不能，对前途充满希望；而遇到困难、受到挫折时，便垂头丧气、意志消沉。大学生的自尊心极强，过于敏感，哪怕是一些小事，也会引起他们情绪的较大变化。另外，大学生的情绪很容易受感染，如他们常随浪漫爱情片或伤感片中喜欢的人物的情绪变化而表现出喜、怒、哀、乐。

### （四）情绪的外显性与内隐性

大学生对外界的刺激很敏感，常把情绪“写在脸上”，呈现出情绪的外显性特点。如心情不畅时，在他人面前无法掩饰自己的不快。但随着他们自控能力的增强，使得他们情绪的外部表现和其内心体验并不一致，对某些特定的问题或在一些特定的场合，能够把自己的真实想法隐藏起来。如本来对某件事或某个人感兴趣，却装得很淡漠，而对某件事并不感兴趣，却又装得很热心。值得指出的是，这并不代表虚伪，而是大学生有意识控制和无意识防御的结果。

### （五）情绪的阶段性和层次性

由于大学的培养方式和发展目标不同，各个年级面临的问题不同，大学生情绪发展呈现出明显的阶段性和层次性。大一新生面临的主要是适应问题，包括生活环境的变化，学习内容、方式和要求的变化，奋斗目标的变化，理想和现实的落差等，新生容易产生自卑、焦虑、恐惧等情绪。二年级学生经过一年的适应，已经基本能够融入大学生活，情绪较为平稳。毕业年级的学生面临完成毕业论文、找工作、适应社会等问题，焦虑、担忧等消极情绪较多。另外，由于学习能力、心理素质、个人期望等不同，大学生也会体验到不同的情绪。

**成长案例**

**冲动的刺杀**

2007 年，一则女大学生杀害男友的消息震惊了许多人。某大学女生绪某与被害人吴某在校期间开始恋爱，2007 年 4 月 7 日晚，绪某在学校附近的网吧上网时，用吴某的用户名和密码查到吴某一直在网上找原来的女朋友，于是打电话让吴某来网吧见她。吴某赶到后，把她送到宿舍楼门口，并提出分手，绪某因此伤心绝望。回到宿舍绪某看到阳台上放着一把水果刀，她想自杀，便拿起来朝自己左侧手腕处割了一刀，刀子很钝只把皮割破了。随后她走到学校门口想再见吴某一面，就给吴某打电话。吴某骑车赶到后，与绪某并排沿学校北墙向东走。谈话间绪某觉得吴某无情无义，右手摸到后裤兜里的刀子想吓唬吴某，于是右手持刀，刀尖朝吴某捅了过去，没想到这一刀导致了男友的死亡。绪某也因杀人罪将要在牢狱中带着痛苦和悔恨度过 13 年。

【分析】绪某情绪失控酿成惨剧，从她的情绪变化中可以看到大学生情绪的某些特点。首先，绪某在发现吴某与前女友还有联系后情绪的起伏变化让我们看到了大学生情绪的复杂性和丰富性，同时也体现了其波动性和两极性，而在与吴某谈话中可能由于吴某的言语刺激，又使绪某的情绪体现出了冲动性与爆发性。而这种情绪的爆发，是与绪某的自我意识有关的，同时也与处在恋爱这一激情状态下密切相关。从这一案例可以看出，对大学生进行情绪方面的教育和引导显得十分必要。

## 二、情绪对大学生的影响

**心理故事**

有个小男孩脾气很坏，他的父亲决定帮助他改掉坏脾气。一天，父亲给了他一大包钉子，要求他每发一次脾气，就用铁锤在他家后院的栅栏上钉一颗钉子。第一天，小男孩在栅栏上钉了 16 颗钉子。

过了几个星期，他发现，不发脾气比往栅栏上钉钉子要容易些。慢慢地，小男孩学会了控制自己的坏情绪，每天在栅栏上钉钉子的次数渐渐少了。到后来，小男孩变得不爱发脾气了。

他把自己的转变告诉了父亲。父亲又建议："你如果能坚持一整天都不发脾气，就从栅栏上拔下一颗钉子。"经过一段时间，小男孩终于把栅栏上所有的钉子都拔掉了。

父亲拉着他的手来到栅栏边，亲切地说："儿子，你做得很好。但是，你看看那些钉子在栅栏上留下的小孔，栅栏再也不会是原来的样子了。当你向别人发过脾气之后，你的言语就像这些钉子一样，会在别人的心灵中留下疤痕。这就好比用刀子刺向他人的身体，即使把刀子拔出来，那伤口也会永远存在。"

### （一）情绪对大学生身体健康的影响

良好的情绪是健康的基础，能够增强个体的免疫力、复原能力、脑内中枢神经功能，从而使个体保持身体健康、长寿。不良情绪则会给各种疾病打开大门。《黄帝内经》曰："悲哀忧愁则心动，心动则五脏六腑皆摇。"现代医学表明，不少疾病并不是由器质性病变引起，而是由于精神状态不佳，特别是长期的不良情绪所致，例如紧张、焦虑、抑郁、自卑等。某高职院校心理中心老师表示，其接手的大学生个案中有不少都是起初身体素质不错，后因抑郁、焦虑等情绪困扰，变得"人比黄花瘦"。

### （二）情绪对大学生学习的影响

情绪状态对大学生学业影响重大。不少大学生都有这样的体验，当自己的情绪积极乐观时，学习效率倍增，而当自己焦虑、忧郁或是烦躁不安时，便感觉思维僵化、认知受限、注意力难以集中，学习效果不尽如人意。良好的情绪是一个人最大限度地发挥自己能力的基础和前提，一个人的智力水平再高，如果没有一个好的情绪，他的能力也无法发挥。

### （三）情绪对大学生人际关系的影响

不同的情绪状态会直接影响大学生的人际关系状况。当处于积极情绪状态时，个体会对他人有更积极的看法，更愿意与他人交往，更加主动、灵活，也更容易被他人接纳，发展出良好的人际关系。当个体处于消极情绪状态时，则对与他人交往产生怀疑、否定、焦虑等，也更容易被他人拒绝，被拒绝产生的挫败感会使得他们失去交往的信心和勇气，容易陷入人际交往的恶性循环。

**成长案例**

**挥之不去的负性情绪**

王某某，男，19 岁，某大学二年级学生。刚进校时，他情绪特别高昂，喜欢参加班级和学校的各种活动，还喜欢和宿舍同学聊天，一起出去玩。但没过多久，一次参加系学生会竞选时因为没有充分准备，公开演讲时表现很差，结果落选了，他心情一下子低落了许多，很长一段时间情绪波动很大，情绪不好时，宿舍同学说话也不理睬；情绪好的时候，又主动找同学说话，同学们都说他怪怪的。

他在学习上也是如此，情绪不好的时候，书一点都看不下去。看到周围同学都很刻苦，他也只好硬着头皮去上自习，可效果并不好，上学期考试成绩很不理想。

【分析】王同学缺乏情绪调节的方法，在落选的负性情绪中难以自拔，并对其人际交往、学习产生了不良影响。因此，当负性情绪产生时，大学生应及时进行调适，减轻对自身的影响，以良好的状态回到生活当中。

## 三、大学生常见的不良情绪

这里所说的不良情绪并非指悲伤、恐惧、焦虑等负面情绪。所谓的不良情绪主要有两种：一是过度的情绪反应；二是持久性的消极情绪。过度的情绪反应是指个体对于一些生活事件的情绪反应过于强烈，如狂喜、暴怒、悲痛欲绝，同时也包括情绪反应过于迟缓，无动于衷、冷漠无情。《儒林外史》中所描写的渴望中举的范进，晚年中举令其高兴，但他却因高兴过度，狂喜致疯。由此可以看出，即使通常被认为是良好的情绪也存在反应适度的问题。而持久性的消极情绪是指在引起忧、悲、恐、怒等消极情绪的因素消失后，仍长时间沉溺在消极状态中不能自拔。情绪反应是否适度适时是判断情绪健康与否的一个重要指标。

大学生是一个特殊的群体。社会过高的期望、激烈的竞争常使他们承受巨大的心理压力，同时环境适应不良、学习和恋爱挫折、人际关系紧张及其他生活事件的增多，再加上自身的情绪控制能力尚未成熟，常使大学生处于不良情绪困扰之中。大学生中常见的不良情绪主要有以下几种。

### （一）自卑

自卑是大学生中比较常见的一种不良情绪。自卑是自我情绪体验的一种形式，是个体由于某种生理和心理上的缺陷或其他原因所产生的对自我认识的态度体验。表现为对自己能力或品质评价过低，轻视自己或看不起自己，并担心失去他人尊重的心理状态。自卑的实质是自我评价过低。自卑的学生往往认为自己容貌、身高、体态等生理条件及学习、社交等各方面能力都不如别人，认为自己什么都不行。

### （二）焦虑

焦虑是指预感到即将发生某种不良后果但又难以驾驭时，所产生的一种紧张不安的情绪。焦虑情绪可以缓慢发生，也可突然产生。适度的紧张和焦虑是必要的生理反应，它会使个体处于一种积极的状态，有利于集中注意力及调动潜能和思维，是大学生成长与成才所必需的。但过度的紧张和焦虑会引发身心机能障碍，重者导致身心疾病。

### （三）抑郁

抑郁是在持续的精神刺激因素作用下产生的一种以情绪低沉为特点的情绪体验。处于抑郁状态的大学生常表现为情绪低落、思维迟钝、兴趣丧失，感到生活无意义、前途无望而闷闷不乐、郁郁寡欢；活动水平下降，不愿意与人交往，并常常伴有压抑、沮丧、焦虑、自卑、自责、失眠和食欲不振等症状。

抑郁是大学生中比较普遍存在的一种不良情绪。学习成绩不理想、情感遇到挫折、人际关系不和谐及其他负面生活事件都可引起大学生抑郁的情绪反应。而对于大多数学生来说，抑郁只是偶尔出现，持续时间短，很快就会消失。也有少数学生长期处于抑郁状态中，他们的生活、学习、工作无法正常进行。有抑郁情绪的大学生应顺其自然，带着症状去学习和生活；多回忆以前成功的体验，有利于肯定自我价值，树立自信心；多参加一些有益的文体活动以转移抑郁情绪。

### 成长案例

#### 忧郁的小娜

由于学习成绩的不如意，没有成就感，小娜最近老是提不起精神，觉得生活没啥意思，更别说生命的意义了！尤其是只要一想到第二天还要去上课，连当天晚上的心情都不好。这种情形在星期天晚上更明显，因为只要一想到下个星期又要进教室学习，小娜就有一种想逃避的念头。虽然自己很不喜欢这种感觉，但是不知怎么回事，就是没办法提起精神，更别说全心投入学习了，就连平常自己最喜欢的唱歌，近来也没有兴趣。最近狂爱吃零食，变胖了不少。

【分析】很多大学生会在一段时间内产生小娜这样的抑郁情绪。在抑郁的时候人常常会无精打采，没有食欲或者暴饮暴食，对自己没有信心，整个人笼罩在愁云惨雾中。如果这种状态持续时间过长，没有得到很好的调节，可能会导致抑郁症的产生。

### （四）冷漠

冷漠是一种对人和事都漠不关心的情绪体验，是个体对挫折环境的自我逃避式的退缩性心理反应，带有自我保护和自我防御的性质。日本心理学家松原达哉把具有这种冷漠状态的大学生称为“三无”学生，即无感情、无关心、无气力。处于冷漠状态的学生既不感到快乐，也不觉得悲哀，对一切事物都表现出麻木不仁、漠不关心的态度。比如，对自己的进步、人生的价值漠然置之，对成绩好坏满不在乎；对集体漠不关心，不闻不问；不关心国家大事；对环境无动于衷。表面上冷漠无情、无动于衷的学生，其内心常感到痛苦、孤独。冷漠的情绪既不利于大学生的身心健康，也不利于其全面发展。克服冷漠最根本的办法是改变认知，正确认识自我与他人，发现自身价值，发现生活的意义，改变对人生的消极看法；积极投身于各种有意义的活动，融入集体。

### （五）发怒

发怒是客观事物与人主观愿望相悖时产生的强烈情绪反应，是激情的一种表现。古希腊学者毕达哥拉斯说过，愤怒以愚蠢开始，以后悔告终。易怒在大学生群体中并不少见，是心理发展不成熟的表现。有的学生习惯以自己的主观意愿去看待事物和分析问题，一旦事与愿违，就激动得暴跳如雷，或出口伤人，或拳脚相向，做事不计后果。

发怒对人的身心健康具有明显的负面影响。从生理学角度来看，愤怒时人的心跳加快、心律不齐，还可以导致高血压、溃疡、失眠、心脏病等疾病，严重时可导致心脏停搏甚至猝死。从心理上说，发怒会使人丧失理智，思维混乱，可能做出违法乱纪的事。

发怒既和缺乏理智、自控力差等个性有关，也和错误的认识有关。例如，有的学生认为，发怒可以维护自尊心，可以挽回面子，可以威慑他人等等。事实上，自己的发怒也会激起别人愤怒、厌烦的情绪。大学生应从以下几个方面入手，控制自己的发怒情绪。一是学会换位思考，尊重他人。凡事应该多为对方着想，站在对方的角度思考问题。同时也要懂得只有尊重别人，才能得到别人的尊重。二是要宽容。宽容是做人的一种美德，并不是懦夫的表现。三是自制。俄国作家屠格涅夫曾劝告易怒的人，在发怒之前，先将舌头在口内转10圈，用以加强自制。四是言语暗示。可以用“生气是拿别人的错误惩罚自己”不断暗示自己，让愤怒指数回到正常范围。五是转移。当难以控制自己的愤怒情绪时，应该转移注意力或换个环境。

### （六）恐惧

恐惧是人类和动物共有的原始情绪之一，指有机体在面临并企图摆脱某种危险时产生的一种情绪体验。这里的恐惧是指带有病理性特点的恐惧，即对常人一般不害怕的事物感到恐惧，或者恐惧体验的强度和持续时间远远超出常人的反应范围。过度的恐惧会发展成恐惧症，它是对某一特定的物体、活动或情境产生持续紧张的、难以克服的恐惧情绪。恐惧症常有强迫的特点，即明知这种恐惧是不必要的，但却难以抑制和克服。

社交恐惧是大学生中常见的一种恐惧情绪，是一种在人际交往中，特别是在与异性交往过程中产生的极度紧张、畏惧的情绪反应。患有社交恐惧的大学生往往表现出明显的焦虑和回避行为。

### （七）嫉妒

嫉妒是主体感到别人胜过自己而产生的一种痛苦、不满而憎恨他人的情绪体验。正如黑格尔所说：“嫉妒乃平庸的情调对于卓越才能的反感。”嫉妒在大学生中具有一定的普遍性，常因外表、成绩、能力、物质条件、恋人、运气等因素不如别人而产生。有嫉妒心理的大学生其内心承认比别人差，但又表现出不服输，不愿意向人家学习。自尊心过强、虚荣心过盛、自我评价不当、自我控制力弱的学生更容易产生嫉妒心理。

### （八）骄傲

骄傲是一种自以为了不起，比别人强，看不起别人的一种情绪体验。骄傲表现为对别人的话、取得的成绩不屑一顾，爱挑剔别人的缺点，爱奚落别人。与中学生相比，大学生的骄傲情绪常具有一定掩饰性，表面上夸奖别人做得好，而内心却排斥、瞧不起别人。

骄傲的情绪主要产生于大学生盲目的自高自大。他们往往对别人评价过低，看不到别人的优点；对自己评价又过高，不切实际地估计自己的优势。骄傲引起的直接后果是人际关系恶化，学习成绩下降，同时也会助长自私自利等不良心理。

# 第三节 大学生情绪的自我调节

**成长案例**

2010年10月20日23时许，被告人药家鑫驾驶红色雪佛兰小轿车从西安外国语学院长安校区返回西安，当行驶至西北大学长安校区西围墙外时，撞上前方同向骑电动车的张妙，药家鑫下车查看后，发现张妙倒地呻吟，因怕张妙看到其车牌号，以后找麻烦，便从随身背包中取出一把尖刀，对倒地的被害人张妙连捅数刀，致张妙当场死亡。杀人后，被告人药家鑫驾车逃离现场，途中再次将两行人撞伤，后交警大队郭杜中队将肇事车辆暂扣待处理。2010年10月23日，被告人药家鑫在其父母陪同下到公安机关投案。

2011年3月，在法庭辩论中，药家鑫的律师辩称其为激情杀人。所谓“激情杀人”，即本无任何杀人故意，但在被害人的刺激、挑逗下而失去理智，失控而将他人杀死，其必须具备以下条件：其一，必须是因被害人严重过错而引起行为人的情绪强烈波动；其二，行为人在精神上受到强烈刺激，一时失去理智，丧失或减弱了自己的辨认能力和自我控制能力；其三，必须是在激愤的精神状态下当场实施。此案件很明显不能以激情杀人论处，因为当时被害人完全没有发表任何言论。所以此观点不能成立。2011年4月，最终法庭宣判，被告人药家鑫犯故意杀人罪，被判处死刑，剥夺政治权利终身。

【分析】药家鑫的悲剧应了一句俗语：冲动是魔鬼。本来是一起并不严重的交通事故，如果药家鑫能够冷静理性处理，将被害人送至医院或者呼叫救护车而不是被恐惧、愤怒或者其他情绪支配，事态也不会发展得如此严重，过激的处理方式最终是害人害己。

情绪是个体对内外刺激的一种反应，从心理学角度来看，任何一种情绪都有其生理、心理价值。即使羞耻、焦虑、愤怒、仇恨等负面情绪也有其存在价值，它们具有信号、防御、调整及自我保护机制。也正是因为人有羞耻之心，才会有道德感；人因为怜悯，才有善良和助人的行为；人因为愤怒与仇恨才会激起正义感；而适度的焦虑可以提升工作效率，提高学习的动力。适度的、情境性的负面情绪反应是正常的，但长期陷于不良的情绪中不能自拔，不仅会妨碍我们的学习与生活，甚至会出现心理障碍。因此，大学生应学会及时有效地调节自己的情绪，努力使自己成为情绪的主人。下面将从知（认知）、情（情绪）及行（行动）三个方面分别介绍自我调节情绪的方法。

## 一、合理认知（情绪 ABC 理论）

想象这样一个情景：你走在学校的路上，迎面碰到同班同学，和他（她）打招呼，他（她）没有回应就走过去了，你会有什么样的情绪？有些学生可能会感到尴尬、伤心或者愤怒等，有些学生则可能比较平静。为什么经历了同样的一件事，不同的学生会有不同的情绪产生？一般我们认为，之所以会有某种情绪，是因为发生了某件事情，有时候这件事情不是很好，我们可能会体验到非常强烈的情绪，比如考得不理想，会非常失望和伤心，如果一时之间走不出来，还可能得抑郁症。那么，情绪真的是由事情本身直接引起的吗？

美国心理学家艾利斯提出的理性情绪疗法认为，情绪并不是由某一诱发性事件本身直接引起的，而是由个体对这一事件的解释和评价引起的，这一理论也称为情绪困扰的 ABC 理论，可简单地表示为：A → B → C。其中 A 是指诱发情绪的事件（Activating event）；B 是指个体在遇到诱发性事件之后相应产生的信念（Belief）；C 是指在特定的情境下，个体的情绪反应及行为结果（Consequence）。该理论认为影响情绪反应和行为表现的并不是事物本身，而是我们对事物的解释。因此，即使面临相同的情境，但由于我们的认知评价不同，也会产生不同的情绪反应。古希腊哲学家埃皮克迪特斯也说过："人不是被事物本身所困扰，而是被其对事物的看法所困扰。"比如，以上的打招呼情景中，如果我们认为对方没礼貌，可能我们会感到愤怒；如果我们认为对方看不起自己，那么我们可能感到伤心；如果我们认为对方只是因为没戴眼镜看不到自己，这时我们的情绪可能是平静。再如，同样的事件——失恋，有的人认为自己没有魅力，很无能，失恋会使自己丢面子，别人会因此瞧不起自己；而有的人则认为没什么，天涯何处无芳草，其实他（她）也没什么好的，更何况自己还有更重要的事情要做。那么，对失恋这个事件，这两个人难免会产生两种不同的情绪反应，前者可能伤心、愤怒，借酒消愁；后者则可能更为坦然，能更好地处理失恋。

艾利斯认为，人对一类事物的信念即对它们的共同看法，既有理性、合理的一面，也有非理性、不合理的一面。前者会引起人们对事物适当的、适度的情绪反应，而后者则会导致不适当的情绪和行为。韦斯勒等人对人们所持有的不合理信念总结出以下三个特性。

### （一）绝对化要求

绝对化要求是日常生活中较常见的一种不合理信念，是指人们从自己的意愿出发，对某一事物怀有必定发生或不会发生的信念。它常常与"必须""应该"等词语连在一起，如"我必须得到奖学金""我必须考上研究生""我对别人好，别人也必须对我好""老师应该关心学生""班级干部应该是模范"等等。惯用这种信念进行思考问题的人，常常忽略客观事物自身所具有的规律，喜欢用自己的意愿去分析、评价自己和周围的事物，因此，极易陷入消极的情绪困扰之中。如一个认为自己必须考出好成绩的人，则容易因为其成绩不佳而产生痛苦、沮丧、失望甚至自卑的情绪。

### （二）过分概括化

过分概括化是一种以偏概全、以点带面的不合理的思维方式。如一次考试不理想，就认为自己能力有问题；一次参赛没获奖，就认为自己一无是处；一次挫折就觉得前途无望、一切都完了等。而用过分概括化的不合理信念评价他人时，会因为别人的一点过失而对其一概否定，认为他没有任何可取之处。这种以某件事的结果来评价自己或他人的思维方式，会导致个体产生自责、自卑、焦虑、抑郁、愤怒等消极情绪。大学生应学会“评价一个人的行为而不是去评价一个人”的思维方式，应该接受自己和他人都可能存在不足，世界上每个人都难以达到完美无缺的境界这一事实。

### （三）糟糕至极

这是一种认为某件事一旦发生，其结果就会非常可怕、非常糟糕的思维方式。如“考试不及格简直丢死人”“失恋了，再也不会有人喜欢我了”“这次不成功，以后就没有机会了”等。艾利斯认为，糟糕至极也是一种不合理的信念，它常常导致个体陷入耻辱、自罪、自责、悲观、抑郁等极端不良的情绪状态中。“塞翁失马，焉知非福”，任何事物都有两面性，我们应该辩证地看待问题，没有一件事情是百分之百糟糕的。

上述的不合理信念，任何人身上都有可能存在，只是程度不同而已，而情绪障碍者会有更强烈、更明显的表现。这些不合理的信念共同的特征是不现实、不合逻辑、可被推翻，正是这些不合理信念干扰了我们认知的客观性，使人陷于情绪困扰中，因此艾利斯提出，一旦不合理的信念导致不良的情绪反应，个体就应当努力识别自己的不合理信念，与不合理信念进行辩驳（用 D（Disputing）表示），最终产生合理的观点和情绪（用 E（Effect）表示），如图 6–2 所示。

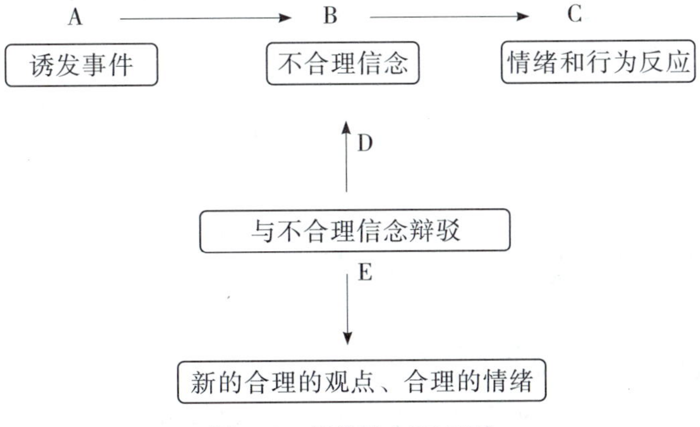


**图 6–2　情绪的 ABC 理论**

这里介绍三个辩驳或者改变不合理信念的方法。首先，针对“绝对化的要求”这一不合理信念，可通过“希望”句式法，对“必须”“应该”“一定”等词语进行改写，只提出想法、愿望，而不对自身或者他人的言行做出要求，例如将“我对她这么好，她也必须对我好”改为“我对她很好，希望她也能对我很好”，将“我必须赢得这场比赛”改为“我希望我能赢得这场比赛”。其次，对于“过分概况化”的不合理信念，可采用评价具体行为法，评价一个人的具体行为而不是去评价一个人。例如，将“连这么简单的考试我都没考好，我真没用”改为“这次考试没考好，和我平时学习不认真、复习不用功有关，以后我要加倍努力，争取取得好成绩”。最后，面对一件令人不愉快的事情时，糟糕至极的想法容易让人误认为这一结果已经是最坏、最消极的结果，忽略了事情的两面性从而陷入情绪困境，此时通过“至少”句式法看到事情的另外一面，哪怕最糟糕的结果中也有好的一面，就可以减少情绪困扰。例如“考试挂科了”，可以想想“至少我还有补考的机会”或者“至少通过这次考试我认识到努力才有好结果”等。

综上所述，使用情绪 ABC 理论调控情绪，第一步是识别出诱发性事件背后的不合理信念；第二步是对不合理信念进行辩驳；第三步是产生合理的想法和情绪反应。雨果说：“思想可使天堂变成地狱，也可以使得地狱变成天堂。”通过以上步骤，我们便可以对自己和周围事物的认知更加客观和辩证，从而保持良好的心情。

**成长案例**

**伤心的小芳**

小芳平时在宿舍微信群看到有人需要拿快递都会热心相助，这次她自己有事，在群上发了一个求帮忙拿快递的消息，没人说话，她感到非常难过，觉得室友连这点小事都不肯帮，太冷漠了。晚上，小芳在日记中写道：“今天真是过得太糟糕了，伤透了心。”

【分析】小芳不合理的信念有三个。①绝对化的要求：因为我平时帮助室友拿快递，室友也应该帮助我。②以偏概全：室友不肯帮忙拿快递——室友是冷漠的人。③糟糕至极：室友不帮忙是一件糟糕至极的事情。用合理的信念替换：①平时我帮助室友，并不能要求室友一定要帮助我；②室友只是在这件事情上没有帮助我，并不代表她们冷漠；③室友可能太忙或者没有看到信息。

## 二、克服不良的情绪

### （一）合理宣泄法

所谓合理宣泄，是指在适当的场合或时机，采用合理的方法，有效排解心中的不良情绪。调节情绪不等于压抑情绪，而是使其得到适当的宣泄。如果情绪得不到适当的宣泄，则会积压于心，使身心健康受到影响，如同一个堵住所有出口的水库，最终水库的水会溢出来甚至冲垮库坝。情绪的宣泄是平衡身心的重要方法，以恰当的方式和方法表达自己的情绪是身心健康最根本的要求，可以采用以下几种方式来宣泄自己的情绪。

1. 哭出来

当面临巨大的打击，心理无法承受时，不要强行控制自己，可以采取自然哭泣法发泄自己不良的情绪。找个合适的场所放声大哭，这也是一种缓解紧张、压抑、郁闷、痛苦等情绪的方法。

2. 说出来

与人交流也是排遣自己不良情绪的一种有效方法。当感到烦闷、不快时，可以通过写信、打电话、聊天等方式，与好朋友、父母、老师及心理咨询员交谈，来倾诉自己的委屈、不幸，以此来调节自己的情绪。培根曾指出："当你遭遇挫折时，向知心挚友一席倾诉可以使你得到疏导。否则这种积郁就会使你致病……只有对朋友，你才可以尽情倾诉你的忧愁与欢乐，恐惧与希望，质疑与劝慰。总之，那沉重地压在你心头的一切，通过友谊的肩头而被分担了。"

3. 动起来

运动可以释放人的压力激素，让我们的心境变得更加平和。运动不仅能促进人的生理健康，也可以改善情绪状态。处于不良情绪状态的人，往往会变得懒惰，不愿意运动，喜欢独处，不想参加集体活动，这样反而会加重自己的不良情绪。当感到郁闷、紧张时，可以进行一些有益的运动，如打球、跑步、游泳、踢足球，这样可以释放身体的能量，使自己得到放松。此外，也可以通过打沙袋或到空旷的田野、森林中大喊等方式来发泄自己的不快。

4. 写出来

研究发现，书写是一种正面有效的宣泄渠道。心理学家潘尼贝克在他的一系列研究中发现，不论是人际关系困扰，或是生离死别的伤痛，那些会把苦恼的经验写下来的人，明显地比选择闷在心里的人来得健康。这种以处理负面情绪为主要目的的写作被称为"治疗性写作"。写作之所以会有帮助，是因为"写"这个动作本身便具有觉察及统整思绪的功用。在自己心中千头万绪、百感交集之时，能把想法写出来，就表示自己已把杂乱模糊的念头做了整理。光是这个动作，就已经将情绪的能量从虚无的下意识提升到"意识"的层次，也就是说，由原先感觉"我心中波涛汹涌"到"我知道怎么回事了"。能做到这一步，就已经处理掉了不少负面的情绪能量，并且开始往疗愈的方向走。信息化时代，很多大学生不再写纸质日记，但是也会通过在朋友圈、QQ 空间、微博、电子日记本、便签等平台书写的形式将情绪表达出来等。

### （二）转移注意力法

转移注意力法是指把注意力从自己的消极情绪上转移到其他方面。通过转移注意力，可以缓解、消除自己的消极情绪。研究表明，当出现不良情绪反应时，大脑中只有一个兴奋点，如果另建一个兴奋点，就可以抵消和冲淡原来的兴奋中心，使不良的情绪得到化解。当情绪不好时，可以做点有趣的活动，比如看电影、打扑克、下棋、弹琴等，以此来转移自己的注意力，使自己从不良的情绪状态中解脱出来。

### （三）音乐调节法

音乐可以使人血压正常、肌肉松弛、脉搏放慢，使人感到轻松愉快、精力充沛，从而缓解紧张、压抑、忧虑和烦恼等情绪。旋律优美的音乐能使人产生欢乐、恬静的情绪，轻松、流畅的乐曲能消减过分的紧张和兴奋。研究表明，情绪忧郁沮丧、精神萎靡的人，可以去欣赏曲调欢乐、节奏明快、旋律流畅、音色优美的乐曲；情绪不安、烦闷的人，可以欣赏情调悠然、节奏徐缓、旋律清逸、风格隽秀的二胡、高胡及小提琴协奏曲等。

### （四）自我暗示法

语言是影响人情绪体验与表现的强有力的工具，对情绪有极大的调节作用。当个体受消极情绪困扰时，可以通过内部语言和书面语言的暗示作用，来放松心理上的紧张状态，使消极情绪得到缓解。例如，发怒时，可反复暗示自己“气大伤肝”“忍一时风平浪静，退一步海阔天空”，这样就会使自己内心平静下来。

### （五）身心放松法

当身心处于过度紧张的状态时，可以采用放松法进行调节，常用的放松法包括呼吸放松法、肌肉放松法、想象放松法、冥想、正念等。最简单易行的就是深呼吸放松法，其方法如下：①穿着宽松的衣服，舒适地坐下或平躺，尽量挺直背。②吸气时，双唇合闭，舌头抵住上颚，但不要咬紧牙根。③用鼻子缓慢而均匀地吸气，手指轻触下腹，以了解吸气最远可以到达下腹哪个部位。感觉下腹扩张（凸出），其次是肋骨部位，最后是整个肺部。④吐气时，则以相反顺序慢慢吐气，结束时轻轻地收缩下腹，最后让废气全部吐出来。⑤吐气要比吸气的时间长，约两倍为最佳。比较简单的放松方法还有“蝴蝶拍”，把双手交叉放在双肩，双手交替慢慢轻拍，左拍一下右拍一下，拍的过程中，想象一个非常舒适的场景，也会起到放松的作用。

## 三、采取积极的行动

情绪和行动是相互影响的，可以通过改变行为来调节自己的情绪。认知行为疗法中有一种应对抑郁的有效方法就是“行为激活”，凡是长期心情不好的人，都易沉溺于不良情绪中不能自拔，人变得退缩，行动减少，由此也导致获得正向情绪的机会减少。大学生应该善于发掘、调动自己的积极情绪，抵制和克服消极情绪，将痛苦、烦恼、嫉妒等消极情绪转化为积极行动的力量，多做一些能带来愉悦感、成就感和掌控感的事情。例如，可以尝试以积极心理学创始人塞利格曼教授提出的“三件好事”来练习，每天花几分钟记录当天发生在自己身上的三件好事，这里的三件好事不一定是一些大事，可以是日常生活中常见的小事，比如读到一本好书、吃到一道好菜、和朋友聊天等，也可以尝试给自己的大学生活做规划、学习新的技能、阅读自己喜欢的书籍等。

# 心理训练营

## 活动一　心理自测

### 你最近的情绪怎么样?

以下这个测验可以帮助你更好地了解自己最近的情绪状态。该测验一共有30道题，请结合最近两周的感受，根据第一反应选择与自己生活实际最为接近的一项。每道题思考时间不宜过长，答案没有好坏之分。

1. 看到自己最近依次拍摄的照片，你有何感想?
   A. 你觉得不称心　B. 觉得很好　C. 觉得可以
2. 你是否会想到若干年后会有什么使自己极为不安的事?
   A. 经常想到　B. 从来没有想过　C. 偶尔想到过
3. 你是否被同学、朋友、同事起过绰号或挖苦过?
   A. 这是常有的事　B. 从来没有　C. 偶尔有过
4. 你上床以后，是否经常再起来一次，看看门窗是否关好?
   A. 经常如此　B. 从不如此　C. 偶尔如此
5. 你对与你关系最密切的人是否满意?
   A. 不满意　B. 非常满意　C. 基本满意
6. 你在半夜的时候，是否经常觉得有什么害怕的事?
   A. 经常　B. 从来没有　C. 极少有这种情况
7. 你是否因梦见什么可怕的事而惊慌?
   A. 经常　B. 没有　C. 极少
8. 你是否曾经多次做同样的一个梦?
   A. 有　B. 没有　C. 记不清
9. 有没有一种食物使你吃过后呕吐?
   A. 有　B. 没有　C. 记不清
10. 除去看见的世界外，你心里有没有另外一种世界?
    A. 有　B. 没有　C. 记不清
11. 你心里是否常觉得你不是现在的父母所生?
    A. 时常　B. 没有　C. 偶尔有
12. 你是否曾经觉得有一个人爱你或尊重你?
    A. 是　B. 否　C. 说不清

13. 你是否常常觉得你的家庭对你不好，但是你又确知他们的确对你好？
A. 是　B. 否　C. 偶尔
14. 你是否觉得没有人十分了解你？
A. 是　B. 否　C. 说不清楚
15. 你在早晨起来的时候最经常出现的感觉是什么？
A. 忧郁　B. 快乐　C. 讲不清楚
16. 每到秋天，你经常出现的感觉是什么？
A. 秋雨霏霏或枯叶遍地　B. 秋高气爽或艳阳天
C. 不清楚
17. 你站在高处的时候，是否觉得站不稳？
A. 是　B. 否　C. 有时是这样
18. 你平时是否觉得自己很强健？
A. 否　B. 是　C. 不清楚
19. 你是否一回家就立刻把房门关上？
A. 是　B. 否　C. 不清楚
20. 你坐在小房间里把门关上后，是否觉得心里不安？
A. 是　B. 否　C. 偶尔是
21. 当一件事需要你做决定时，你是否觉得很难？
A. 是　B. 否　C. 偶尔是
22. 你是否常常用抛硬币、玩纸牌、抽签之类的游戏来测凶吉？
A. 是　B. 否　C. 偶尔
23. 你是否常常因碰到东西而跌倒？
A. 是　B. 否　C. 偶尔
24. 你是否需用一个小时才能入睡，或醒得比你希望的早一个小时？
A. 经常这样　B. 从不这样　C. 偶尔这样
25. 你是否曾看到、听到或感觉到别人觉察不到的东西？
A. 经常这样　B. 从不这样　C. 偶尔这样
26. 你是否觉得自己有超过常人的能力？
A. 是　B. 否　C. 不清楚
27. 你是否觉得有人跟你一起走时会心里不安？
A. 是　B. 否　C. 不清楚
28. 你是否觉得有人在注意你的言行？
A. 是　B. 否　C. 不清楚
29. 当你一个人走夜路时，是否觉得前面潜伏着危险？
A. 是　B. 否　C. 偶尔
30. 你对别人自杀有什么想法？
A. 可以理解　B. 不可思议　C. 不清楚

计分说明与结果解释：

以上各题的答案，选 A 得 2 分，选 B 得 0 分，选 C 得 1 分。将你的得分统计一下，算出总分。得分越少说明你的情绪越佳；得分越多说明你的情绪越差。

总分在 0～20 分，表明你的情绪稳定，自信心强，具有较强的美感、道德感和理智感，有一定的社会活动能力，能理解周围人们的心情，会顾全大局，是一个受欢迎的人。

总分在 21～40 分，说明你的情绪基本稳定，但较为深沉，考虑事情过于冷静。

总分在 41 分以上，说明你的情绪极不稳定，日常烦恼太多，可考虑寻求专业的心理辅导。

## 活动二　知识之窗

### 情商及其发展

哈佛大学心理系教授丹尔戈尔曼于 1995 年发表了《EQ》一书，提出了“情绪智商”的概念，简称“情商”，它是一个人自我情绪管理和管理他人情绪的能力指数。他主张情商应该比智商更能影响一个人的成功与否，许多智商很高、学业优秀的人，因其不善于表达和管理自己的情绪，不关心他人的感受，不善于与人相处，所以走上社会之后，他们的发展并不顺利，甚至慢慢停滞不前，最后可能保不住饭碗。而不少智商不高、学业水平一般的人，由于善解人意，行为得体，受到同事和上司的普遍欢迎，成功的机会反而比较多。心理学家告诉我们：预测一个人的未来成就，智商（IQ）至多只能解释成功因素的 20%，其余的 80% 则归因于其他因素。其中，关键因素是情商（EQ）。具体来讲，EQ 主要包括以下五个方面的能力：

（1）认识自身的情绪或自我意识。当某种情绪出现的时候，能够自我觉察，这就是情商的核心。

（2）情绪管理。能够控制自己的情绪，使之适时、适地和适度。情绪管理建立在认识自我情绪的基础之上。

（3）自我激励。将情绪专注于某项目标而调动、协调和指挥情绪的能力。任何方面的成功都必须有情绪的自我控制。

（4）识别他人的情绪，或移情。通过细微的社会信号可以敏锐地感受到他人的需要和欲望，能对他人的处境有共同的感受，并能客观地理解、分析他人的情感。

（5）对关系的处理或社会能力。管理他人情绪的技巧，也就是调控他人的情绪反应的技巧。对关系的处理能力可以强化一个人受欢迎的程度、人际互动的效能等。

大学生活是社会生活的缩影，由于会遇到种种矛盾、困难和不顺心，难免会产生不良情绪。出现不良情绪，如果一味地压抑自己，不良的情绪就会成为“心理垃圾”，时间久了会对大学生的身心健康和生活产生很大影响，如果任意发泄，就像“不长眼睛的剑”，最终伤人伤己。因此，做好情绪管理，培养情商，学会做情绪的主人，是每个大学生的必修课。

## 活动三 拓展训练

### 情绪蛋糕

活动材料：

蛋糕托盘、彩色笔

活动程序：

1. 想一想最近一周你出现了哪些情绪，然后在蛋糕托盘上用各种颜色的笔进行绘画，由你来自由选择蛋糕的形状、颜色，如果情绪好，可以试试用明亮的颜色，情绪低落的时候，可以用灰暗的颜色。哪一种情绪多一些，这种情绪对应的颜色就可以多一些。

2. 向组内同学展示你的蛋糕，并作简单的描述，例如你做“情绪蛋糕”的所思所感，每一种颜色代表了什么情绪，是在什么情境下出现了这些情绪。

3. 总结：制作情绪蛋糕可以帮助我们了解自己的情绪状态，通过分享，可以得到社会支持，从而更好地调节情绪。

# 第七章　阳光总在风雨后

## ——大学生压力管理与挫折应对

吾志所向，一往无前，愈挫愈勇，再接再厉。

——孙中山

## 本章要点

1. 了解压力的含义及压力下的生理、心理和行为反应。
2. 认识大学生常见的压力及其特点、影响。
3. 掌握调适压力的方法，科学地管理压力。
4. 了解挫折的含义及影响。
5. 掌握挫折应对的方法，合理地对待挫折。

## 案例导入

有一个小孩在草地上发现了一个蛹。他把蛹捡起来带回家，想要看看蛹怎样羽化为蝴蝶。过了几天，蛹身上出现了一道小裂缝，里面的蝴蝶挣扎了好久，身体似乎被什么东西卡住了，一直出不来。小孩子于心不忍，他拿起剪刀，把蛹剪开，帮助蝴蝶脱蛹而出。可是，因为蝴蝶在离开蛹前必须经过痛苦的挣扎，直到它的双翅强壮了，才会破蛹而出。由于小孩的帮助使这只蝴蝶过早地离开蛹体，所以出来以后其身躯臃肿，翅膀干瘪，根本飞不起来，不久就死去了。

“人有悲欢离合，月有阴晴圆缺，此事古难全。”“长风破浪会有时，直挂云帆济沧海。”尽管人们希望能一帆风顺、万事如意，但压力和挫折却总是不可避免的。成功固然可贵，失败也并非毫无意义。对大学生而言，适度的压力是我们前进的动力，而挫折既是打击，也是成长，是人生的一笔宝贵财富。因此，正确认识压力和挫折，善于管理压力、应对挫折，是成功人生的必经之路。

# 第一节　压力概述

## 一、压力的概念

### （一）压力的含义

在心理学上，压力又称应激，主要有三种解释。①指环境中客观存在的某种具有威胁性、挑战性的刺激，如地震、火灾、车祸现场等。②压力反应型，指某种具有威胁性、挑战性刺激引起的反应。只要类似刺激出现，就会引起类似的反应。比如，海难生还者，每当提及此事时总是心有余悸。③个体对环境中的威胁性、挑战性刺激，经认知其性质后所表现出的反应是刺激、挑战与反应的交互关系。如图 7–1 所示，环境中的刺激（即使刺激具有威胁性、挑战性）如果个体不能认知其威胁性、挑战性，则自然构不成压力。个体确知刺激情境具有威胁性、挑战性，但如果他的能力和经验足以克服困难，那么对他也不会构成压力。心理学上所说的压力，多数是指第三种解释，即压力是指由刺激引起的伴有躯体机能以及心理活动改变的一种身心紧张状态。

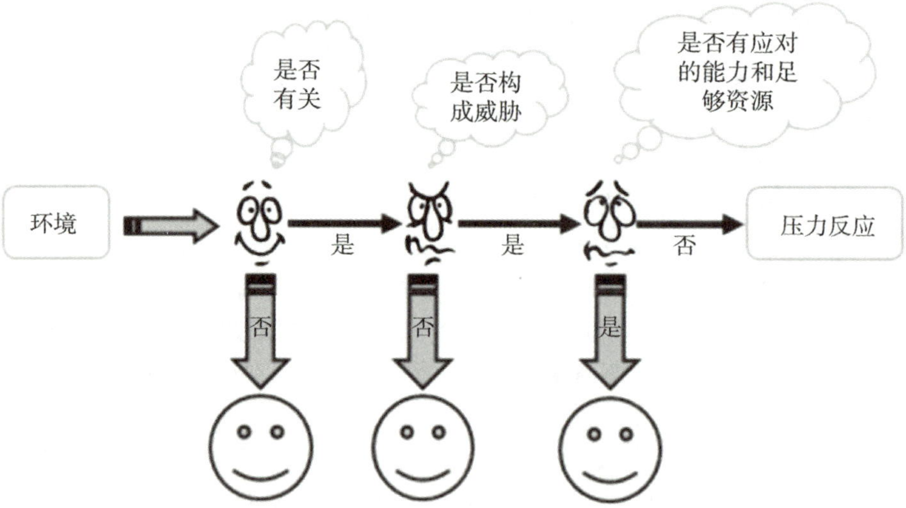


图 7–1　压力的产生

### （二）压力反应

人们面临压力时会产生一系列的生理、心理、行为反应。这些反应在一定程度上是机体主动适应环境变化的需要，它能够唤起和发挥机体的潜能，增强机体的抵御和抗病能力。但是如果反应过于强烈或持久，超过了机体自身的调节和控制能力，就可能导致生理、心理功能紊乱，进而产生身心疾病。

1. 生理反应

在压力状态下，机体必然伴有不同程度的生理反应，主要表现在中枢神经内分泌系统和免疫系统等方面。比如，心率加快、心肌收缩力增强、血压升高、呼吸急促、各种激素分泌增加、出汗等。这些生理反应调动了机体的潜在能量，提高了机体对外界刺激的感受和适应能力，从而使机体能更有效地应付外界环境条件的变化。但过度的压力会使人口干、腹泻、呕吐、头痛、口吃等。

2. 心理反应

压力引起的适度心理反应有警觉、注意力集中、思维敏捷、情绪的适度唤起等，有助于个体应付环境。但过度的心理反应如过分烦躁、抑郁、焦虑、愤怒、沮丧、消沉，会使人自我评价降低，自信心减弱，表现得消极被动。

在压力承受过程中，个体有可能获得“习得性无助”。“习得性无助”是美国心理学家塞利格曼于 1967 年在研究动物时提出的。他把狗关在笼子里，只要蜂鸣器一响，就给其以难受的电击，狗关在笼子里逃避不了电击。这样经过多次实验后，蜂鸣器一响，在给狗电击前先把笼门打开，此时狗不但不会逃出去，而且不等电击出现就先倒在地上开始呻吟和颤抖。本来可以主动逃避却绝望地等待痛苦的来临，这就是“习得性无助”。它指有机体经历了某种学习后，在情感、认知和行为上表现出自我无能感、拖延、沮丧、容易放弃任务等消极心理状态。生活中的很多现象证明了这种“习得性无助”在人身上也会发生。

比如，某生英语成绩不尽如人意，即使尽了最大努力，四级考试也屡次不过，这时即使再努力一点或者改变一下方法就可以成功，他也没有一点努力的意愿了，到头来只得做无奈状：“我不是学外语的料。”

3. 行为反应

当个体面临压力时会有各种行为变化，这些变化取决于压力的程度以及个体所处的环境。一般而言，轻度的压力会促发或增强一些正向的行为反应，如寻求他人支持，学习处理压力的技巧。但压力过大过久，会引发不良适应的行为反应，如讲话结巴、动作刻板、过度饮食、攻击行为、失眠等。

## 二、大学生常见的心理压力

大学生处在特殊的生活环境和特殊的年龄阶段，也承担着特殊的使命和社会角色。在日趋激烈的竞争环境下，大学生面临越来越多的挑战和困难。大学生的心理压力主要来自于学业压力、就业压力、交往压力、生活压力和情感压力。

### （一）学业压力

学习是大学生的首要任务。大学生生活中的绝大多数时间是在与学习打交道，所以由学习所形成的压力有时虽强度不是很大，但持续时间却很长，对大学生的影响不可低估。学习方面的压力，主要与以下几个因素有关：一是不恰当的社会比较；二是由对专业和专业知识不感兴趣所导致的压力。三是学习时间长、学习头绪多所带来的压力。

### （二）就业压力

就业是大学生最为关注的一个话题。有关粤、港、澳三地青少年的压力调查发现，广州大学生面临的最大的压力就是生涯发展压力。由于高校逐年扩招，大学生面临巨大的就业压力。人才需求市场萎缩（或饱和）以及大学生择业种类和择业地的过于集中，是造成这种压力的根本原因。另外，家庭背景的差异一定程度上会造成学生就业上的差异，形成就业机遇的差异。因此，一旦毕业临近，那些家庭背景较差的学生就会为自己的前途感到焦虑、担忧，感叹社会的不公，甚至产生怨恨以及某些过激行为。

### （三）交往压力

心理学研究认为，社会支持（或良好的人际关系）能对应激状态下的个人提供保护，对应激起缓冲作用，能有效地减小忧郁倾向和心态失衡。美国社会心理学家的一项调查认为，使人们感到幸福的既不是金钱，也不是名利、地位、成功，而是良好的人际关系。对大学毕业生所做的各项调查也发现，大学生最留恋的是朋友间的友谊。但是在现实的大学生群体中，人际交往并没有那么顺利，反而成了一些人心理障碍的根源。“踏着铃声进出课堂，宿舍里面不声不响，互联网上诉说衷肠。”这句顺口溜实际上反映了一部分大学生的交际现状。

### （四）生活压力

也许对一部分大学生来讲，最大的压力莫过于生活的艰辛。大学所缴费用与上学花销在逐年增加，这成了一部分学生尤其是一些贫困生和特困生的压力源。贫困生会遇到一些心理困扰。一是生活上的窘迫感。有的学生甚至不敢随便多吃，否则生活费就没了。二是交往中的自卑感。有的学生总担心别人看不起自己，同学间不经意的一句玩笑或某个行为都会深深地刺伤他们的心灵，强烈的自尊渴望与脆弱的情绪、情感常相交织。三是对家人的内疚感。有的学生的父母体弱多病，甚至有的学生是单亲家庭，他们最大的内疚就是对不起亲人，不想让家人替自己背上沉重的经济包袱，可自己又无能为力。

### （五）情感压力

情感生活作为大学生活中的主旋律之一，始终是问题的敏感点和多发点。在出现心理危机的学生群体中，情感危机引发的心理问题占到了相当比例。性与恋爱问题处理不当，造成的后果会很严重。很多大学生在与异性的接触过程中，不知道接触到什么程度合适。一些学生难以把握自己，一旦出现问题就可能走极端。

# 第二节　压力对大学生心理的影响

**心理实验**

试想一下，如果人为减少刺激，会出现什么结果呢？

贝克斯顿（Boxton）在美国麦吉利大学做感觉剥夺研究，募集了大学生志愿者参加。他让志愿者在小房间里尽可能长久地躺在床上，只在吃饭或上厕所时起来，实验装置如图 7–2 所示。志愿者有每天 20 美元的酬劳，他们可以自己决定何时退出实验。

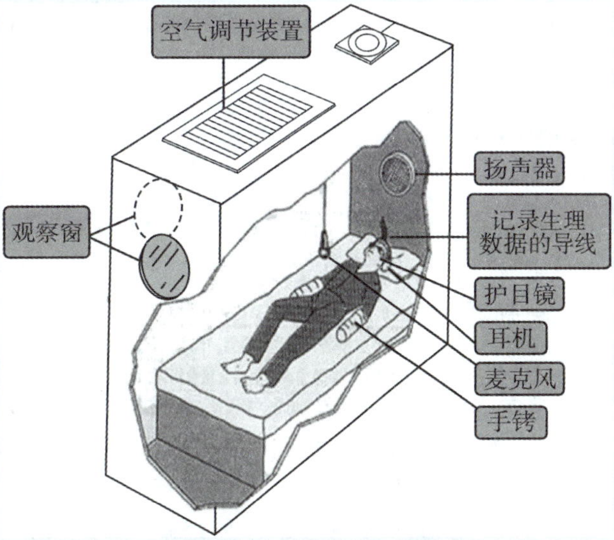


图 7–2　感觉剥夺实验装置

大多数志愿者在实验开始后 24 ~ 36 小时内要求退出，没有人坚持 72 小时以上。志愿者在小房间时普遍会产生厌倦、不安的情绪，甚至制造一些刺激，比如唱歌、吹口哨、自言自语等，待的时间过长的人甚至还会产生幻觉。

感觉剥夺实验带给我们的启发是：压力是无所不在、不可避免的，也是必要的，健康的生活需要适度的压力。低度或者没有压力的环境使人感到空虚、茫然、无聊，不知道如何寻找前进的方向，会产生“做一天和尚撞一天钟”的心理，对任何事都没多大热情，无所事事，丧失斗志。正如汉斯 · 塞尔耶所说：“完全脱离应激等于死亡。”

压力如琴弦，没有压力，不会产生音乐。压力太大，琴弦绷得过紧，就会断掉。那么，压力对大学生的心理有何积极影响和消极影响？

## 一、压力对大学生心理的积极影响

### （一）适度的压力促使大学生改善缺失，增加行动力

心理学上有一个“马蝇效应”，说的是再懒惰的马，只要身上有马蝇叮咬，它也会

精神抖擞，飞快奔跑。适度的压力就如同“马蝇”，可以促使大学生增强行动动力，激发潜能，促进个体成长。适度的压力有利于大学生发挥创造力，产生最佳的工作绩效。比如提交作业截止日期的压力使得一些有“拖延症”的学生采取行动，用最高的效率在最后时刻完成作业。

### （二）适度的压力帮助大学生增强压力抵抗力

压力抵抗力又称压弹。按照美国心理学会的定义，压弹指个人面对生活逆境、创伤、悲剧、威胁及其他生活重大压力的良好适应，也是个人面对生活压力和挫折的“反弹能力”。假如把压弹比喻为我们每个人心里的“弹簧”，压力过大弹簧容易损坏，压力太小时弹簧基本没反应，压力适度时弹簧的弹性保持得最好，也就是我们应对压力的能力最佳。

**心理实验**

斯坦福生物心理学家凯伦·帕克研究了早期生活压力对幼猴的影响。为了给小猴子施压，她把它们和母亲分开，每天放在独立的笼子里 1 个小时。当初把小猴子和母亲分开时，帕克预测早期的生活压力会导致猴子情感不稳定。但恰恰相反，压力提升了猴子的抗压能力。长大后，童年经受过压力的猴子，相较得到更多庇护的猴子，更少焦虑。它们在新环境中更愿意探索，对新东西表现出更强的好奇心，它们能更快解决研究人员给的脑力挑战。少年时期（相当于十几岁的孩子），以前受压的猴子甚至表现出更强的自控力。所有这些影响都持续到了成年。早期生活压力把小猴子放在了不同的发展轨道上，使其好奇心更强、更坚韧。

## 二、压力对大学生心理的消极影响

### （一）过大的压力不利于大学生的身体健康

过大或持久的压力会损害大学生的身体健康。压力过大时，消化系统的反应最灵敏，一些学生可能会感到吃不下饭或者胃痛、胃胀；受影响的还有泌尿生殖系统，考试前一些学生总感觉要上厕所，这是压力下泌尿系统的反应之一；还有一些学生在压力较大时会失眠，长期睡眠不佳对其身体也会造成一定的不良影响。美国心理学家霍曼在 2005 年对近 20 年发表的研究成果进行追溯后指出压力与近 80% 的主要身体疾病有关，其中包括心血管疾病、癌症、内分泌和新陈代谢疾病、皮疹、胃溃疡、偏头痛和紧张性头痛、与肌肉骨骼相关的疾病、感染性疾病和经期前的一些症状。

**心理实验**

在中世纪，号称“医学之王”的伊朗医生伊本·西拿曾经把两只羊分别系在不同的地方，它们有相同的生活条件，吃同样的食物。其中一只羊经常看到一只狼在很近的地方窥视，不久，这只羊就死了，而另外一只羊生活得很好。受狼窥视的羊经常生活在巨大的压力状态中，在这种消极情绪累积下，它的生理状态和活动功能严重紊乱，最后导致了死亡。俗话说“最后一根稻草压垮一只骆驼”，就是指由于心理压力的累积而使人心理崩溃的“骆驼效应”。

### （二）过大的压力损害大学生的心理健康

压力过大或持久会导致大学生产生负性情绪，包括焦虑、抑郁、恐惧、冷漠、愤怒、无助等，部分大学生甚至会情绪失控。长期在过大的压力状态下，自我的评价会降低，容易精神不集中，做事效率下降，应付环境的能力也会降低。严重者继而对自己丧失信心，产生精神障碍。更有甚者，会长期失眠，出现因压力过大而“过劳死”的现象，比如有些刚毕业的大学生因为工作时间过长，劳动强度过大，心理压力太大，从而出现精疲力竭的亚健康状态，会引发身体潜在的疾病急性变化，救治不及时而危及生命。

**成长案例**

**大学生愤怒的极端表现**

21 岁的苏州女大学生王某在 2003 年 1 月 8 日夜闯长宁一银行自助区，砸碎 4 台 ATM 取款机和两台多媒体咨询机。当晚，王某还在街头不过 500 米的直线距离内，砸毁了 8 辆汽车的挡风玻璃和两家店铺的玻璃。

是什么原因让这个女学生如此“愤怒”呢？在看守所里，记者见到了戴着手铐的王某。王某是个皮肤白净、身材娇小的大眼睛姑娘，很难将她与手持板砖、抡臂捣砸的闯入者联系起来。“我也不知道为什么要这样做，可能是想发泄情绪，不过没有找对方式。”她为自己辩解，“我是独生女，但是我爸爸妈妈不太理我，他们最在乎的是我的学习，我的学习好了他们就有向外人炫耀的资本。”王某的眼睛开始有点泪花，“他们以前总是打我，打完以后还逼我承认自己不对，但是，我有时候不这么认为，又不能说。现在上的这个专业我也不喜欢，太死板，一点灵性都没有。最近学校里在期末考试，我不想去，他们非要逼我去。是我妈妈把我押回学校的，我受不了，就从学校里跑出来，想到上海静一静，但路没问到，就觉得所有人都在骗我，所以就生气了……”

“我家经济状况不是很好，上了大学后，同宿舍的人都觉得我怪，我不知道怎么与她们交流。我对父母的不满也不知道该怎么表达。我想，可能人在一生中都要经历很多痛苦和快乐，别人能将痛苦转化成快乐，但是我没有这种能力，于是就只能永远痛苦下去。”王某说她有点想父母，她现在比事发时已平静了许多，希望父母赶紧将她领出去。

【分析】王某的极端愤怒来自于家庭（父母的打骂，情感的忽略）、学习（不喜欢的专业，期末考试的压力）和人际交往（被宿舍同学认为怪）的压力，由于缺乏正确的减压方法，才会选择砸 ATM 机、砸汽车玻璃这样的行为。

## 第三节　大学生的压力管理

压力管理是指针对可预见的压力源进行必要的干预，维护身心健康，提高问题处理的效率，保证学习、生活目标顺利实现的管理活动。如果把压力比喻为一匹狼，压力管理便是学会如何与狼共舞。压力应对具有事后性和被动性，而压力管理则具有一定程度的主动性和积极性，它包含压力应对。学会对压力进行科学有效的管理，对大学生缓解压力、保持身心健康、提高学习效率和生活质量具有重要意义。

压力管理可以从积极认知、情绪调整、落实具体行动三个方面入手。

### 一、积极认知，乐观看压力

认知行为理论提出，任何压力都会经过主体的认知这个中介变量，才会转化为相关的行为反应，即让我们产生压力的原因并不是压力本身，而是我们如何认识和思考压力，所以积极的思考和应对压力是有意义、有作用的。

“横看成岭侧成峰，远近高低各不同。”面对无法改变的压力事件时，如果能够换一种角度考虑问题，通过认知重建，改变对压力事件的想法和解释，关注到其积极的一面，就有可能减少压力事件下的负面情绪感受。如果一个应届毕业生申请的每个就业岗位都拒绝了他，他可以说：“哦，好吧，我可以从事其他职业，也许会发现更适合我的选择呢！”

美国心理学家阿尔伯特·艾利斯的理性情绪疗法 ABC 理论认为：人的情绪和行为障碍不是由于某一激发事件直接引起的，而是由于经受这一事件的个体对它不正确的认知和评价所引起的，即“人不是被事情本身所困扰，而是被其对事情的看法所困扰”。在 ABC 理论中，A 代表诱发事件；B 代表个体对这一事件的看法、解释及评价即信念；C 代表继这一事件后，个体的情绪反应和行为结果。一般情况下，人们都认为外部诱发事件 A 直接引起了情绪和行为反应的结果 C，但理性情绪疗法认为 A 并不是引起 C 的直接原因，继 A 发生之后，个体会对 A 产生某种看法，做出某种解释和评价，从而产生关于A的某些观念即B。这一过程通常是自动完成的，不容易被人意识到。但正是这个B，才是引起情绪和行为反应的直接原因。因此，大学生可以学习通过对不合理信念加以辩驳，使之转变为合理信念，更多关注压力事件的积极一面，从而获得新的正性情绪。

## 二、采用情绪调整策略，减少负性情绪

如果事情已经发生，没有任何办法可以改变了，那就不可能对情境进行控制了。这时可以通过情绪调整，减少负性情绪，从而减少压力感。情绪调整分为三个步骤。第一步是觉察情绪。压力事件来临时，我的情绪是什么？是焦虑、恐惧还是其他情绪？第二步是接纳但不评价情绪。只要是正常人，就一定会有消极情绪，有消极情绪是正常的，不要抗拒，要接纳自己的消极情绪。如果我们不接纳、压制消极情绪会让情绪更糟糕，这就是情绪的“反弹效应”。当接纳情绪之后，我们就会平静下来，并能做出更理性的反应。第三步是调整情绪。在情绪一章里介绍的很多情绪调节的方法同样适用于压力事件下的情绪调节，比如宣泄负性情绪有助于减少压力感。宣泄的方式多种多样，因人而异，可以通过倾吐、哭泣、写日记、拳击等方式宣泄，甚至还有些另类的方法，如捏球、吼叫等。宣泄负性情绪要把握好两个前提，一是能够让自己充分释放负性情绪，二是不能妨碍他人和社会。

## 三、落实具体行动，增强对压力的可控感

### （一）关注问题解决，变恐惧性压力为挑战性压力

人们在面对压力的时候会寻找各种策略来为自己减压，然而最佳的策略其实就是解决问题，也就是改进产生压力的环境。如果一个学生担心即将进行的考试，虽然他可以通过做呼吸练习来使自己平静，但是花精力来学习的结果将会更好，这样就会减少焦虑的来源。

改进压力产生环境的有效途径是增加“控制感”。当人们发现自己的力量不足以处理压力时就会感到恐惧，而当人们相信自己确实有很多资源的时候就会有挑战的感觉。对于平时不学习的学生来说，考前会感到恐惧；而平时学习比较扎实的学生，考前同样会有压力，但这种压力来自于他希望自己能表现出色。还有些学生不认为自己有能力改变不悦的环境，因此他们不去尝试，表现出既不担心考试也不去认真复习的无所谓态度。心理学家发现，那些常常感到自己对环境几乎没有控制力的人比觉得自己有较强控制力的人更容易遭受抑郁的困扰。

关注问题解决，提高解决问题的能力，是增加控制感的根本途径，而获得社会支持和科学的时间管理则能有效地促进问题解决。面对压力时，大学生要学会主动寻求社会支持，获得他人和社会的帮助。大学生也要善于管理时间，提高效率。

大学生还可通过如下方法增加“控制感”：

1. 用“可视化成功”对自己的生活进行控制

想象自己的成功，但仅仅想象可能会使自己沉浸在幻想中而不去奋斗。真正能够帮助大学生的是：对能够产生荣誉和尊重的工作进行可视化。如果一个学生想完成一篇很棒的论文，他可以想象自己在图书馆整理笔记，而不是想象论文获奖后站在领奖台上。如果他想在实验技能大赛上获奖，他可以想象自己在实验室筹备实验。总而言之，如果一个学生希望在将来能够迎接挑战，那么通过想象挑战出现时他的作为，就有可能获得一种控制感。

2. 通过心理“预防”的方式来获得控制感

为了获得抵抗压力的心理预防，大学生可以把自己暴露在较轻微的压力事件中。如一个学生要参加演讲比赛面对很多观众，那么他可以先给较少的朋友甚至想象出来的观众演讲。通过这种方式进行训练，能够逐步获得控制情绪的能力。

## （二）通过放松、运动、营养，增强压力应对的生理机能

1. 放松减压

放松的基本原理是有效地在神经和激素水平上阻断压力反应，从而使机体恢复到生理平衡状态。可以采用腹式呼吸放松、肌肉渐进放松、音乐放松等方法，其中最简单易行的方法是腹式呼吸放松。可参照第六章相关呼吸方法配合练习。

2. 运动抗压

运动是应对压力最基本的策略。一方面，运动能够全面促进健康，使个体对充满压力的事件表现出更少的紧张和自动唤起；另一方面，运动可以减少压力的能量。因为任何压力都会使身体为“战斗”或“逃跑”做好准备，一旦刺激激发身体产生活动，压力就会被释放。研究表明，实验室的小老鼠在接触压力源后如果被放在转轮上活动，其肾上腺对压力的反应就会减小。再者，运动过程中，可使人体产生减轻痛苦的物质“内啡肽”，从而改善情绪。有氧慢运动如太极拳、瑜伽、散步、体操、慢跑等可以降低焦虑，而快速有力的运动如拳击、快跑、摔跤则有助于愤怒情绪的释放。

3. 营养舒压

大学生在生活中要重视合理的饮食、均衡的营养，这样可以增强生理机能，提高对压力的应对能力。

当人感到压力时，体内会释放出两种荷尔蒙：一种是肾上腺素；另一种是皮质醇，人们通常将其称为压力激素。在心理压力增大时，压力激素增加，使得人们感到强烈的焦虑不安，开始失眠、脾气暴躁、体重下降或上升（乱吃零食等），因过度兴奋而难以集中注意力，导致多种心理、生理疾病的发生。可以通过饮食调节的方法，平衡压力激素与健康。可以补充有助于驱赶压力与焦虑情绪的营养元素如维生素 B 群（含于谷物、豆制品、动物肝脏、酵母等之中），也可以补充一些富含 DHA 的食物如鱼、橄榄油等，以降低皮质醇的积累，减少脑力疲劳，提高注意力。复合碳水化合物（这类物质富含于糙米、全麦食品、豆类等食物中）能够提供足够的能量来应付压力、平衡血糖、激发血清素释放，让人感觉开心愉快。

## 第四节　挫折的概念、影响及应对

心理学调查研究显示，91% 的大学生遭遇过挫折，36.2% 的大学生有很强或较强的挫折感，主要来自学习、人际关系、失恋、择业和生理健康。关于抗挫折能力，虽然一些生活事件本身并不严重，部分大学生却因心理承受能力较弱而备受挫折：21.4% 的大学生面对挫折觉得“心有余而力不足”；66.2% 的大学生认为自己抗挫折能力“一般”或“较弱”，个别人甚至认为“很差”。关于对挫折的认识，47% 的大学生认为挫折对人的成长只具有消极作用，41% 的大学生认为挫折对人的成长具有双重作用，12% 的大学生认为挫折只会对人的成长产生促进作用。

**成长案例**

**没被录用的大学生**

某大学优秀毕业生应聘某大公司，在公布考试结果时，他名落孙山。得知消息后，他深感绝望，割脉自杀，由于抢救及时，幸免于难，随后传来他被录用的喜讯。原来此人名列前茅，只是当时统计出了差错。就在他把喜讯告知家人、朋友，准备庆祝时，又有消息传来，他被公司解聘了。

【分析】作为一名优秀毕业生，该生的学习和综合能力方面应该是相当不错的，但是企业更为看重毕业生的综合素质，包括心理素质。因为面试失败就选择割腕自杀，无法承受挫折，企业自然不会招聘这样的大学生。每一次挫折都是一块垫脚石，大学生应该在每一次挫折中不断总结经验，以更好地应对未来的挑战和困难。

### 一、挫折的概念

挫折即失败、失利。心理学中的挫折是指个体从事有目的的活动时，遇到无法克服或者自认为无法克服的障碍或干扰，使其动机不能实现、需要不能满足时，所产生的紧张状态和情绪反应。

人们所说的挫折通常包括挫折情境与挫折感受。挫折情境即阻碍人们实现目标、满足需求的情境和事物，也称之为挫折源，如贫困失学等；挫折感受是指个体由于挫折情境而产生的心理感受和情绪状态等。

挫折情境与挫折感受关系密切，但并不总是成正比。一般来说，挫折感受只在特定的挫折情境下才会产生，而且挫折情境越严重，所引起的挫折感受也可能越强烈。比如，在生活中遭遇了重大事故时的感受显然要比仅仅犯一个一般的错误更强烈，震动更大。

从挫折情境到挫折感受并不是一个简单的刺激—反应过程，而是会受到个体的生理状态、心理状态等诸多因素的制约，其核心是认知方式和挫折承受力。生活中常可以看到，面临同一挫折情境，有的人反应轻微、时间短，而有的人则反应强烈、时间长。比如，考试失利、情场失意、人际失和等常见的挫折情境，在不同的大学生身上往往会引起不同的反应，造成不同的结果，这多半与他们不同的心理素质有关。正如巴尔扎克所说："世上的事情，永远不是绝对的，结果完全因人而异。苦难对于天才来说是一块垫脚石，对于能干的人是一笔财富，而对于弱者是一个万丈深渊。"

## 二、挫折对大学生心理的影响

挫折，可能是一座埋葬弱者的坟墓，使人在成才的道路上夭折；挫折，也可能是磨炼强者的火炉，使人百炼成钢，登上成功的高峰。挫折对大学生的心理具有积极和消极两方面的影响。这种影响是客观存在的，关键在于大学生怎样去认识和对待挫折。如果认识引导得当，挫折就可以成为成功的垫脚石，反之可能成为成功的绊脚石。

### （一）挫折对大学生心理的积极影响

1. 挫折有利于磨炼大学生的意志和性格，增强挫折承受能力

坚强的意志和性格往往是长期磨炼的结果。有一些大学生生活在比较好的家庭和学校环境中，虽然这种环境有利于其成长，但也在一定程度上降低了他们对挫折的适应能力，不利于坚强性格的形成，他们一旦遇到挫折，将会承受更大的压力。例如在面对挫折情景时过分紧张，没有良好的心理素质，容易引起强烈的情绪困扰，不能找到适应挫折情景和应对挫折的方法，从而使得其心理和行为受阻。从未经受过挫折打击的人，往往在情感上是很脆弱的，一次微不足道的挫折就可能置其于死地。但挫折在给人打击的同时又给人以一定的压力，它能磨炼人的意志和毅力，造就人才。"自古英雄多磨难，从来纨绔少伟男。"历史上一帆风顺而又大有成就的人很少见。真正出类拔萃的人，大都是那些历尽艰辛，在挫折中磨炼出坚强的意志，在逆境中不懈奋斗的人。孟子曰："天将降大任于斯人也，必先苦其心志，劳其筋骨，饿其体肤，空乏其身，行拂乱其所为，所以动心忍性，增益其所不能。"

2. 挫折有利于增强大学生的情绪反应能力和解决实际问题的能力

当大学生面临挫折或困难的时候，其神经中枢受到强烈的刺激，会引起情绪激奋，使整个神经系统兴奋水平提高。在这种情况下，人会精神焕发、思维加快，情绪反应能力大大提高。同时，在解决困难和应对挫折的过程中，大学生可以积累经验与方法。对于一个有志向的大学生来说，挫折的发生会唤起他的斗志，激发他的进取心。挫折是使人迈向成功的催化剂。每一次挫折的洗礼，都会激发大学生去懂得为人处世之道，掌握经纬世事之术，不断深化和提高对自我的认识，特别是对自我的错误与缺点的认识，在思想上和行为上走向成熟。

3. 挫折有利于大学生正确地认识自我，提高生活适应能力

一些大学生对社会、对自己有一些不切实际的想法，当他们用这些想法来指导自己的行动时，就容易出现挫折。挫折的产生无疑给他们带来反思和反省的机会，促使他们对生活、对社会有一个较为客观的认识，从而增强其适应现实生活的能力。当代大学生大多是独生子女，从小备受父母呵护，成长的道路往往一帆风顺，对挫折的容忍力较弱。挫折会对一些大学生的自傲心态进行无情的打击，使他们不得不对自己的过去进行检讨，从而去掉或降低傲气，变得谦逊，为人处事更谨慎，不再像以前那样自以为是，而是虚心向别人学习，善于汲取他人的长处。

**心理故事**

**塞翁失马**

从前，有位老汉住在与胡人相邻的边塞地区，来来往往的过客都尊称他为“塞翁”。塞翁生性达观，为人处世的方法与众不同。

有一天，塞翁家的马不知什么原因，在放牧时竟迷了路，回不来了。邻居们得知这一消息以后，纷纷表示惋惜。可是塞翁却不以为意，他反而释怀地劝慰大伙儿：“丢了马，当然是件坏事，但谁知道它会不会带来好的结果呢？”

果然，没过几个月，那匹迷途的老马又从塞外跑了回来，并且还带回了一匹胡人骑的骏马。于是，邻居们又一齐来向塞翁贺喜，并夸他在丢马时有远见。然而，这时的塞翁却忧心忡忡地说：“唉，谁知道这件事会不会给我带来灾祸呢？”

塞翁家平添了一匹胡人骑的骏马，他的儿子喜不自禁，于是就天天骑马兜风，乐此不疲。终于有一天，儿子因得意而忘形，竟从飞驰的马背上掉了下来，摔伤了一条腿，造成了终身残疾。善良的邻居们闻讯赶紧前来慰问，而塞翁却还是那句老话：“谁知道它会不会带来好的结果呢？”

又过了一年，胡人大举入侵中原，边塞形势骤然吃紧，身强力壮的青年都被征去当了兵，十有八九都在战场上送了命。而塞翁的儿子因为是个跛腿，免服兵役，所以他们父子得以躲过这场生离死别的灾难。

这个故事在世代相传的过程中，渐渐地浓缩成了一句成语：“塞翁失马，焉知非福。”它说明人世间的好事与坏事都不是绝对的，在一定的条件下，坏事可以引出好的结果，好事也可能会引出坏的结果。

## （二）挫折对大学生心理的消极影响

挫折所引发的负面效应是相当严重的，具体来说有以下几个方面：

1. 降低大学生的学习与工作效率

学习与工作是一种积极的思维活动，学习效率除了受到个体的智力水平和知识水平的制约以外，还与学习者的情绪状态、自信心等因素密切相关。当大学生遭遇挫折后，

一方面自信心会降低，出现自卑无能的感觉；另一方面会长期处于焦虑不安的情绪状态，使原有的思维能力受到影响，从而极大降低学习效率。在现实生活中，有许多大学生在遇到失恋、考试失败、父母离婚等挫折后，学习成绩明显下降，这些就是挫折产生消极影响的表现。

2. 降低大学生的思维能力与生活适应能力

一些大学生受挫后，容易引起情绪波动和出现行为偏差。如果持续遭受挫折则可能导致神经系统的紊乱，这样不但会大大降低他们的思维创造能力，而且会使他们的生活适应能力大打折扣。

3. 损害大学生的身心健康

大学生受挫折后，身心会处于一种紧张、压抑和焦虑不安的状态。这种消极的心理能量如果长期得不到释放，就会损害大学生的身心健康，有时可能成为发病的诱因。

4. 促使大学生改变性格与出现行为偏差

当大学生遭到重大挫折或持续挫折而又无法做出相应的调整时，就会使某些行为反应形成相应的习惯模式或个性特征。例如，一位对爱情充满憧憬、热情开朗的女大学生，因恋爱屡次失败，于是导致她对男生持有过度的戒心，对爱情不再抱有热情和希望。这种消极态度的持续发展，使其个性产生了十分微妙的变化：她由外向热情变成了深沉世故。同时，由于受挫的大学生处在应激状态下，感情易冲动，自控能力较差，不能正确评价自己的行为及其后果，可能会做出违反社会规范的行为。如有些大学生受挫后，喜欢几个人一起酗酒闹事，或挑唆斗殴，甚至走上犯罪的道路。

**成长案例**

**永远延期的毕业**

4 月 16 日，中山大学文博专业学生蔡某因毕业延期、找工作受挫自杀。

同学们的回忆里，蔡某是班上的“学术帝”，因成绩优异而被免试保送读研。他不是性格忧郁的人，但在生命的最后几个月里，他完全变了，尤其是最后一周，他情绪低落到了极点，常常苦笑、发呆。

留在寝室书桌上的遗书里，蔡某吐露了做出这个决绝选择的最后心迹：“找不到工作，也无法按时毕业，无颜以对”。

4 月 9 日，蔡某给身在日本的导师写了一封题为“无从开口的延期申请”的长信，他写道：“自知延期答辩将是此生永难弥补的缺憾”，此外“于求职方面亦不如意，自我鄙薄之下渐生自暴自弃之念，兼之家中亲人稍欠安康，自此学生日益陷入逃避与谎言的泥潭之中，难以自拔”。

【分析】在毕业延期和找工作不如意的两大挫折之下，蔡某性格发生变化，情绪低落，甚至出现苦笑和发呆的行为反应，最终结束自己的生命。这个悲剧揭示出巨大的挫折对大学生会产生严重的负面影响，也反映出部分大学生的意志较为薄弱，容易自暴自弃，抗挫折能力仍需提高。

## 三、大学生应对挫折的方法

### （一）调节抱负水平，确立恰当的目标

抱负水平是指个体在从事活动前对自己所要达到的目标或成就的期望标准，是人们进行成就活动的动力，而能否成功则取决于抱负水平的高低是否符合个体的能力或条件。如果一个人的抱负水平很低，他固然容易达到目标，但是那种成就并不能给他带来真正满足，对于增强其自信心、提高其自尊心几乎没有什么作用，而且其身心潜能实际上处于被埋没的状态，没有机会充分发挥出来；反之，如果抱负水平过高，超过了自己的能力，他虽然会全力以赴，但是仍然力不从心，达不到自己希望的目标，这就会产生失败感，挫败自己的自信心和自尊心。抱负水平过低或过高都不利于增强个体的自信心和自尊心。例如，在考试时，甲生和乙生同样得了80分，甲生垂头丧气，认为自己遭到重大失败，因为他的目标是90分以上；而乙生欢天喜地，认为自己取得了成功，因为他的目标是60分。所以，个体要想在社会活动中既产生成就感又不至于受到挫折，就要客观地分析自己的优势和劣势，根据自己的实际情况，确立适合自己能力的、具有挑战性的目标。具体而言，大学生可以将目标设置在有把握实现，又要经过一定努力的范围内，这样才有助个体的健康成长。

### （二）正确看待挫折，改变不合理观念

挫折是一种心理体验，这种心理体验很大程度上是由受挫者自己的主观认识所致，主观认识不同，同样的挫折对不同人造成的打击和影响也不同。大学生常见的不合理观念的表现形式如下：

1. 此事不该发生

有些学生把生活中的不顺利、同学交往中的挫折与失败看成不应该发生的。他们认为，学校生活应该是愉快的、丰富的，人际关系应该是和谐的、互助的。一旦生活中出现诸如竞选干部、三好学生等落选，同学之间发生争执冲突，成绩滑坡，好友绝交等事件，就认为它们不应该发生，进而变得烦躁易怒、束手无策、痛苦不堪、失去信心。

2. 以偏概全

有些学生常常以一种片面的思维方式看待事物，简单地以个别事件来断言全部生活，一遇挫折便认为自己“无能”“没用”，否定自己。如同学中有人对自己不友好，就得出自己人缘不好或缺乏交往能力的结论；一次考试不如意，就认为自己彻底失败，不是读书的材料；一次失恋就认为自己对异性没有吸引力；被老师批评一次就认为老师不喜欢自己等。

3. 过分引申，无限夸大后果

有些学生遇到一些小小的挫折，便过于担心和悲观，把后果想象得非常可怕、糟糕透顶。但事实并非如此。夸大后果的结果使人越想越消沉，情绪越来越恶劣，最后难以

自拔。如一门考试不及格，就认为自己能力不行、学不下去、毕不了业、找不到工作、人生没前途等，这实际上是一种自己吓唬自己、自己给自己施加压力的做法。

只有改变不良的认知方式、纠正错误的观念，才能实事求是评价挫折带来的后果，从困难中看到希望。

**成长案例**

**理想和现实的差距**

小赵，大学一年级学生，外地口音，家境贫穷。不会说普通话，同学讥笑其方言。虽然很努力练习普通话，但是上课有时也听不懂有些老师的口音，导致他对两门功课失去兴趣。他感觉自己的表现和学习成绩离自己的梦想差得太远，也没有令自己满意的个性，太“老实”，不善于表达个人见解，不敢在同学面前展示自己的个性。虽然努力和同学们亲近但是仍然不能获得每个人的喜欢。感觉阅历等有限，不够精彩，认为就业会很困难，对未来缺乏目标感。对自己要求没放低过，很要强，但却对自己的表现很失望。相信会有突破，但不知从何入手，缺乏生活学习规划。感觉自己应该是出色的、引人注目的，学习成绩应该是优秀的，好东西应该都给自己。可现实中的自我各方面都不太令人满意，对自己、对现实非常失望。

【分析】小赵从过去的生活经历中对自我形成一种固定的印象，就是不可能被同学讥笑的，学习成绩应该是优秀的，每个同学都应该喜欢自己，对未来应该有明确的目标感。所以，如果当这一切与现实不相符合时，小赵的挫败感就会很强。因此，如何正确面对现实，不自欺欺人，对大学生来说非常关键。大学生面对挫折，应该学会在负面经验中找出一个正面意义，才不会以偏概全，过分夸大挫折的影响力。

### （三）进行合理归因，努力改善

美国心理学家韦纳对人们的失败归因进行了研究。他认为一般情况下，失败由客观因素（包括任务难度和机遇）和主观因素（人的能力与努力）造成。人们把失败归因于何种因素，对以后的活动、积极性有很大影响：把失败归因于主观因素，会使人感到内疚和无助，产生挫折感；把失败归因于客观因素，会产生气愤与敌意。如有的学生总是把自己学习的成败归因于外在因素；还有一些学生受挫后，把失败归因于自身的能力、技能和努力的程度过低，因而抱怨自己，过多地责备自己。这两种习惯性归因，皆不利于找出造成挫折的真实原因，无助于战胜挫折。

大学生受挫以后，应当多方面收集关于事件的信息，冷静、客观地分析自己失败的原因，找出造成挫折的真实原因，进行合理归因，避免归因的片面性；要学会实事求是地承担责任，克服过分承担或完全推诿责任的倾向，避免过多自责带来的挫折感。同时，要积极采取措施主动改变挫折情境因素，从而有效应对挫折。例如，在学习过程中发现最近学习效率不高，通过原因分析，在解决内在问题的同时，可以尝试改变学习地点、学习时间，或改变学习科目的顺序、学习结构等，从而避免学习效率不高给自己带来的压力和困扰。

### （四）合理使用挫折心理防御机制

心理防御机制是一种自发的心理调节机能，它具有两面性：一方面可以使人适应挫折，减轻精神痛苦，促进发展；另一方面也会使人逃避现实，降低对生活的适应能力，从而导致更大的挫折，甚至产生心理疾病。

1. 积极的心理防御机制

积极的心理防御机制可以帮助大学生缓解受挫后的心理压力，调整好心理和能力状态，赢得战胜挫折的时机。

①认同。认同又称“表同”，指一个人在遇挫而痛苦时，自觉地效仿他人获得成功的经验和方法，使自己的思想、信仰、目标和言行更适应环境的要求，从而在主观上增强自己获得成功的信念。例如，有些大学生把历史名人、科学家、自强不息的模范人物作为自己的认同对象，以他们为榜样来鼓励自己战胜挫折，身处逆境不消沉，树立“柳暗花明”的乐观信念；身处顺境不迷醉，保持“死于安乐”的忧患意识。

②升华。一个人遭遇挫折后，需要把自己原始的不符合社会要求的动机或需要转变为符合社会要求的动机或需要，或将低层次的行为引导到有建设性、有利于社会和自身发展的较高层次上来，执着追求高尚目标，使精神升华。例如，把嫉妒升华为奋发努力、积极进取的行为，把失恋升华为对事业和理想的追求。升华的功效既转移或实现了原有的情感，达到了心理平衡，同时又创造了积极的价值，利己利人。

③补偿。即“失之东隅，收之桑榆”。当由于主客观条件的限制或阻碍，个人目标无法实现时，设法以新的目标代替原有的目标，以现在的成功体验来补偿原有的失败痛苦。例如，一些大学生失恋后，把精力积极投入学业，刻苦学习，用好成绩来补偿情感的受挫。

④幽默。一个人在遇到挫折、困境或尴尬时，用幽默的方式来化解困境、维护自己的心理平衡，这不仅是一种聪明的做法，也是心理素质较高的表现。例如，一位大学生在迎新晚会主持时不慎跌倒，于是调侃：“你们的热情绊倒了我。”

2. 中性的心理防御机制

①合理化。合理化是一种援引合理的理由和事实来解释所遭受的挫折，以减轻或消除心理困扰的方式。它的表现形式可概括为“找借口”“酸葡萄效应”“甜柠檬效应”“阿 Q 精神”等。合理化有时可以帮助人达到一种对待挫折的平和心态，但如果经常使用，又会造成自我欺骗和自我麻痹，影响大学生实事求是地面对现实和进行积极的改变。

②压抑。压抑是有意识地不去想起或回忆挫折情境，抑制住不快的情绪反应。这样

可以避免挫折刚发生时的愤怒、生气等不良行为表现。但是如果过分压抑自己，则会在心中积累更多的不满情绪，一旦爆发将造成更严重的影响。例如，在宿舍中自己感觉受到了某个强势同学的情感伤害，既不与他本人沟通，也不向别人诉说。

3. 消极的心理防御机制

消极的心理防御机制通常不利于受挫者的心理健康，长期进行消极的心理防御会使人的心理退化，形成消极、退缩的心理特征。

①投射。是指把自己的不当行为、失误或内心存在的不良动机和思想观念、欲望转移到别人身上，说别人也是如此，以此来减轻自己的内疚和焦虑，逃避心理上的不安。如大学生中有的人自私，却说人人都自私，“人不为己，天诛地灭”等等。

②反向。这是一种“矫枉过正”的心理防御机制，是指为了防止自认为不好的动机外露，采取与动机方向相反的行为表现出来，以掩盖自己的本意，避免或减轻心理应激。例如，有些学生内心很自卑，却总是以自高自大、傲慢不羁的表现来掩盖自己的弱点。反向行为的掩饰性包含着压抑，长期运用会扭曲自我意识，使动机与行为脱节，造成心理失常。

③推诿。指当个体遭到挫折后，不是从自身的缺点、弱点方面加以分析，而是把责任推给他人、埋怨他人，以减轻自己的焦虑与不安，这是一种文过饰非的行为。

④逃避。指大学生受到挫折后，不敢面对自己所预感的挫折结果，而逃避到比较安全的环境中去的行为。逃避有三个表现：一是逃到另一种现实中，如学习不好就玩游戏，沉溺其中；二是逃向幻想世界；三是逃入疾病。

### （五）积极挖掘资源

面对挫折，大学生可以尽可能地调动一切资源帮助应对，包括内在资源和外在资源。内在资源主要是指个体本身的过往经验、信念、积极的个性特质或者应对方式等；外在资源一般指的是社会支持系统，即一个人遇到困难时所能得到的社会支持力量。内在资源对于支撑我们应对挫折是非常重要的，每一个人都有自己的内在资源，例如遇到挫折的时候可以问自己三个问题：以往有没有碰到过类似的挫折？碰到类似的挫折时我是如何应对的？以往的一些应对方法、策略可以用到现在的挫折情境吗？

除了内在的资源，我们还可以去寻找外在的资源，比如亲朋好友的支持与鼓励。大量研究结果表明，在同样的挫折情境下，那些受到来自家人或朋友等较多支持的人比很少获得类似支持的人的心理承受能力更高，身心也更健康。

大学生在遇到挫折时，不要把自己封闭起来，应尽快找好友或家人进行沟通，寻求他们的支持和帮助。当受挫后陷入极端恶劣的情绪中不能自拔，亲朋好友也无能为力时，大学生应该主动放弃偏见，学会寻求心理咨询的帮助，在专业咨询人员的指导下及时疏导负性情绪，维护身心健康。

# 心理训练营

## 活动一　心理自测

### 压力测试问卷

花 10 分钟填写下面的压力测试问卷。请根据题目中所描述情况发生的频率（总是、经常、有时、很少、没有）进行选择。不要在每一题上花太多时间考虑，根据你的感觉填写。该测试能够帮助你大致了解自己存在的压力，对你的压力管理有一个很好的引导。

| 序　号 | 题　目 | 发生频率选择 |
|---|---|---|
| 1 | 我受背痛之苦 | |
| 2 | 我的睡眠不足且睡不安稳 | |
| 3 | 我头痛 | |
| 4 | 我颚部疼痛 | |
| 5 | 若须等待，我会不安 | |
| 6 | 我的后颈感到疼痛 | |
| 7 | 我比多数人更神经紧张 | |
| 8 | 我很难入睡 | |
| 9 | 我的胃有毛病 | |
| 10 | 我的头感到紧或痛 | |
| 11 | 我对自己没有信心 | |
| 12 | 我对自己说话 | |
| 13 | 我忧虑财务问题 | |
| 14 | 与人见面时，我会窘迫 | |
| 15 | 我怕发生可怕的事情 | |
| 16 | 白天我觉得累 | |
| 17 | 下午我感到喉咙痛，但并非染上感冒 | |
| 18 | 心情不安，无法静坐 | |
| 19 | 感到非常口干 | |
| 20 | 有心脏病 | |

续上表

| 序　号 | 题　目 | 发生频率选择 |
|---|---|---|
| 21 | 觉得自己不是很有用 | |
| 22 | 吸烟 | |
| 23 | 我肚子不舒服 | |
| 24 | 我觉得不快乐 | |
| 25 | 我流汗 | |
| 26 | 我喝酒 | |
| 27 | 我很敏感 | |
| 28 | 我觉得自己像被四分五裂了似的 | |
| 29 | 我的眼睛又酸又累 | |
| 30 | 我的腿或脚抽筋 | |
| 31 | 我心跳加快 | |
| 32 | 我手脚冰凉 | |
| 33 | 我怕结识人 | |
| 34 | 我便秘 | |
| 35 | 我未经医生指示使用各种药物 | |
| 36 | 我发现自己很容易哭 | |
| 37 | 我消化不良 | |
| 38 | 我咬指甲 | |
| 39 | 我耳中有嗡嗡声 | |
| 40 | 我小便频繁 | |
| 41 | 我有胃溃疡的毛病 | |
| 42 | 我有皮肤方面的毛病 | |
| 43 | 我的咽喉很紧 | |
| 44 | 我有十二指肠溃疡的毛病 | |
| 45 | 我担心我的工作 | |
| 46 | 我口腔溃烂 | |
| 47 | 我为琐事忧虑 | |

续上表

| 序　号 | 题　目 | 发生频率选择 |
|---|---|---|
| 48 | 我呼吸浅促 | |
| 49 | 我觉得胸部紧迫 | |
| 50 | 我发现很难做决定 | |

评分标准：根据每项题目中所描述情况出现的频率，自我评分：“总是”得 4 分，“经常”得 3 分，“有时”得 2 分，“很少”得 1 分，“没有”得 0 分。

压力程度分析：

93 分以上：表明极度的压力正在伤害你的健康。你需要专业心理医生的帮助，减轻你对于压力的知觉，并帮助你改善生活的质量。

82～92 分：表明你正经历太多的压力，压力正在损害你的健康，并令你的人际关系发生问题。你的行为会伤害你自己，也可能会影响他人。因此，对你来说，你必须花许多时间做练习，学习控制压力，也可以寻求专家的帮助。

71～81 分：表明你的压力程度中等，可能刚开始对健康不利。你可以仔细反省自己对压力如何做出反应，并学习在压力出现时，控制自己的肌肉紧张，以消除生理激活反应。也可寻求心理咨询师的帮助。

60～70 分：表明你生活中的兴奋与压力是适中的。偶尔会有一段时间压力太大，但你有能力去承受，并能很快回到平静状态，因此对你的健康并不会造成威胁。做一些放松训练仍是有益的。

49～59 分：表明你能够控制你自己的压力反应，你是一个相当放松的人。对于遇到的各种压力源，你并没有将它们解释为威胁，所以你很容易与人相处，可以毫无畏惧地担任工作，也没有失去自信。

38～48 分：表明你很不容易受遭遇的压力事件影响，甚至是不当一回事，好像并没有发生过一样。压力对你的健康不会有什么负面的影响，但你的生活缺乏适度的兴奋，因此趣味也很有限。

27～37 分：表明你的生活可能是相当沉闷的，即使刺激或有趣的事情发生了，你也很少有反应。你必须参与更多的社会活动或娱乐活动，以增加你的压力激活反应。

16～26 分：如果你的分数只在这个范围内，也许意味着你在生活中所积累的压力经验不够，或者你并没有正确地分析自己。你最好更主动些，在工作、社交、娱乐等活动中多寻求刺激。

## 活动二　知识之窗

### 压力接种技术

心理学家梅辛鲍姆（Meichenbaum）把一种叫压力接种法（stress inoculation）的技术广泛应用于压力应对训练中。这种技术主要通过个人内心的积极应对陈述（copy statement）来战胜恐惧和焦虑。在训练中，首先要学会辨别和发现那些消极的自我陈述（negative self-statement），即那些自责自贬的，使个人焦虑加重的想法；然后，需要学会用事先写在一张单子上的应对陈述来替代消极陈述。应对陈述的目的是肯定自己和消除疑虑，用以排除和抵消压力情境中的自我否定和自我怀疑。

例如：在你准备登台演讲前，你可能很紧张，会对自己说“我心跳得厉害，我害怕了”“我讲不了”“我脑子里一片空白”“听众一定觉得我很傻，讲的没意思”之类的话。

这时，你需要马上使用下面的应对陈述来替代上面的消极陈述。你要想“我心跳加快说明我已经从生理上做了最好的准备”“在开始演讲之前，我来做几次深呼吸”“我将告诉听众的东西都是我想要告诉他们的事情”等。

在实际压力情境中常用的一些应对陈述句如下：

（1）现在放松一点，这种小事不可能真的伤害到我。

（2）不要慌，一步一步来。

（3）没有人是完美的，我尽力了。

（4）事情很快就会过去，保持镇静。

（5）明天我就会把事情解决了。

（6）我做这种事情不是第一次了。

梅辛鲍姆还告诉我们，只是学会对自己默诵这些积极的陈述句并不能提高一个人对压力的承受力，你必须在真正的压力情境中实际应用这种技术。个人可以总结一套适合自己的应对陈述句，即每一个陈述句都必须是对你自己有效的。

## 活动三 拓展训练

活动程序：

1. 在图 7–4 中的大小圈内写下最近生活中的各种压力（大球代表大压力；小球代表小压力）。

2. 小组分享与交流。

（1）你的压力来源有哪些？

（2）每个球给你的感觉是什么？

（3）压力很大时你身体的感觉如何？哪一部分不舒服？

（4）你如何处理这些压力？

图 7–4 压力圈

3. 全体分享与讨论。

# 第八章　珍惜友情不孤独

## ——大学生人际交往

获得朋友的唯一方法，是让自己成为别人的朋友。

——［美］爱默生

### 本章要点

1. 了解人际关系的概念、功能及建立过程。
2. 了解大学生人际关系的特点及影响因素。
3. 识别大学生常见的人际交往困扰及原因。
4. 掌握大学生人际交往的原则及技巧。

### 案例导入

#### 宿舍里的“游魂”

小 A 是某知名大学的一年级新生，来自农村；与他同宿舍的另外三人都来自大城市，有着相同的兴趣、爱好：喜欢打游戏、爱看 NBA 比赛、都是吉他爱好者。而这些对于小 A 来说几乎是一无所知，虽说四个人平时在宿舍里的关系还不错，但小 A 总觉得，自己和另外三个人之间有着一道无形的屏障，似乎他无论如何努力都无法融入另外三人组成的“联盟”之中。尤其是当三位室友晚上在宿舍里练吉他时，小 A 就觉得浑身不舒服。于是，小 A 选择了在图书馆和自习教室里度过自己的空余时间，或者宁愿在校园里游荡，直到快要熄灯才回宿舍。小 A 苦笑着说：“现在我在宿舍里‘树立’起了刻苦读书的‘高大形象’，其实我更想和他们一起在宿舍里聊聊天，可是我实在不知道怎么能融入他们的圈子……”

（资料来源：中国教育报 2007 年 1 月 2 日）

人的一生是在交往中度过的。正如马克思所指出的那样，人的本质不是单个人所固有的抽象物，在其现实性上，它是一切社会关系的总和。每个人从出生的第一天起，就被巨大而复杂的人际关系网所覆盖，成为社会关系网络上的一个纽结。在大多数情况下，与人交往和待人接物，是得到信息和机遇的重要渠道，甚至是决定事业成败的重要因素。当代大学生作为时代骄子，是祖国的未来、民族的希望，是社会人际关系中的一个重要组成部分，大学生人际交往和谐与否关系到其自身能否成人成才。

# 第一节　人际关系概述

## 一、人际关系的概念

社会学将人际关系定义为人们在生产或生活活动过程中所建立的一种社会关系。心理学将人际关系定义为人与人在交往中建立的直接的心理上的联系，常指人与人交往关系的总称，包括亲属关系、朋友关系、学友（同学）关系、师生关系、雇佣关系、战友关系、同事关系及上下级关系等。据统计，大学生每天除睡眠外，约有 70% 的时间用于人际交往。因此，如何处理好人际关系，对于大学生有着重要作用。

## 二、人际交往的功能

### （一）身心保健功能

人有合群的需要，不愿意被孤立、独处。医学心理学研究表明，孤独的人，会变得忧郁、变态，其寿命比乐观、开朗、爱交往的人短。人们通过彼此的互相交往，诉说各自的喜怒哀乐，有利于增进相互间的思想感情，产生一种亲密感甚至依恋之情，从中吸取力量。因此，人际交往对人的身心健康来说，是十分重要的。

### （二）激励功能

对于群体中的人来说，通过互相激励，能够给群体成员带来创造活力。人际关系之所以有互相激励功能，是因为存在以下激励因素。

1. 群体压力因素

现代心理学的从众心理效应原理表明，社会心理环境一经形成，就会产生一定的群体压力，对群体成员有制约和规范的作用。比如在一个集体内部，大家都认为不努力工作是不光彩的，那么，混日子的人就会感到有压力，就要设法改变自己；如果集体内部大多数人认为努力工作是傻子，消极怠工才是聪明人，那么努力工作的人也会感到有压力，就会逐步学会偷懒。由此可以看出，人的发展方向，在很大程度上取决于社会心理环境及其所形成的群体压力。因此，要提倡健康向上的心理环境，抑制消极的群体情绪。

2. 人际比较因素

在人的深层心理意识中，存在着一种时时想估价自己的驱动力，所以人们经常通过与他人的对比来评价自己。例如，一个偏僻乡村的能人，全村的人都很尊敬他，他自己也觉得自己很出色，但当他进入城市后，与城市的能人相比较，就会觉得自己太平凡、太一般了。再如高中的尖子生，进入大学后，觉得自己并不怎样优秀，因为他周围的同学都是中学的尖子生，大家在一个层次上，就显得平淡了。这种新的、高层次对照组的人际比较，会产生激励竞争的结果，使人向更高的层次发展。

3. 竞争因素

在竞争状态下，会造成一种生机勃勃、人人争先的局面，从而提高竞争群体的整体水平。在竞争过程中，人的潜能会得到更大的发挥。比如一个班级参加竞赛，由于班级荣誉和个人自尊心的驱使，会出现人人争先和团结协作的动人场面，这就是一种竞争激励因素。

4. 情感激励因素

情感就是对于外界的刺激所产生的肯定或否定的心理反应。由于人是合群的，富有同情心和正义感，喜欢与自己合得来的人交往，有时可以因此而改变自己的态度，与自己喜欢的人保持一致，这就是人的情感互相作用、互相影响的表现。在群体内部，一部分人产生积极向上的情感并不断作用于其他成员，使整个群体内部发出浓烈的积极情感，这就是情感激励。

### （三）信息获取功能

在社会生活中，信息的交流与沟通，是人们相互联系的重要形式。人们的生产、生活、工作、娱乐都离不开信息的交流。可以说，没有信息交流，就没有个人和社会的进步。当今时代是信息时代，信息对于每个人都十分重要，每个人都是一个信息源，既是信息的传播者，也是信息的接收者。孔子曰："独学而无友，则孤陋而寡闻。"大学生能通过微信、QQ、微博、直播平台等途径更直接、更迅速地获取更广泛的信息，而不是仅仅局限于课本知识。信息传递不只是一个简单的传递过程，在信息传递和交流过程中，会不断地形成新的信息、新的思想，正如英国戏剧家萧伯纳所说：如果你有一个苹果，我有一个苹果，彼此交换，每个人还是一个苹果；如果你有一个想法，我有一个想法，彼此交换，每个人就有两个甚至多于两个的想法。

### （四）完善自我意识功能

大学阶段是自我意识发展并趋向成熟的关键时期。大学生可以从与他人的关系中更好地认识自我，以他人为参照系，学习处世方法、对人对事的态度、情感表达方式等，取长补短，找出自己在群体中的合适位置，全面、正确地了解自我，避免陷入井底之蛙的境地，促使自己成为理性平和、自信自爱的大学生。

### （五）合力与互补功能

合力就是人的力量、能力的有机组合。人的力量、能力如果按照正确的方式组合起来，就会产生很大的力量，出现"1+1"大于"2"的效果。我们平常说的"团结就是力量""人心齐，泰山移"就是这个道理。

互补是指集体内部，人与人之间能够互相学习、取长补短。实际上互补是通过交往，在多方面的双向交流中产生能力上的跃进的行为。俗话说“红花虽好，也要绿叶扶助”，就是对人际关系互补的生动比喻。互补必须有互异，也就是说交往双方的一方较之另一方必须存在某种差异，这是产生互补的必要条件。这种差异又应该是双方需要且能对对方产生强烈的吸引力的，比如独立性与依赖性的人、脾气急躁与慢性子的人、领导欲强与领导欲弱的人就有吸引力和互补性。

**心理研究**

哈佛大学有一项持续了 75 年、对 724 名男性的追踪研究，得到的启发有三条。①高质量的社会联结（交往）对我们的身心均有益处，而孤独的体验是有害的。和不孤独的人相比，那些比自己的预期更孤单的人觉得自己更不幸福，他们到中年时健康状况退化得更快，他们的大脑功能衰退更早，而且他们的寿命更短。②真正重要的不是你朋友数量的多少，也不是你是否处于一段忠诚的关系中，而是你的亲密关系的质量如何，生活在冲突之中对我们的健康非常有害。③良好的关系不仅只是保护我们的身体，也能保护我们的大脑。研究者最终的结论是：好的人际关系可以使我们更快乐、更健康。

## 三、人际关系的建立与发展过程

如图 8-1 所示，人际关系的形成和发展经历了一个从互不认识、开始注意、表层接触到建立友谊、亲密融合等的发展过程。交往刚开始时，彼此并未意识到对方的存在，双方关系处于零接触状态。只有当一方开始注意到另一方，或双方相互注意时，交往关系才开始确立，交往活动才开始展开。此时，如果彼此的情感不断卷入和融合，共同的心理领域就会不断扩大，情感的融合程度越来越高，人际关系会逐渐从轻度卷入、中度卷入到深度卷入。在深度卷入的情况下，共同心理领域有可能大于相异的心理领域，但需要注意的是人与人之间都不可能在心理上完全取得一致。

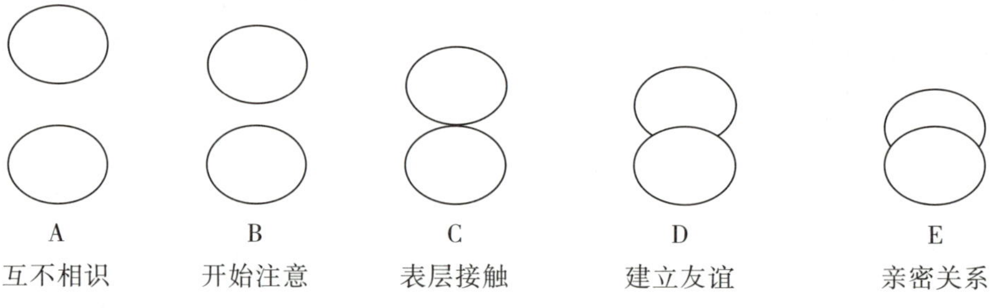


**图 8-1　人际关系发展示意图**

## 第二节　大学生人际交往的特点及影响因素

大学阶段是人生发展中的一个关键时期，如何正确处理人际关系，是每一位学生必修的课程。健康的人际交往有助于大学生获得丰富的信息、积累社会经验、明确自己的地位和责任，从而立足于社会，取得社会的认可，成为一个成熟、社会化的人。作为新时代的大学生，在人际交往中，应该从一个朴素的起点出发，找准适合自己的人生坐标，最终找到自己人际交往的“达·芬奇密码”。

### 一、大学生人际交往的特点

#### （一）交往愿望的强烈性

当代大学生独特的生活环境和思想氛围，决定了大学生的感情世界十分丰富。他们渴望与人交往，获得友谊、尊重和理解，希望能够找到一个同甘共苦、无话不说的知己，对人际交往有着强烈与迫切的要求。他们力图通过交往去开阔视野、丰富知识、学会处世以表现自己各方面的才能，获得情绪的稳定，保持足够的自尊心和自信心。大学生思想活跃、精力充沛、兴趣广泛，有充裕的时间去思考、交往，富于理想情感，讲究情投意合、融洽相处。

#### （二）交往内容的多样性

大学生人际交往频繁，交往的内容除了专业知识以外，还涉及文学、艺术、体育、政治、人生、理想、爱情和社会问题等各个方面。大学生交往频率提高，由偶尔的相聚、互访发展到较为经常的聊天、社团活动、聚会、体育活动、娱乐、结伴出游以及其他一些集体活动。交往方式、手段更多，由原来的互访、聚会聊天等转向使用一切现代化的通信设备、交往软件、交往场所等。

#### （三）交往范围的扩大性

市场经济的发展，使人际间的交往不再局限于亲缘群体之间，人际交往的范围随之扩大，大学生交往对象由以前的亲戚、邻居、成长伙伴转向大学同学和在社交场合认识的其他人，其中又以同学为主。大学生过着朝夕相处的集体生活，众多的交流机会、相似的人生经历、共同的学习任务，使得大学生的交往对象主要选择在同寝室、同班级、同乡同学之间，围绕学习、娱乐、思想、感情展开交流。他们较少受社会经验和传统思想的束缚，思想开放活跃，不断以新的眼光和标准去扩大交往范围，寻求更多更好的伙伴；交往不局限于同班同学，更多的大学生突破班级、年级范围，发展到不同级、不同系可认识的所有同学及外校、社会上的朋友，进入各式各样的交际环境。

### （四）人际交往知识和技能的匮乏性

人际交往是一门学问，和谐的人际关系需要科学的交往知识和技能。在书山题海中挣扎出来的大学生，缺少闲暇的时间和精力去学习人际交往的知识和技能，他们的人际交往知识和技能是原始的、经验性的，他们对人际交往的意义、人际交往的艺术和技巧、人际冲突和危机的应对策略知之甚少。在人际关系中，他们往往凭感觉、直觉，凭情绪、经验来处理自己所面临的各种人际问题，很难适应新环境下复杂的大学生活，很多情况下甚至会弄巧成拙，导致各种人际冲突的发生。

**成长案例**

**“爱干净”的我如何与“邋遢”的你们相处**

陈某，男，21岁，某高职院校二年级学生，因宿舍关系问题主动前往心理咨询室。他告诉心理老师：“我比较爱整洁，但是室友很邋遢，他们的垃圾可以一个月不倒。我已经尽量保持自己床位那边的基本卫生，但是有时候真的看不惯他们的脏。他们经常把垃圾放在阳台不拿去倒，我每次都和他们说，甚至差点吵架，但是他们都没有在意，都在玩手机，下次照样如此。对此，我很苦恼，不知道用什么方法解决。”

【分析】宿舍人际关系一直是困扰大学生的重要问题，由于个性、生活习惯等差异，宿舍中经常会有大大小小的矛盾。很多大学生由于缺乏人际交往的技巧，不能处理好宿舍人际关系而产生郁闷、孤单等情绪，甚至影响学习和生活，带来许多烦恼。

## 二、大学生人际交往的影响因素

大学生之间关系的密切程度是不同的，有些表现为融洽的吸引关系，有些则是点头之交，还有些会发生矛盾和冲突。人际关系的建立和保持受到许多因素的影响，主要有以下几个方面：

### （一）时空邻近性

俗话说：“远亲不如近邻。”时空距离的接近性是影响人际关系的重要因素。在日常生活中我们常常看到临近的人往往容易建立起良好的人际关系。同一寝室的同学容易成为好朋友，上课时经常坐在一起的同学容易建立友谊，左邻右舍常常成为至交。这背后的原因一方面是时空距离的接近方便人与人之间的频繁接触、相互熟悉。熟悉会增加人们对积极和中性对象的喜欢程度，熟悉是友谊产生的前提和基础之一。另一方面，人们能从居住接近的人身上以相对较少的代价获得社会性报酬，包括满足社交需要、信息获取需要、生活上的照顾等。

## （二）个人特征

1. 才能与专长

通常情况下，人们更喜欢有能力和聪明的人，聪明能干的人可以给人以智慧和帮助。但有研究发现，群体中最有能力的成员往往不是最受喜爱的人。如果某人的才能超出一定范围，过于精明能干，使别人可望不可即的时候，其才能会给其他人造成压力，使得大家倾向于逃避或拒绝与这个人交往。因此，有研究表明，相比看起来富有才华、完美无缺的人，一个很有才华而又有点小缺点或者偶尔犯小错误的人，反而使得一般人更喜欢、更愿意接近，其人际吸引力更高。

**心理实验**

**犯错误效应**

美国社会心理学家阿伦森做过这样的实验：他让所有的被试同时听一段录音，录音的内容是四位选手在竞争激烈的演讲会上的演讲。这四位选手中有两位才能出众，另两位才能平庸。根据事先的安排，才能出众和才能平庸的两组选手中各有一位不小心打翻了桌上的咖啡。听完录音后，要求所有的被试排列一下对四位选手的喜欢程度。实验结果显示：得分最高的并不是能力出众而且未犯错误的人，而是那位能力出众同时犯了错误的人，能力出众而且未犯错误的人反而排在第二位。阿伦森将这种小小的错误会使有才能的人的吸引力更增加一层的现象称为犯错误效应。

2. 外表吸引力

爱美之心，人皆有之。对大多数人而言，“美＝好”这个等式是成立的，一个人的长相、穿着、体态等均是影响其人际吸引力的重要因素，尤其是在人际交往的早期阶段。亚里士多德曾说过，美丽比一封介绍信更具有推荐力。社会心理学研究发现，在其他条件差不多的情况下，外表吸引力高的人要比外表吸引力低的人更加受欢迎。即便是婴儿，也更偏好有吸引力的面孔。

有吸引力的人被认为拥有与外貌毫不相干的优秀品质，如健康、智力等。在戴恩等人的研究中，大学生被试要看三个大学生的照片，第一个有外貌吸引力，第二个相貌一般，第三个无吸引力。随后，被试要在 27 种个性特征上对照片上的三个人做出评价，并要求他们估计这三个人未来是否幸福。实验结果表明，好的个性特征和幸福的预言都被安在外貌有吸引力的人身上。不过，“以貌取人，失之于人”，在人际交往中，把外貌作为判断他人的依据，得出的结论是不准确的。随着交往的深入，人们会把焦点逐渐转移到内在的心灵美，个人品质将成为更重要的决定因素。

3. 个性品质

个性品质是人际关系中比较稳定和持久的影响因素。马克思曾说过，人的生活离不开友谊，用热情去灌溉，用原则去培养，用谅解去护理。早在 1968 年，心理学家安德森在研究中将 555 个描述个性品质的形容词做成表格，让大学生被试按照喜欢程度从高到低排列，其结果如表 8–1 所示。其中，大学生最喜爱的个性品质排前十的是真诚、诚实、理解、忠诚、真实、可信、聪慧、可靠、有头脑、体贴。当代的一些研究也发现了类似的结果。一项对 3000 多名大学生开展的调查研究发现，“诚实、坦率、品德高尚、聪明有才华和富于创造精神”是大多数大学生择友的首要标准。其他受重视的品质还有尊重他人、兴趣广泛、助人为乐以及风趣幽默等。

**表 8–1　大学生对不同个性品质的喜欢程度**

| 高度喜欢的品质 | 中性品质 | 高度厌恶的品质 |
| --- | --- | --- |
| 真诚 | 固执 | 古怪 |
| 诚实 | 刻板 | 不友好 |
| 理解 | 大胆 | 敌意 |
| 忠诚 | 谨慎 | 饶舌 |
| 真实 | 追求完美 | 自私 |
| 可信 | 易激动 | 狭隘 |
| 聪慧 | 文静 | 粗鲁 |
| 可靠 | 好冲动 | 自负 |
| 有头脑 | 好斗 | 贪婪 |
| 体贴 | 腼腆 | 不真诚 |
| 热情 | 不明朗 | 不善良 |
| 善良 | 易动情 | 不可信 |
| 友好 | 羞怯 | 恶毒 |
| 快乐 | 天真 | 令人讨厌 |
| 不自私 | 好动 | 不真实 |
| 幽默 | 空想 | 不诚实 |
| 负责 | 追求物欲 | 冷酷 |
| 开朗 | 反叛 | 邪恶 |
| 信任别人 | 孤独 | 虚伪 |
|  | 依赖别人 | 说谎 |

### （三）相似性

俗话说，物以类聚，人以群分。人们倾向于喜欢与自己在思想、信念、价值观、兴趣爱好等方面相似或一致的人，相似性是建立良好人际关系的基础。美国心理学家纽科姆（Newcomb，1961）曾在密执安大学做过一个实验，实验对象是 17 名大学生，实验者为他们免费提供住宿 4 个月，交换条件是要求他们定期接受谈话和测验。在被试进入宿舍前先测定他们关于政治、经济、审美、社会福利等方面的态度和价值观以及他们的人格特征，然后将那些态度、价值观和人格特征相似和不相似的学生混合安排在几个房间里一起生活 4 个月。研究者会定期测试被试对一些事情的态度、看法以及他们对室友的喜欢程度。住宿初期，空间距离的邻近性是决定被试较多交往的重要因素。但到了后期，彼此间的态度、价值观和个性特征的相似性超过了空间距离，成为密切人际关系的基础。在研究的最后阶段，研究者让被试自由选择住同一个房间的室友，结果发现，相同意见和态度者均喜欢选择同住一个房间。心理学家的进一步研究还发现，只要对方和自己的态度相似，哪怕在其他方面有缺陷，同样也会对自己产生很大吸引力。相似性有助于人际交往，主要是因为相似使人有更多的共同参与社会活动的机会，接触机会越多，越容易熟悉和喜欢；相似性还可以使交往双方相互肯定、相互欣赏、惺惺相惜；相似性的因素使得双方更容易沟通意见，交流情感，产生心理共鸣。

**心理故事**

#### 俞伯牙和钟子期

俞伯牙是春秋时期人，从小很聪明，尤其在弹琴方面很有天赋，后来成为著名的琴师。他的琴声高妙，优美动听，但是能听懂其中韵味的人却没有。

有一年，伯牙坐船出去旅行。船走到一座小山下时，天下起了雨。于是，伯牙就把船停在山脚下，在船舱里弹起琴来。伯牙弹奏了一曲又一曲，正当他沉浸在优美的琴声中时，忽然看到江边有一个人，心里一惊，弹断了一根琴弦。伯牙仔细一看，江边的那个人披着蓑衣，拿着斧头，担着一担柴，是一个打柴的樵夫。那人见伯牙弹断了琴弦，就说："先生请不要害怕，我是一个樵夫，回家晚了。听到您弹奏的琴声优美，就忍不住站在这里听起来。"伯牙很奇怪一个樵夫居然会喜欢自己的弹奏，就问："你知道我弹的是什么吗？"樵夫笑着说："您刚才弹奏的是孔子赞叹弟子颜回的曲谱，只可惜，您弹到第四句的时候，琴弦断了。"樵夫说的一点不错，俞伯牙就请他到船上来，问他的姓名。樵夫叫钟子期。伯牙又为钟子期弹奏一曲，当他的琴声雄浑高昂，钟子期说："这琴声表达的是高山的雄伟高迈。"当伯牙的琴声清新流畅时，钟子期说："这琴声表达的是无尽的流水。"伯牙十分惊喜，因为这些正是他要表达的，以前从没有人能听出来，没想到在这野岭却被一个樵夫听了出来。俞伯牙为自己遇到了知音而高兴，请钟子期喝酒。两人越聊越高兴，都有一种相见恨晚的感觉。最后分别的时候，两人约定，在来年的同一时间，再在这里相会。

第二年，俞伯牙如期赴约。他在江边弹奏一曲又一曲，等着钟子期。然而，最终也没有等来子期。伯牙很奇怪，就向一位老人打听子期的下落。老人告诉伯牙：子期前不久得病去世了。去世前，子期让家人把他葬在江边，他还要听伯牙弹奏。听了老人的话，俞伯牙很悲痛，他找到了钟子期的坟墓。在墓前，伯牙悲伤地又一次弹奏了《高山流水》。奏完，伯牙将琴摔碎了，他说："我的知音去世了，今后这世上还有谁能真正听懂我弹奏呢？"

后来，俞伯牙直到去世，再也没有弹过琴。

"相识满天下，知音能几人。"伯牙子期的故事成为后世友谊和知己的典范。

### （四）互补性

互补性是指双方在交往时所产生的互相满足的心理状态。当交往双方的需要和满足途径正好为互补关系时，双方会产生强烈的吸引力。成语"刚柔相济"指的就是两个性情极端不同的人，却能和谐相处。互补性常在感情较深的朋友、夫妻间发生作用。对短期的恋爱关系来说，熟悉、外貌以及价值观念的相似，是形成人际吸引的主要因素；而对于长期恋爱关系来说，互补是发展密切关系的一个非常重要的因素。

# 第三节　常见的大学生人际交往困扰及原因

## 一、大学生人际交往的困扰

大学生在人际交往的过程中，常常因为社会、家庭、学校等客观因素，以及认知、情感、性格等主观因素而出现各种人际交往困扰，主要包括人际冲突、交往恐惧、缺少知心好友、交往功利色彩浓厚等。

### （一）人际冲突

人际冲突是指大学生的人际关系不符合大学生群体对其人际关系的基本认识，导致在大学生个体之间出现的人际关系不协调、不适应的现象。人际冲突是一种比较常见的人际交往问题。随着大学生自我意识的发展，他们把关注的重心转向自己，通常会从自身的角度考虑问题和处理人际关系，这就比较容易出现以自我为中心的倾向，通常表现为过分苛求别人、盲目坚持自己的意见、猜疑挑衅等。过分地要求别人服从自己、满足自己，违背了人际交往的互惠平等原则，自然会转化为人际冲突。与此同时，情绪调控力低也是人际冲突的诱因。有些大学生在面临不同意见和行为时，控制不住自己的情绪，出现相对过激的行为，从而导致不和谐的人际关系转变为人际冲突。

### （二）交往恐惧

交往恐惧是一种带有不安和恐惧色彩的情绪反应，是人际交往中比较严重的心理障碍。恐惧是一种正常的情绪，但是如果将这种恐惧心理带到日常的人际交往中，将自己与周围的人和社会隔离起来，就会产生比较严重的心理疾病。大学生的交往恐惧一般由以下两种原因导致：一是有些大学生在日常的人际交往中屡屡遭受挫折，对其心理形成了一种打击，在以后的交往过程中就难免形成一种焦虑、紧张、恐惧和不安的情绪；二是有些大学生看到别的同学在交往中受到挫折、陷入困境，就不自觉地想到自己也会面临这种被拒绝和嘲笑的尴尬局面，于是产生一种不安和恐惧的心理。这种心理的泛化，也会导致交往恐惧。

### （三）缺少知心好友

很多大学生通常可以和其他人进行一般的正常交往，但是交谈多限于公众话题和一般学习、生活话题等礼节性行为，很少涉及家庭和个人因素，缺乏深层次的理解与沟通；缺乏肝胆相照、同甘共苦的知心朋友。因为缺乏知己好友，所以大学生会有孤独、无奈、空虚、迷茫和失落感。

### （四）交往功利色彩浓厚

随着市场经济的发展，当代大学生交往目的的功利色彩逐渐浓厚。不少大学生在交往中会学习社会上一些“庸俗化”的交际观，认为交朋友就是互相利用。这些错误的人际交往观念，往往造成学生对人际交往的作用和功能的曲解。一些大学生沾染了社会不良习气，交往应酬中出现吃喝之风、攀比之风，还有的大学生把“有利于将来事业发展”作为社交的首要目的。

## 二、大学生人际交往困扰产生的原因

导致大学生产生人际交往困扰的主要因素有主观因素和客观因素两大方面。

### （一）主观因素

大学阶段，大学生个体在生理上已具备了成年人的体格及各种生理功能。但大学生对真正的社会生活缺乏直接而深刻的了解，社会实践活动表面而肤浅，心理尚未完全成熟，表现为价值取向摇摆不定、不能正确对待自己、自制力较差、感情冲动、情绪易变，忽而豪情万丈，忽而悲观丧气。这样极易产生自我中心、功利意识、认知能力不协调等倾向，最终导致人际关系紧张。

1. 情感因素

心理学家称大学生所处的青年期是“疾风暴雨”时期，他们感情丰富且缺乏稳定性，容易受周围人或环境因素的感染和影响。他们有时积极亢奋，做事容易冲动，常常凭个人一时的好恶改变对人的看法；有时又对人和社会过于敏感，容易产生自卑、嫉妒、猜疑、恐惧等不良心理。这种情感发展的阶段性特征，容易导致人际关系缺乏稳定性，从而造成人际交往困难或障碍。

（1）自卑心理

自卑是个人由于某些生理缺陷或心理缺陷及其他原因而产生的轻视自己，认为自己在某个方面或某几个方面不如他人的精神体验。自卑是导致交往障碍的重要原因。在大学生中，自卑心理产生的主要原因有：自身生理或心理缺陷，自我认识不足，家庭经济困难或社会地位差异，遭受挫折不恰当的归因等。这种不良的心理状态，往往使大学生在人际交往中缺乏自信心，独来独往，遇事谨小慎微，时常多疑猜忌，在社交场合中消极回避，逃避与他人的交往。

（2）嫉妒心理

嫉妒是与他人比较，发现自己在才能、名誉、地位或境遇等方面不如别人而产生的一种由羞愧、愤怒、怨恨等组成的复杂的情绪状态。这种不良的心理来源于两种错误的认识：一是别人的成功意味着自己的失败，二是别人的成功是对自己的威胁。嫉妒心理在大学生人际交往中的负面作用较大，有时会使大学生产生焦虑、敌意和憎恨的情绪，并会导致中伤、诋毁他人，打击别人进步的消极行为。这种心理不仅会阻碍正常的人际交往，而且会影响大学生的心理健康。

**成长案例**

**都是嫉妒惹的祸**

小A与小B是某艺术院校大三学生，同在一个宿舍生活。入学不久，两个人成了形影不离的好朋友。小A活泼开朗，小B性格内向，沉默寡言。小B逐渐觉得自己像一只丑小鸭，而小A却像一位美丽的公主，心里很不是滋味。她认为小A处处都比自己强，把风头占尽，时常以冷眼对小A。大学三年级，小A参加了学院组织的服装设计大赛，并得了一等奖，小B得知这一消息先是痛不欲生，而后妒火中烧，趁小A不在宿舍之机将小A的参赛作品撕成碎片，扔在小A的床上。小A发现后，不知道怎样对待小B，更想不通为什么她要遭受这样的对待。

【分析】小A与小B从形影不离到反目为仇的变化令人十分惋惜。引起这场悲剧的根源是嫉妒。嫉妒心理是一种损人损己的病态心理，严重影响自己的身心健康。大学生应该认清嫉妒的危害，克服自私心理，客观公正地评价别人，也要客观公正地评价自己，将心比心，努力提高自己，完善个性，树立正确的竞争意识。

（资料来源：吕梁学院心理健康教育与咨询中心）

（3）戒备心理

在人际交往中，戒备心理是一种不切实际的、固执的心理偏见。在大学生中，有些学生怀着“害人之心不可有，防人之心不可无”的心态，在处理人际关系时处处戒备，害怕欺骗上当。这种心态虽然降低了被骗的可能性，但这种对同学朋友的严重不信任，自然造成了交往中的问题。

**成长案例**

### 令人苦恼的人际关系

潇潇是某大学大二的一名女生，19岁。她最近为和一位朋友的关系所困扰，她越来越觉得朋友对她不感兴趣，更愿意和别的人在一起聊天。她也逐渐对朋友挑剔起来，觉得这个人人品差，有很多毛病，要不是因为自己脾气好，才不会跟她交朋友。

在心理咨询的大部分时间里，潇潇都在抱怨朋友对她的冷漠，她甚至怀疑朋友和她交往的动机不纯，只是想利用自己帮她办事。现在，她和朋友的关系有点半冷不热。潇潇说，她在和别人交往时也有过几次类似的情况：刚开始朋友和她关系很近，她经常帮助他们办事；但是，后来朋友和其他人好了以后就逐渐冷落了她。潇潇强调，她一旦意识到朋友要抛弃她时，她就会主动把朋友抛弃，因为她不能容忍被别人抛弃，认为那样是对她的否定。

潇潇的家庭生活并不和谐，父母总是吵架。她虽然尽力调解父母的关系，但每次都不成功，甚至有一次母亲还呵斥了她，这让她感到自己的渺小和不受重视，在她的心里打下了深深的烙印，从此她对任何不受重视的事情变得特别敏感，例如已经认识的人再见时如果不记得她的名字，她就会觉得不受重视，进而否定这个人。

潇潇对自己的人际关系状况非常苦恼，不知道如何与同学进一步发展并维持友谊，因而求助心理咨询。

【分析】潇潇同学在人际交往中表现出了典型的自卑心理，常常感到被忽视，敏感多疑，缺乏交往技巧。建议首先要树立正确的自我评价，学会接纳自我，自信自爱；其次，学习人际交往的技巧，发现他人的优势，减少猜忌怀疑的心理。

2. 认知因素

认知因素主要包括对自身的认知、对他人的认知和对交往本身的认知。大学生大都刚刚进入青年期，心理还不完全成熟，接触社会和社会阅历有限，尚未形成成熟的世界观、人生观和价值观。对自己进行认知时，常常过高或过低评价自己；对他人进行认知时，常常产生第一印象、刻板印象、定势效应等认知错觉。与此同时，大学生往往容易错误认识人际交往本身，用不合理的方式和行为处理人际关系，也会造成人际交往障碍。大学生在处理人际交往时产生的一系列的认知错误，是导致交往困难的重要因素。

3. 性格因素

性格主要体现了个人对自己、他人、事物和环境的态度，并表现在个人的行为举止中。社会心理学研究显示，在阻碍人际关系的人格因素中，性格特征是最有影响的。良好的性格特征会推动人际交往，不良的性格特征则会阻碍人际交往。不同的大学生在人际交往中都会融入不同的人格因素，因此会产生不同的效果。影响大学生人际交往的不良性格因素主要有以自我为中心、不尊重他人、孤僻、狂妄自大、多疑、固执、自私、偏见等。

### （二）客观因素

1. 社会环境因素

（1）多元价值观的影响

随着社会主义市场经济的发展和全球化的日益加深，人们的价值观念和思维方式都发生了巨大变化，开始向多元化方向发展。与此同时，西方文化的影响和意识形态的冲突也呈现在人们的思想意识中。受某些社会环境和风气的影响，有些大学生开始抱着功利性、效率性和现实性的观点去处理人际关系，片面地认为当代社会的人际交往就是请客吃饭、花钱办事，这在一定程度上对大学生的人际交往产生了负面影响。

（2）网络的影响

网络在给人们带来便利生活的同时，也挑战着传统的人际交往模式。尤其对大学生来说，他们还没来得及开始真正的人际交往，就被淹没在铺天盖地的网络之中。部分大学生沉迷于网络不能自拔，忘却了现实生活，往往他们的人际关系最为紧张。网络的影响主要表现为：一是有些大学生过度沉迷于网络，不分昼夜，影响同宿舍同学的生活，进而引起同学间的矛盾。二是上网成瘾使部分大学生对网络世界产生了情感依赖，大大减少了参加日常社交的机会和时间，从而疏远了现实的人际交往。研究发现，人们花在网络的时间越多，现实生活中的朋友就越少，同时越感到孤独和沮丧。三是网络交往的虚拟性也为虚拟的甚至是带有欺骗的人际关系提供了方便，容易产生信任危机。网上人际信任危机可能会影响大学生的现实人际交往，导致现实交往中对他人真诚性的怀疑和自身真诚性的缺乏，进而影响自己与他人良好人际关系的建立与发展。四是在网络交往过程中，交往主体经常面临网上网下截然不同的角色差异和角色冲突，很容易出现心理危机，以致产生双重人格。

2. 家庭环境因素

家庭是大学生成长的主要环境。家庭的一些潜在或显性的条件，如家庭的自然结构、家庭的人际关系以及家长的教育等对大学生的人际交往都有直接或间接的影响。由于升学竞争、就业困难等诸多社会现实原因，父母对子女最基本也是最重要的要求是学业成绩，他们常常忽视对子女全面素质的重视与培养，人际交往教育也往往被忽略。

3. 学校环境因素

学校是大学生学习和生活的重要场所，他们的大多数人际交往是在学校中进行的。虽然近年来，各大学普遍重视对大学生人际交往能力的培养，但措施和手段还过于单一，涉及人际交往的通识课程也大都流于形式。与此同时，大学内宿舍群体、社团群体及其他各种非正式群体普遍存在，大学生可能在学校群体中担任不同的角色，人际关系的复杂性和多变性也会给有些大学生的人际交往带来困扰。

# 第四节　大学生人际交往的原则及技巧

大学生想要提高人际交往能力，必须在现实生活中体会、把握人际交往中的各种原则和技巧。掌握一定的原则和技巧，可以让大学生的人际交往更加顺利，少走弯路，获得主动权。

## 一、大学生人际交往的原则

### （一）平等尊重原则

平等是交往中最重要的原则。平等，主要指交往双方态度和心理认知上的平等。我们每个人都有自己独立的人格、做人的尊严和法律上的权利与义务，人与人之间的关系是平等的。与人交往时要做到一视同仁，不能因为同学之间在出身、经历、长相方面的客观差异而对人“另眼相看”。在与他人进行交往时，要把双方放在平等的位置上，既不能觉得低人一等，也不能高高在上。只有平等待人，才能得到别人的平等对待。坚持平等原则，就要正确评价自己，不要光看到自己的优点而盛气凌人，也不要只见自身弱点而盲目自卑。在交往中要对自己有信心、对别人有诚心，平等交往，关系才可能持久。

尊重包括两个方面：自尊和尊重他人。自尊就是在各种场合都要尊重自己，维护自己的尊严。尊重他人就是要尊重他人的自尊心和感情，只有尊重别人才能得到别人的尊重。每个人都有自己的人格尊严，并期望在各种场合受到尊重。尊重能够引发人的信任、坦诚等情感，缩短交往的心理距离。一般来说，大学生的自尊心都较强，因此，大学生在人际交往中尤其要注意尊重的原则，不能损害他人的名誉和人格，而应积极承认或肯定他人的能力与成绩，否则，易导致人际关系的紧张和冲突。坚持尊重的原则，必须注意在态度上和人格上尊重同学、平等待人，讲究语言文明、礼貌待人，不开恶作剧式的玩笑，不乱给同学取绰号，尊重同学的生活习惯。

**成长案例**

**我想看看你的东西**

小王跟宿舍的人大吵了一架，原因是自己桌上的书被舍友翻了。小王找朋友诉苦：“我就是不喜欢别人碰我东西，不喜欢别人看到什么……”舍友们也很委屈：“只是想看看你平时看的东西，怎么就不行了呢？哪有那么小气的人啊！何况咱们的关系那么铁。”

【分析】“己所不欲勿施于人”，该案例中小王的室友没有尊重小王，随意翻开其书籍，导致争吵。在宿舍中，互相尊重是和谐相处的基础。

### （二）真诚信用原则

儒家认为，君子诚之为贵。真诚是人与人之间沟通的桥梁，只有以诚相待，交往双方才能建立信任感，并结成深厚的友谊。对人、对事实事求是，对不同的观点能用恰当的方式表达而不是口是心非，既不当面奉承人，也不在背后诽谤人，只有真诚待人、襟怀坦白，才能产生感情的共鸣，收获真正的友谊。

信用是成功的伙伴，是无形的资本，是中华民族古老的传统。信用原则要求大学生在人际交往中要说真话，言必行，行必果。答应做的事情不管有多难，也要努力去做。如果经再三努力而没有实现，则应诚恳说明原因，不能有“凑合”“对付”的思想。守信用者能交真朋友、好朋友，不守信用者只能交一时的朋友或终将被抛弃。

坚持真诚信用原则，要做到有约按时到，借物按时还，不乱猜疑，不轻易许诺、信口开河。

### （三）宽容理解原则

“人非圣贤，孰能无过。”与人交往时，不要总是看到别人的短处，应多想想他人的长处。这个世界上不存在一无是处的人，就像不存在完美无缺的人一样。学会原谅别人，能避免许多纠纷，路会越走越宽阔。古语“水至清则无鱼，人至察则无徒”，说的也是这个道理。容人者，人容之。宽容克制并不是软弱、怯懦的表现，相反，它是有度量的表现，“大度集群朋”，它是建立良好人际关系的润滑剂，能“化干戈为玉帛”，赢得更多的朋友。

### （四）互助互利原则

人际关系以能否满足交往双方的需要为基础，如果交往双方的心理需要都能获得满足，其关系才会继续发展。“爱出者爱返，福往者福来。”互助原则要求我们在他人遇到困难时伸出热情之手，像雪中送炭一样给他人以物质或精神的慰藉。助人乃快乐之本，互助是一种崇高的道德力量，是纯洁的友谊，绝不是“我今天帮助你，你明天必须报答我”的狭隘想法。互助要注重双向性、互利性，不能只索取不给予，但也不能只给予不索取。事实证明，交往中互利性越高，双方的关系越稳定和密切。

如果在人际交往中，尽量按上述原则行事，则会发现我们其实也是颇受人欢迎的人。这些原则也可以归结为人际交往的黄金法则和白金法则，黄金法则说的是“你希望别人怎样对你，你就怎样对别人”，白金法则说的是“别人希望你如何对待他，你就如何对待他”（在不违反道德底线和法律的情况下）。

## 二、大学生人际交往的技巧

**成长案例**

### 封闭自我的明明

明明(化名)是广东一所大学二年级的学生，来自内蒙古一个小城市，家境殷实，独生女。她的父母及亲人经常告诫她："不要向同学表露心声，凡事要有所保留。"她很听话地遵照他们的要求去做。升入大二以后，她感觉到莫名的孤独，没有知心朋友，看到同宿舍的舍友及同班同学仨一帮、俩一伙地亲热交流，她非常羡慕，但是自己却不能融入其中；最近，她对学生会工作（学术部副部长）的热情也大不如从前，由于听不懂粤语，也懒得跟部委们沟通工作，索性大部分工作由自己一个人来完成……

（资料来源：肇庆学院：罗京滨心理咨询手记）

【分析】独生子女的家长对子女的过分关注及保护使得子女在成长过程中没有学会如何妥当地与人交往，失去了人际交往的锻炼机会。在人际交往中，表达自我及理解别人是交往的基本能力。作为大学生，应该努力掌握人际交往的原则与技巧，有意识地培养自己的人际交往能力。

### （一）学会尊重人和关心人

获得尊重和关心是人的基本需要之一，当尊重的需要得到满足时，个人才会体验到生活的价值。美国哲学家约翰·杜威说，人类本质里最深远的驱策力就是"希望具有重要性"。因此，尊重他人，时时让他人感到重要，无疑是成功交往的重要法则。西南大学黄希庭教授等学者的调查发现，"尊重他人，关心他人，对人一视同仁，富于同情心"是大学生交往成功，成为"人缘型"人物（团体中最受欢迎的人）的首要个性品质。因此，大学生要与同学间进行成功的沟通和交往，就要注意尊重周围同学的个性和习惯，求同存异，不因彼此的个性差异而冷淡同学、挫伤同学。要善于关心他人，尝试去了解同学及其感兴趣的事，对他们的成就表示祝贺，对他们的不幸给予同情和安慰，这样，友谊才会应运而生。

### （二）主动加强交往，密切关系

前文提到，人与人之间空间距离上的接近，是促进人际吸引的重要因素，因为人与人之间空间位置上越接近，彼此交往的频率就越高，越有助于相互了解、沟通情感、密切关系。即使两个人的关系比较紧张，通过交往，也有可能逐步消除猜疑、误会。反之，即使两人关系很好，但如果长期不交往，彼此了解减少，其关系也可能逐渐淡薄。

大学生同住在一起，接触密切，这是建立友情的良好客观条件，应充分利用这一条件，与朋友保持适度的接触频率，才能使人际关系不至于淡化甚至消失。切忌“有事有人，无事无人”。

### （三）正确认识自己和他人

“寸有所长，尺有所短。”人既有长处，也有不足。如果只看到自己的长处和他人的不足，就会使自己骄傲起来，看不起他人，脱离同学，走向孤立。反之，如果过分夸大自己的缺点，则不敢接近他人。只有实事求是地认识自己和他人，才能有效地进行交往。

### （四）学会赞美他人

大学生在交往中尤其要多注意其他同学的优点，对别人的优点、长处和成绩进行诚意的赞美，并善于学习借鉴其他同学的长处。心理学家认为，赞扬能释放一个人身上的能量，调动人的积极性。在大学里，有一些学生由于家境、容貌、见识等原因而深藏一种自卑感，他们极需要得到认同和鼓励。一句由衷的赞赏很可能会使他们的生活充满阳光，甚至改变他们的命运。赞美应遵守两个原则：第一，赞美应真心真意、适时适度，这样能够增进彼此的吸引力，不能言不由衷地阿谀奉承；第二，赞美要实事求是，善于发掘闪光点，其内容应该是对方确实具有的优秀品质、特点以及具体的行为。赞美越具体，说明你对被赞美者越了解，也更容易让对方接受你的赞美，切忌夸大其词、不着边际和虚伪做作，否则，赞美会失去其作用。另外，不能人前一套，人后一套，当面说人好话，背后说人坏话，或传递其他人之间相互指责、诋毁的话，这样势必引发他人之间的矛盾。

另一方面，我们又不能隐瞒同学的缺点，作为朋友，应敢于提醒和给予建议，但要注意方式方法：一是要分析发生过失的背景，使当事人不感到委屈；二是态度要友好，间接地提醒别人的错误，不伤当事人的自尊心；三是从吸取教训的方面给予劝告，避免被批评者自我防卫。

### （五）学习交谈艺术，多和别人交流思想

交谈是交往的主要形式，在交往中，人们主要通过交谈传递信息、交流思想、表达情感。良好的交谈是导向成功交往的桥梁，而不善交谈也正是不善交往的重要标志。因此，要想有效地进行交往，把握交谈艺术十分必要。交谈艺术包括“听”和“说”两个方面。

一方面，要注意倾听，学会“听话”。繁体字“聽”蕴含了倾听的要素：耳、王、十目和一心。①耳朵竖起来，以对方为王，不要只顾自己说话，也不要随意打断别人的谈话。苏格拉底说：“自然赋予我们人类一张嘴，两只耳朵，也就是让我们多听少说。”②用温暖的眼神看着对方，不要东张西望或眼神躲闪。③一心一意地倾听。“锣鼓

听声，听话听心。”别人说话，可能比较含蓄、婉转，要了解弦外之音就必须仔细听。

另一方面，要善于说话，讲究说话的艺术。俗话说：“良言一句三冬暖，恶语伤人六月寒。”与同学交谈，不仅要会听，还得会说，会不时地给予适当的反馈和提问，会表达自己的意见。在表达自己的意见时，要注意以下几点。第一，说话态度要诚恳。与他人说话，态度一定要诚恳。油腔滑调，即使有好的意见，也不容易为他人所接受。第二，选用简明词汇，语调从容，通俗易懂。第三，谈吐谦逊，不过分显露自己的才学，不使对方产生畏惧感和戒备心理。第四，注意对方的反应。当发现对方对谈话内容失去兴趣时，要注意转换话题，谈论对方感兴趣的事情，并抓住恰当时机结束谈话。

**心理课堂**

### 三段式沟通

北京大学心理治疗中心的方新教授提倡智慧的沟通方式——“三段式沟通”。在解决人际冲突时运用三段式沟通，可以分成三步：“首先，说说对对方想法和情绪的理解；然后，说说自己在这过程中的想法和感受；最后，说说解决问题之道。”例如，宿舍中小 A 习惯早睡早起，因为迎新晚会的排练，小 B 有几天晚上都是比较晚才回宿舍，小 A 被吵醒了几次。一天早上小 A 终于忍无可忍地说：“你以后能不能早点回来？”小 B 可以这样说：“回来得比较晚，吵醒你了，你一定很生气，非常抱歉呀（对对方想法和情绪的理解）；我也有点无奈和着急，因为马上就要到迎新晚会了，我们的节目还没排练好，我真的也想早点回来，不想打扰到你（说自己的想法和感受）；要不，我下次尽可能洗完澡再出去，回来就尽可能安静，并快速躺下来睡觉，你看可以吗？（说解决之道）”

### （六）掌握非语言沟通的艺术

美国传播学家艾伯特梅拉比安曾提出一个公式：信息的全部表达 =7% 语调 +38% 声音 +55% 肢体语言。该公式中声音和肢体语言都是非语言交往的符号，这说明在人际交往中大部分信息是通过非语言沟通传递的。所谓“眉来眼去传情意，举手投足皆语言”，我们需要重视人际交往中的非语言沟通，包括目光、面部表情、身体动作、身体姿势、外表和服饰等。具体来说，饱满的精神状态、真诚的微笑、干净整洁的仪表和服饰、谦虚礼貌、适当的行为均会给他人良好的印象，增加吸引力，为自己赢得更好的人缘。

大学可以说是半个社会，是进入社会的奠基石。人际交往是大学生的“必修课”，大学生有必要多参加交往活动，以此来提高自己的人际交往能力，提高自身的综合素质。

# 心理训练营

## 活动一 心理自测

### 大学生人际关系综合诊断量表

以下是一份关于大学生人际关系困扰的诊断量表，一共有28个问题，请根据自己的实际情况，逐一对每个问题做“是”或“否”的回答。为了保证测验的准确性，请认真作答。

| 序　号 | 题　目 | 回　答 |
|---|---|---|
| 1 | 关于自己的烦恼有口难开 | |
| 2 | 和陌生人见面感觉不自然 | |
| 3 | 过分地羡慕和忌妒别人 | |
| 4 | 与异性交往太少 | |
| 5 | 对连续不断的会谈感到困难 | |
| 6 | 在社交场合，感到紧张 | |
| 7 | 时常伤害别人 | |
| 8 | 与异性来往感觉不自然 | |
| 9 | 与一大群朋友在一起，常感到孤寂或失落 | |
| 10 | 极易受窘 | |
| 11 | 与别人不能和睦相处 | |
| 12 | 不知道与异性交往如何适可而止 | |
| 13 | 当不熟悉的人对自己倾诉他（她）的生平遭遇以求同情时，常感到不自在 | |
| 14 | 担心别人对自己有什么坏印象 | |
| 15 | 总是尽力使别人赏识自己 | |
| 16 | 暗自思慕异性 | |
| 17 | 时常避免表达自己的感受 | |

续上表

| 序　号 | 题　目 | 回　答 |
|---|---|---|
| 18 | 对自己的仪表（容貌）缺乏信心 | |
| 19 | 讨厌某人或被某人所讨厌 | |
| 20 | 瞧不起异性 | |
| 21 | 不能专注地倾听 | |
| 22 | 自己的烦恼无人可申诉 | |
| 23 | 受别人排斥，感到冷漠 | |
| 24 | 被异性瞧不起 | |
| 25 | 不能广泛地听取各种意见和看法 | |
| 26 | 常因受伤害而暗自伤心 | |
| 27 | 常被别人谈论、愚弄 | |
| 28 | 与异性交往不知如何更好地相处 | |

计分标准：选择“是”的给1分，选择“否”的给0分。

结果解释：如果总分为0~8分，说明你在与朋友相处上的困扰较少。你善于交谈，性格比较开朗，主动，关心别人。你对周围的朋友都比较好，愿意和他们在一起，他们也都喜欢你，你们相处得不错。而且，你能从与朋友的相处中，得到许多乐趣。你的生活是比较充实而且丰富多彩的，你与异性朋友也相处得很好。如果总分为9~14分，说明你与朋友相处存在一定程度的困扰。你的人缘一般，换句话说，你和朋友的关系并不牢固，时好时坏，经常处在起伏之中。如果总分为15~28分，就表明你同朋友相处的困扰比较严重。分数超过20分，则表明你的人际关系困扰程度很严重，而且在心理上出现较为明显的障碍。你可能不善于交谈，也可能是一个性格孤僻的人，不开朗，或者有明显的自高自大、讨人嫌的行为。

（注：本资料来源于南京体育学院健康教育网，测验的结果仅供参考）

## 活动二　知识之窗

### 非暴力沟通

美国著名心理学家马歇尔·卢森写了一本书——《非暴力沟通》，他在书中指出在生活中人们的沟通方式往往是“暴力”的，也就是我们的语言常常让他人感到痛苦，有时我们还浑然不觉，例如“你怎么老是迟到”“你这个人就是很差劲”“为什么你这么懒”

等。为此他发现了一种沟通方式，使用它来谈话，能使人们情意相通，和谐相处，这种沟通方式被称为“非暴力沟通”。

非暴力沟通有四个要素。①观察。首先，留意发生的事情。我们此刻观察到什么？不管是否喜欢，只是说出人们所做的事情。要点是，清楚地表达观察结果，而不判断或评估。②感受。表达感受，例如受伤、害怕、喜悦、开心、气愤等等。③需要。说出哪些需要（或价值、愿望等），导致怎样的感受。④请求。为了改善生活，我的请求是什么？明确告知他人自己具体的请求，我们期待他采取何种行为来满足我们。例如，在宿舍中 A 同学不按时搞卫生，室友可以说：“我看到宿舍的地板上有很多垃圾（观察），我感到有些生气（感受），我很看重卫生（需要），请按时打扫卫生，可以吗？（请求）”

## 活动三 拓展训练

我的人际财富圈

活动程序：

1. 在白纸的中央画一个实心圆点代表自己。

2. 以这个实心圆点为中心，画三个半径不等的同心圆，代表三种人际财富或者人际圈（图 8–2）。同心圆内任意一点到中心的距离表示心理距离。将亲朋好友的名字写在图上，名字越靠近中心圆点，表示他与你的关系越亲密。

3. 写在最小同心圆内的属于你的“一级人际财富”。你们彼此相爱，你愿意让对方走进自己心灵的最深处，分享你内心的秘密、痛苦和快乐。这样的人际财富不多，却是你最大的心灵慰藉，也是你生命中最重要的成长力量。

4. 写在第二个大同心圆的是你的“二级人际财富”。你们彼此关心，时常聚在一起聊天玩耍，一起分享快乐，一起努力奋斗。虽然你们之间有些秘密是无法分享的，但这类朋友让你时常感到人生的温馨。

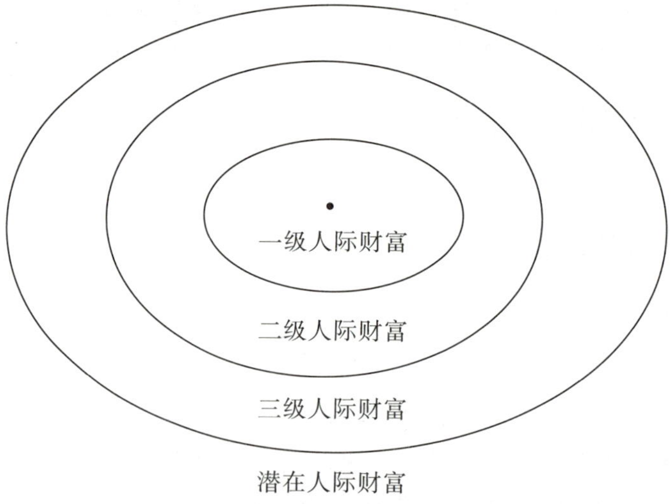


图 8–2 潜在人际财富

5. 写在最大一个同心圆内的属于你的“三级人际财富”。这些朋友，可以是平时见面打个招呼，但是需要帮助时也愿意尽力帮忙的朋友；可以是曾经比较亲密但渐行渐远，却仍然在你心中占有一席之地的朋友；也可以是平时难得见面，却不会忘记在逢年过节问候一声的朋友。

6. 同心圆外的空白处代表你的“潜在人际财富”。尽量搜索你的记忆系统，把那些虽然比较疏远但仍属于你的人际财富的朋友的名字写下来。

# 第九章　为爱导航

## ——大学生恋爱与性心理辅导

了解爱情的人往往会因为爱情的升华而坚强了他们向上的意志和进取的精神。

——［英］培根

### 本章要点·

1. 了解爱情的内涵、心理成分、特征及大学生健康爱情的特点。
2. 了解大学生常见的恋爱类型，掌握培养大学生恋爱能力的方法。
3. 了解大学生性心理的发展过程及表现。
4. 了解大学生性心理健康标准，掌握大学生性心理的调试方法。

### 案例导入

#### 什么是爱情

有一天，有人问一位智者："什么是爱情？"智者叫他到后花园里去摘一朵最美的玫瑰，其间只能摘一次，只准向前，不能回头。于是，此人便照着去做了。不久，他带回一朵美丽的玫瑰，智者问："这就是最美丽的那朵了吗？"。此人答："当我穿越这片花园的时候，我看到了这朵美丽玫瑰，我有些心动并决定选择它，后来我又看见了很多很美丽的玫瑰，但我依然坚持认为我的这朵最美。因为纵使世间有千万朵漂亮的玫瑰花，但是都不属于我，只有我亲手摘下的、捧在手里的这朵才是属于我的花，是独一无二的存在。"智者笑着说："这就是爱情！"

甜蜜浪漫的爱情是美好而令人向往的，大学生正值花样年华，渴望爱情的种子悄悄地在心里发芽生长并繁茂。健康的爱情能给大学生带来精神上的鼓舞、情感上的欢愉、生活上的充实和学习上的信心，让人学会珍惜、爱护、付出与奉献；而不健康的爱情则会给人带来情感上的打击、精神上的痛苦、生活上的空虚和学习上的焦虑，甚至是心灵的创伤。因此，当我们面对爱情的时候，除了要用一颗火热的心去温暖对方，更要用冷静的头脑去思考与经营，只有这样，我们才能在大学这个美丽的花园之中找到那朵属于自己的独一无二的、美丽动人的爱情之花。

# 第一节　爱情概述

## 一、爱情的内涵

心理学家认为，爱情是双方之间基于相对成熟的生理和心理条件以及一定的社会关系，发自内心的相互爱慕，并渴望对方成为自己终身伴侣的一种强烈的、纯真的、专一的感情。狭义的爱情特指男女之间相互爱慕的感情。

## 二、爱情的心理成分

美国心理学家斯腾伯格于 1986 年提出了著名的爱情三角理论。该理论认为爱情由亲密、激情和承诺三种成分组成。亲密指的是伴侣间心理上互相喜欢的感觉，包括对爱人的赞赏、照顾爱人的愿望、自我的展露和内心的沟通，能够给人带来一种温暖的体验，属于爱情的情感成分。激情是指强烈地渴望与伴侣结合，促使关系产生浪漫和外在吸引力的动机，也就是与性的唤醒和欲望有关的动机驱力，属于爱情的动机成分。而承诺则是指投身于爱和努力维护爱情的决心，包括短期和长期两个部分，短期的承诺是指个体决定去爱一个人，确定了自己心仪的对象，开始建立爱情关系；长期的承诺则是做出维护这一爱情关系的承诺，包括对爱情的忠诚与责任心，属于爱情的认知成分。根据亲密、激情和承诺三大要素组成了以下七种不同类型的爱情。

### （一）喜欢

当亲密程度高而激情和忠诚都非常低时，就是喜欢。双方在一起时感觉很舒心，彼此信任，相互关心，但是又觉得缺少激情，也不一定愿意厮守终生，没有激情和承诺，更像是友谊，显然，友谊并不是爱情，喜欢并不等于爱情。不过友谊还是有可能发展成爱情的，尽管有人因为恋爱不成，连友谊都丢了。

### （二）迷恋

缺乏亲密和承诺却有着强烈的激情即是迷恋。认为对方有强烈吸引力，除此之外，双方相处不深，了解不多，没有情感上的亲密和依恋，没有共度一生的承诺和约束，更多的是生理欲望的驱使和对对方身体的迷恋，常见于“单相思”等。

### （三）空爱

缺乏亲密和激情的承诺就是空洞之爱，这种承诺可能是为了达成某种目的或获得某种利益而不得不做出的，例如古时的包办婚姻、政治联姻等。现代社会提倡婚恋自由，少有包办婚姻，但“为了结婚而结婚”的现象亦不少见，例如“年龄大了，随便找个人嫁了算了”“不再相信爱情，嫁给谁都一样”等等，最终产生的便是空洞的爱。没有情感维持的忠诚就如同在战场上没有武器的士兵，责任感很容易被生活消磨殆尽。当然，这种先结婚后培养感情的状况也并不少见，在双方的共同细心经营之下，空洞的爱并非一成不变。

### （四）浪漫之爱

亲密与激情同在，狂热而又沉迷，甚至在短期之内不需要对方的承诺，因此彼此坚信对方就是自己的真爱，这种浪漫式的爱情通常发生在一段恋情的开始阶段。浪漫的开端固然令人羡慕，此时“情人眼里出西施”，双方看到的都是对方的迷人之处，不好的地方都被经意或者不经意地忽视掉了。然而时间久了，激情消退之后，那些不太好的特质就慢慢凸显出来，心口上的朱砂痣变成了墙上的一抹蚊子血，窗前的白月光变成了衣服上的一粒白米饭，这时，不满与争吵开始出现，矛盾与冲突开始增加。如果不能及时将激情化为承诺，将感情进一步升华，那么，轰轰烈烈的开始也只能换来凄凄惨惨的结尾。

### （五）伴侣之爱

伴侣式爱情是经过相濡以沫之后发展出来的亲密关系和彼此间的承诺，强调的是彼此信任、相互依赖以及对伴侣缺点和坏习惯的容忍，但缺乏激情。伴侣式爱情发展得比较缓慢，相对激情式爱情来说更加温和，温暖和柔情要多于激情。所谓平淡之中见真情，许多家庭研究者都一致认为伴侣式爱情为长久的关系提供了更坚实的基础。人们常说“爱情终究会变成亲情”，指的便是这种激情退却之后的伴侣之爱了。

### （六）愚昧之爱

这类爱情是仅仅建立在激情基础上的承诺，而没有情感上的信任和喜爱。这种爱情会发生在旋风般的求爱中，在压倒一切的激情基础上双方会闪电般地快速结婚，但彼此并不十分了解或喜欢对方。然而，没有亲密的激情顶多是生理上的冲动，没有亲密的承诺不过是空头支票，激情终将退却，没有亲密的恋爱关系又怎么会长久？这类爱情盲目又冲动，最终往往以离婚收场。

### （七）完美之爱

一位诗人曾经说过：“爱情的理想，就是渴望拥有理想的爱情。”此类爱情是以信任为基石，以性的吸引和欣赏为催化剂，以承诺为约束，既有对彼此的激情，又有相互陪伴下培植的亲密，还有对彼此许下的“白头偕老”的诺言，可谓就是“爱情的理想中的理想的爱情”。然而，此类爱情较为难得，通常只在爱情经历中维持一段时光，在爱情过程中，其他类型的爱情可以向完美式爱情转换，完美式爱情也可以转换为其他类型的爱。因此，也无须苦苦地去追求这所谓的“完美式爱情”。

## 三、爱情的特征

### （一）爱情具有自主性和互爱性

爱情是一种复杂、圣洁、崇高的感情活动，是由两颗心灵弹拨出来的和弦，彼此互相倾慕，情投意合。真正的爱情是不可强求的，只能以当事人双方的互爱为前提，当事人既是施爱者又是被爱者。单恋虽然也是一种强烈的情感，但它却不是互爱意义上的爱情，在一场恋爱当中如果一方始终高高在上，而另一方却卑微至极，一味地讨好对方以求获得对方的爱意，那也只是一场结局悲凉的独角戏。

### （二）爱情具有专一性和排他性

爱情是两颗心碰撞发出的共鸣，男女一旦相爱，就自然会要求相互忠贞，表现为对对方的专一和对第三者的排斥。专一性和排他性都是对于爱情的忠贞心理，只是表达的对象不同而已，专一性是相对爱情双方而言，排他性则是针对其他异性来讲。伟大的教育家陶行知曾经很形象地说："爱情之酒甜而苦，两人喝是甘露，三人喝是酸醋，随便喝要中毒。"

### （三）爱情具有持久性和阶段性

爱情，不是一朝一夕的逢场作戏，确定彼此相爱，就要做好长久恋爱的准备。爱情所包含的感情因素和责任因素，不仅存在于婚前的整个恋爱过程之中，而且延续到婚后的夫妻生活和家庭生活。爱情的持久性表现为爱情的不断深化、充实和提高，其是建立和保持婚姻关系的基础。正如莎士比亚所说："真正的爱，非环境所能改变；真正的爱，非时间所能磨灭；真正的爱，给我们带来欢乐和生命。"

真正的爱情不会随着年岁的增长而减弱，但人生的不同年龄阶段，爱情的表现会有所不同，具有阶段性，如初恋的羞涩、热恋的狂热和日趋平淡的温馨。正是因为爱情具有阶段性，而人生是不断成长的过程，所以如果一段感情不能及时跟随人生的成长而升华，那么分别就可能是最终的结局，例如婚后男方想要安稳平淡的生活，而女方却还在期待着恋爱初期的轰轰烈烈，如果这种差异不能及时做出调整，那么矛盾就会越来越多，如果处理得当，则会使双方的关系更上一层楼，达到一个新的爱情阶段。著名作家、思想家斯宾塞·约翰逊曾说："世间唯一不变的，就是变化本身。"在爱情中也一样，所以当变化来临时与其埋怨和抗拒，不如接受并改变，变化意味着爱情危机的来临，亦是爱情升华的机遇。

### （四）爱情具有社会性和道德性

爱情中蕴含着对对方强烈的义务感和责任心，恋爱过程中应该用符合道德要求的方式表达相互爱慕的情感，用理智驾驭自己的行为，恋爱双方都应该自尊自重，并尊重对方的人格、个性和爱情价值观念，以诚相待，忠贞不二。朝三暮四、水性杨花的行为是为世人所不齿的。虽然爱情是男女之间相互爱慕的私情，但具有丰富的社会内容，因此受社会道德和伦理的约束。

## 四、常见的大学生恋爱类型

### （一）慰藉型

处在青春期的大学生，正值“心理断乳”时期，他们渴求社会与他人的理解，常有一种莫名的惆怅和孤独。当周围的环境不能满足这种心理需要时，有的学生往往以恋爱的方式向异性伸出求助之手。在外人看来，他们在谈情说爱，其实只不过是在寻找心理慰藉，以排除内心的孤独。

### （二）友情型

有的恋爱双方原先是中学同学或同乡，本来就有感情基础，双方考上大学后，凭借天时地利发展恋爱关系。这种恋爱关系发展比较稳定，成功率也较高。但也有的同乡同学，虽然长期交往，感情上却缺乏共鸣，尽管一方有些美意，但最终难以发展为爱情。

### （三）浪漫型

这些学生往往缺乏冷静思考，情感比较丰富，对爱情的期待充满浪漫主义色彩，罗曼蒂克的爱情对他们有着强烈的吸引力。一旦认定某个异性与自己理想中的伴侣比较吻合，他们就会不顾一切地去追求，并甘愿为之牺牲一切，反而忽视了对对方内在品质的关注。这类学生把爱情理想化，认为爱情是人生的全部，感情比较脆弱，一旦遭受挫折便会非常痛苦，常易导致心理障碍。

### （四）志趣型

把感情融洽、志趣相投、事业成功作为爱情的基础，这类学生具备较为成熟的人格，有正确的恋爱观，能正确处理恋爱与学业的关系。恋爱双方有着较强的进取心和自控能力，有共同的理想抱负、价值观念，不仅仅把恋爱看作人生的快乐，也把事业的成功作为爱情持久的目标，而且能把幸福的爱情转化为学习和工作的动力。他们认为，恋爱不仅应该促使双方的进步，而且应该促使双方的成长。

### （五）功利型

这是一种非常势利的实用主义恋爱类型。有些学生恋爱首先看的是对方的物质条件，或学生干部的身份优势，或看中对方父母或亲戚的名利地位等。这类大学生往往基于利益关系而谈恋爱，在此之前已把对方算计得一清二楚，把爱情当作谋取功利的手段，没有真实的爱情可言。

### （六）情欲型

一些学生受青春期性本能的驱使或受有性爱描写的影视文学作品的影响，自我控制力较弱，追求性刺激，以满足性欲望为目的与异性同学交往、恋爱，有的甚至把恋爱当作娱乐，逢场作戏、玩弄异性。这些学生只注重异性的外表，追求感官上的愉悦，而忽视或无视爱情内涵中应有的伦理因素。无疑，这是一种不健康的恋爱类型。

## 五、大学生健康爱情的特征

### （一）恋爱双方人格独立，关系平等

在一段恋爱当中，独立的人格和平等的关系是十分重要的，在明确这个前提之后，我们才能够在关系中既不过分妥协，也不忽略对方；既不一味依赖，也不过度控制；相互尊重，彼此接纳。

**成长案例**

**遇到了熠熠闪光的你，而我却是一块垃圾？**

2019年10月，北京大学法学院大三学生小丽（化名）在北京市某宾馆服药自杀，送医救治期间被宣布“脑死亡”。生前，女生小丽与大一届学长牟某为恋人关系，相关聊天记录显示，两人恋爱期间，牟某对小丽使用大量侮辱性言语，要求小丽称自己为“主人”，甚至要求她在自己身上纹上侮辱性文字，并且录制纹身的整个过程；除此之外，牟某还要求小丽拍裸照、先怀孕再流产留下病历单、做绝育手术等方式来宣示忠诚。对于牟某的冒犯和虐待倾向，小丽刚开始曾给予警告乃至提出分手，但在牟某多次以自杀为威胁等的情况下，最终未能与牟某摆脱关系。在牟某的精神虐待之下，原本在朋友眼中坚强、乐观、自信的小丽对自我价值产生怀疑：“我想让你远离我这种垃圾，我是一个毫无价值的女孩”“遇到了熠熠闪光的你，而我却是一块垃圾”，并最终选择了自杀。

【分析】一段健康的关系应该包含双方的相对独立性和关系的平等性，这可以帮助我们在亲密关系中维持适度的自主意识，而不是在不经意间失去自我。当大家为小丽的遭遇感到愤怒惋惜时，不要忘了看看自己和他人是否也遇到了这样的境况：这一段关系让你不开心，你已经很努力了，但对方还是不满意，总是在打压和否定你，你感觉自己的自信心被完全摧毁，变得和以前完全不一样，自己在慢慢失去身边的其他人，活成了一座孤岛，岛上只有对方一人。如果是，你可能正在遭受对方的精神虐待。我们想要告诉遭遇亲密关系暴力的人们：“成为受虐者并不是你的错。你有权利选择离开这段充满创伤的关系，也一定能够找回自身本来具有的力量。”

### （二）健康的恋爱关系中包含着高度的信任、理解与欣赏

两个人从相识、相遇到相爱是一个漫长的过程，恋爱过程中需要两个人不断地磨合、调整，以找到合适彼此的最佳状态，在这个磨合的过程中相互间的信任与理解是非常重要的。在一段恋爱中，信任能给双方带来安全感，如果丧失了这种信任，一对情侣

就会陷入猜忌与怀疑之中，从而有损亲密关系特有的坦诚和相互依赖。

文坛伉俪杨绛和钱锺书先生的爱情故事让人羡慕，他们既是相濡以沫的俗世夫妻，又是心意相通的灵魂伴侣，他们都拥有倾世的才华，在精神和情感上都达到空前的默契，正如杨绛所说："男女结合最最重要的是感情和双方相互理解的程度，理解深才能互相欣赏、吸引、支持和鼓励，两情相悦。门当户对及其他，并不重要。""爱不是盲目的，是理解，理解愈深，感情愈好。相互理解，才有自觉的相互支持。"可见，一段良好的恋爱关系，是离不开相互间的理解与欣赏的。如果说信任是一段感情的基石，那么理解与欣赏便是保证爱情的大厦巍然屹立的铜墙铁壁，是促使感情发展升华的催化剂。

### （三）健康的爱情促使恋爱双方一起进步，共同成长

好的爱情让人更优秀，糟糕的恋爱关系只会让人深陷泥潭不能自拔。恋爱是我们成长过程中必定要经历的一个过程，良好的恋爱关系中总是欣赏多于诋毁，鼓励多于打击，理解多于埋怨，支持多于否定，让人充满前进的动力。健康的爱情，不是每天的花式表白，也不是 24 小时的贴身呵护，而是一起规划未来、共同奋斗、相互促进、共同成长，从而相互成就，彼此变得更为优秀。大学生的主要身份是学生，学习才是大学生涯的主旋律，恋爱中的双方不能沉迷爱情的风花雪月，忽视学业和自我发展，而是要抓紧机会化爱情的力量为学习的动力，用学业上的成功来使爱情得到巩固和升华。

## 成长案例

### 实验室里的爱情

浙江理工大学 2015 级材料化学与应用化学专业的叶柏镛和闫梦蝶是一对令人羡慕的学霸情侣，在本科四年间各自发表了 3 篇 SCI 学术论文，并组队获得 2017 年浙江省大学生化学竞赛一等奖，2019 年毕业时这对情侣双双获得浙江大学直博资格。

大一时，叶柏镛就被同学们称为“大神”，不仅专业成绩位列年级第一，还早早地进入老师的实验室做科研。而闫梦蝶则有些迷茫，成绩不太理想，想要提高成绩，也想规划自己的未来，但是却不知从何做起。大二时，和叶柏镛在一起后，两人学习、科研上的差距让她心里憋足了一股劲儿，不断向叶柏镛看齐。“我总要和他比一比，他考 95 分，我起码要考到 90 分以上才行”，闫梦蝶害羞地笑了笑，“总不能和他差距太大，那也太丢人了。”后来在叶柏镛的帮助下，闫梦蝶也进入了实验室。

他们会一起去图书馆复习，偶尔在考试结束后，依靠着彼此，在座位上静静地看电影。他们也常常相约在实验室里，一起做实验攻克难题。当然，他们也会和别的情侣一样周末去看看电影，女生会在男生生日时把蛋糕带到实验室制造小惊喜。节假日，男生会安排好旅游行程，和女友来一场“说走就走的旅行”。大学四年，他们带着“此时不搏更待何时”的信念认真学习，一直保持专业前三的

好成绩，多次获得国家级、省级和校级奖学金。“她很优秀，既聪明又努力。”叶柏镛说，“她就像我在学习、科研路上的战友。我觉得和她在一起后，专心在图书馆的时间更多了。”

（资料来源：https://www.sohu.com/a/305260286_482753）

【分析】科研之路也好，学习之路也罢，都是一段越往上走越艰难的路程。这一路上，他们是恋人，更是知己，在相恋的路上推动彼此成为更好的自己。大学里，爱情固然重要，但如果将太多时间和精力投入恋爱以致影响学业进步和个人发展，这是不可取的。没有事业的爱情是苍白的，没有未来的爱情也是浪费时光。爱情不是生活的全部，爱情和学业并不矛盾，处理得好，相得益彰，而处理不好，则可能既荒废了学业，也失去了爱情，所以大学生要合理处理好爱情与学业的关系。

### （四）健康的爱情经得起各种考验

每一段爱情都会面临考验，在一段良好的恋爱关系中，双方会勇敢地担当起爱的责任，共渡难关，维持爱情的持久性与专一性。首先，健康的爱情经得起金钱利益的考验，虽然不会像偶像剧里的爱情那样可以为了爱情不顾一切，但至少不会为了物质诱惑就随意抛弃对方，可以陪对方同甘，也可以陪对方共苦。其次，健康的爱情经得起距离的考验，在良好的恋爱关系里，适当的距离反而会使双方更加珍惜对方，不会因为承受不住孤独寂寞就随意放弃对方。再者，健康的爱情更经得起各种谣言的轰炸。不管别人怎么评价诋毁对方，总能坚定自己对对方的感情，也不会轻信别人的只言片语就质问对方，良好的恋爱关系里总是信任多于猜疑。

## 第二节 大学生恋爱能力的培养

爱情能力是指主动与人建立并维持爱情，使爱情得以持久而美好的能力，其核心是承担爱情的责任。只有具备了爱情的能力一个人才会真正地爱他人，也真正地爱自己，从而享受到爱情给人带来的幸福和满足。

### （一）自爱的能力

自爱是给予爱的前提，爱他人就首先要学会爱自己。自爱的能力源于自身的自尊自爱、自我接纳与自我认同，当内心的自我价值感与自尊、自爱的能力不断强大时，爱就会变成一种巨大的能量。因此，只有学会爱自己，懂得自尊、自重、自爱的人才可能给予别人爱，才可能真正地去爱别人。自爱不是自私，而是自我肯定与接纳、自我尊重与完善。每一个人都是独立的个体，只有首先自爱才能在爱情中保持自己的独立与完整，否则就会在爱情中迷失和丧失自我，更不可能收获真正的爱情。

### （二）迎接爱的能力

要想拥有甜蜜美好的爱情就必须具备迎接爱的能力，具体包括施爱的能力和接受爱的能力。大学生要具备迎接爱的能力，首先应该懂得爱是什么，有健康的恋爱价值观，知道自己喜欢什么，需要什么，适合什么。其次是敢于去爱，一个人只有具备敢于去爱的能力才可能去爱别人或接受别人给予的爱，也才可能在茫茫人海中收获到属于自己的那份真爱。一个人心中有了爱，在理智分析之后，要敢于并善于表达，对对方表达爱就应该用他 / 她愿意接受或能够接受的方式，而不是自以为是的方式，这是一种爱的能力。面对别人的爱慕，能及时准确地做出判断和鉴别，并果断地抉择，也是一种爱的能力，缺乏这种能力的人，只会让珍贵的爱情从身边溜走。

### （三）拒绝爱的能力

接受爱是一种能力，同样，拒绝爱也是一种能力。当自己不愿或无力接受的爱到来时要及时并大胆地加以拒绝。一是在并不希望得到的爱到来时，要果断、勇敢地回绝。因为爱情不允许丝毫的勉强和将就，如果犹豫不决或屈从于对方的穷追不舍，发展下去对彼此都是不利的。二是要运用恰当的拒绝方式。虽然每个人都有拒绝爱的权利，但是珍重他人的感情是对他人的尊重，也是自身道德修养的体现。冷酷无情、恶语相加，丝毫不顾对方感受，简单轻率地拒绝对方那份真挚的情感，使其感情和自尊心受到伤害，这些做法是不可取的。

### （四）呵护爱的能力

爱情不是放任自流的，爱情需要用心呵护。接受爱情容易，但去呵护一份长久的爱情却很艰难。所以，懂得并且善于呵护爱情是一种难得的能力。呵护爱情就要懂得经营爱情、发展爱情及解决爱情当中出现的问题。真爱是一种从内心发出的关心和照顾，呵护爱情就要懂得关心和照顾对方，给予对方所想要的爱而不是自以为是的爱。爱需要切实的行动，也需要相互沟通，言语交流是爱情当中非常重要的一步。爱还需要接纳、包容、体谅、理解，爱一个人就要学会去接纳他本来的样子，包容他非原则性的错误，体谅他的难处，理解他的无奈。爱情的本质在于责任，呵护爱情更在于自觉承担责任，只有当彼此愿意为对方负责时，两个人的关系才能更加稳固、更加持久。在爱情当中难免会出现种种矛盾和摩擦，这些问题解决不好难免会给彼此带来伤害和痛苦，甚至会导致彼此感情的破裂和恋爱关系的夭折。所以，呵护爱情就要学会应对和解决爱情当中出现的种种摩擦和冲突，这既是一种爱的能力，更是一种爱的艺术。

心理学堂

## 爱的五种语言

《爱的五种语言》是一本讲述如何在婚恋中良性沟通的书。婚恋中最好的状态就是懂得恰如其分地表达爱，设身处地了解伴侣，这样我们才能拿到幸福的金钥匙。这本书自 1992 年出版以来，销量已经突破 1000 万册，被译成 49 种文字在全球发行。该书作者盖瑞·普查曼告诉我们，当我们懂得不断学习有效地接受和表达爱意，就能让爱情持久保鲜，婚恋甜蜜幸福。

第一种爱语是肯定的言词。肯定的言词，是指鼓励、仁慈、谦虚的话语。当我们听到肯定的言词时，内心就会受到鼓舞，愿意去做一些我们伴侣喜欢的事。如果你察觉到你的伴侣所需要的主要爱语是“肯定的言词”时，最好的方式就是真诚地赞赏他、鼓励他。在使用肯定语言的时候，切记不能强硬地要求对方做事，态度要温柔谦和。

第二种爱语是精心的时刻。所谓精心时刻，就是两人一起做喜欢做的事情，并让对方感觉到“你关心他”。比如情侣可以一起做饭、旅游，一起尝试一种新的生活方式等，前提条件是你和对方是发自内心想去尝试才行。如果你的伴侣主要的爱语是精心时刻中的“精心对话”，那你就要学会倾听，站在他的角度思考问题。

第三种爱语是指有意义的礼物。礼物是爱意和关心的象征，如果对方认真为你准备了合心意的小礼物，或是在日常相处中有一些关心的表示，那么你就能感受到自己是被对方珍视和了解的。如果你的伴侣所需要的爱语是接受礼物，你可以在生活中做一个有心人，每次听到伴侣说自己喜欢什么礼物或者可以通过观察伴侣收到礼物后的反应判断他喜欢的礼物类型，并随手记录下来。有时伴侣最期待的礼物就是你，譬如某些特殊的纪念日或有特别意义的时刻，这时你不妨陪伴在她旁边。

第四种爱语是服务的行动。当另一半需要你做某件事情时，你要表现出积极并且乐意为他（她）付出的状态，我们需要学会通过为对方服务来表达爱意，例如为他（她）做饭、倒垃圾、洗碗等，或者在对方感觉很疲惫时为对方身体按摩等等。

第五种爱语是身体的接触。日常生活中小小的肢体接触如拍肩膀、牵手、拥抱……都体现着爱意。相应地，缺乏肢体接触，或是身体方面哪怕轻微的暴力，也会伤害对方的感情。

#### （五）正确对待失恋

1. 失恋不失智，正确认识失恋

失恋是爱情的正常结果之一，恋爱的失败意味着这段关系当中存在一些无法调和的矛盾，强行继续下去也不会收获快乐，分开也许是对双方更好的结果。

2. 心怀感恩，迈向新生活

虽然这段感情无疾而终，但我们曾经真挚而热烈地相爱过，这段感情让我们体验到了爱与被爱的感觉，也赠予了我们很多快乐的时光和记忆，并且这些快乐的记忆可以永远保留在我们的脑海中。现在，这段感情结束了，让我们感激对方陪伴我们度过了许多美好幸福的时光，并慷慨地赠予了我们宝贵的恋爱经验，这对我们再次恋爱具有指导作用，我们可以带着这些收获，勇敢地迈向新生活。

3. 找出原因，完善自我

恋爱不成功，也许是恋爱经验的缺乏、表达爱意方式的不对、沟通处理问题的不及时等所致。因此，在恋爱失败时，我们要学会反思，分析恋爱失败的原因，吸取经验，为下一段爱情的来临做好准备。

## 第三节　大学生性心理的发展及调试

### 一、大学生性心理的表现

由于性生理的成熟和发展，青年阶段的性心理活动内容丰富，并通过各种外显行为表现出来。

#### （一）对性知识感兴趣

出于对性知识的好奇，不少大学生开始秘密或公开地探求性知识，他们常常借助于影视、网站、图书、伙伴交流等方式，力图对性知识有明确系统的了解，以满足心理上的需求。

#### （二）对异性的爱慕和追求

哪个少年不钟情，哪个少女不怀春。男女大学生彼此爱慕与追求是青年性心理的正常表现，大学生虽然处在学习阶段，但他们也经常在一起谈论理想的异性，憧憬着自己的美好爱情。当理想中的对象出现时，会产生喜欢与爱慕之情，并找机会亲近对方，获取对方的好感，向对方明示或暗示自己的心意。

### （三）性幻想

在某种特定因素诱导下，部分大学生会在脑海中自编自导自演与异性交往内容的有关联想。性幻想可导致生理上的性兴奋、性器官充血，也可偶尔出现性高潮。性幻想是性冲动的发泄形式之一，属于正常的生理与心理现象。

### （四）性欲望和性冲动

由于青春期性激素的生物动因以及与性有关的外界刺激、想象、记忆等心理动因，在遇到有吸引力的异性时，会想到对方的裸体表象、性感部位及体验到自身性冲动等；或在读到与性有关的文章时，会产生对性的臆想、对自身生理性反应的感受，联想到对自己有吸引力的异性等。但绝大部分大学生都可以自觉控制自己的欲望。

### （五）性梦

“性梦”是进入青春期以后在睡眠中出现与性内容有关的梦境。性梦中可以伴有男性遗精、女性性兴奋等，均属健康者正常的生理、心理反应。

### （六）性自慰行为

性自慰行为又称手淫，是指性欲冲动时，用手或其他物品摩擦、抚弄生殖器以引起性快感获得性满足的行为。未婚青年通过手淫来满足性冲动在青春期是比较常见的现象，适当的自慰有利于减轻强烈的性冲动所带来的情绪骚动。一些青年受不良资讯的误导而对自慰有错误的认识，背上沉重的思想包袱或焦虑不安、自卑自责，这是完全没有必要的，事实上只有那些过度频繁的或不卫生的自慰才是有害无益的。

### （七）性行为

大学生的婚前性行为一般有三个特点。一是突发性。往往在无心理准备的情况下突然发生。二是自愿而又非理智性。青年学生大多在自愿而又不理智的情况下发生性行为。三是反复性。一旦防线冲破，便可能反复发生。随着社会的发展，性观念逐渐开放，婚前性行为也被越来越多的大学生所接受，青年大学生正处于性行为活跃期，大学生婚前性行为发生率呈不断上升趋势。

尽管社会对大学生婚前性行为的态度越来越开放，但仍然受到传统道德观念的影响，尤其是女大学生，容易在分手之后产生后悔愧疚等心理。其次，大学生性知识储备不完善，自我保护意识不足，安全措施不全面，容易发生高危性行为（不戴安全套的性行为、多性伴行为、与陌生人发生性行为等），增加意外怀孕和感染艾滋病等性病风险。最后，大学生生理虽已成年，但在经济上、心理上还是学生状态，承担不起性行为相应的责任，如意外怀孕等。爱是克制，是保护，大学生在面对婚前性行为时要理智谨慎地做出决定和选择，不能冲动行事。

**成长案例**

**冲动的后果**

一名高职二年级女生A与本班一男生建立起恋爱关系，交往几个月后，在一个周末的晚上，两人未采取避孕措施便发生了性关系。过后，A并没有在意，在学校组织全体学生体检时，A被查出怀孕，这时的她内心十分恐慌，面对事实不知所措，既怨恨自己又埋怨男友，整日神情恍惚，总觉得同学都在盯着她，感觉没有脸见人。最后因过分忧虑导致头痛，严重失眠，无法学习，情绪低落，焦躁不安，有种精神濒临崩溃和要发疯的感觉，内心极度痛苦。

【分析】在大学中，婚前性行为时有发生。从青年身心健康方面来考虑，婚前性行为是不宜提倡的，双方应该严肃对待这个问题，但是一旦这种情况已经发生，也要正确对待。像A这样，只顾埋怨自己和对方，是不可取的，因为这是在自愿而又冲动的情况下发生的，这时应该先和男友一起调整心态，解决问题，共同努力，面向未来，使爱情更加巩固和发展。如果自身因此而引起的负面情绪已经影响到自己的学习和生活，且自身无法进行有效调节，就应该勇敢地走进心理咨询室，在咨询师的帮助下，调节自己的情绪，把精力放到正常的学习和生活中去。

## 二、大学生性心理健康的标准

世界卫生组织对性心理健康所下的定义：通过丰富和完善人格、人际交往和爱情方式，达到性行为在肉体、感情、理智和社会诸方面的圆满和协调。从心理活动本身的特点出发，性心理健康应达到以下标准。

### （一）性心理行为符合客观环境和社会文化背景

由于心理现象是对客观现实的反映，所以任何正常的性心理和性行为，在形式和内容上都必须与客观环境一致。青春期的性冲动是在外界的性刺激作用下产生的，这是正常现象，但如果没有性刺激物的作用却整日沉沦于性冲动之中，这种性心理是不健康的。另外，个体的性认知基本符合所处的社会文化背景，性活动具有个体自愿和隐私化的特点，个体能够根据社会环境与所处情境调节自己的性心理状态。

### （二）性别认同正常，性指向正常

首先，个体能够悦纳自己的生物性别，并具有与生物性别相一致的性别意识和性别角色行为，有相应的言语举止和服饰模式，没有性别认同烦恼，不怨恨排斥自身的性别。如性别认同障碍患者排斥自身性别，并因自身性别而感到持久的不舒服，强烈地希望成为异性，经常寻求各种方法试图改变自己的身体和性症，求而不得，容易产生抑郁情绪和自杀念头，结婚后多数会产生婚姻问题。

其次，个体能够与异性自然友好地交往，和谐相处，不存在歧视或偏见。如2018

年下半年到 2020 年 3 月期间韩国的 N 号房事件中的嫌犯将被威胁的女性（包括未成年人，最小受害人才 11 岁）作为性奴役的对象，所有进入房间观看视频的会员必须发布侮辱女性的言语或上传自己周围女性的视频与资料，这背后反映的是“物化女性、厌恶和仇视女性”的思想，这种违法犯罪行为和疯狂罪恶的思想引起民众的极大愤慨，事件的曝光也在全世界引起轩然大波。此外，个体的性指向应当是年龄相适应的对象，不与物品或动物发生性爱关系。

### （三）正常的性欲和性反应，成熟的性道德和负责任的性行为

伴随着性器官和生理的成熟，大学生应有与年龄变化相一致的性欲和性反应，并能理智地进行调节和控制，性行为模式符合主流文化的要求。性道德发展成熟的个体能够正确认识和处理自己的性行为可能带来的后果，承担性行为相应的责任，从而自觉约束规范自己的行为。在相爱自愿的前提下，在缔结婚姻的原则下发生性行为，不欺骗、不强迫，尊重对方的情感，忠诚专一，主动在性活动中做好安全保护措施，而不是凭一时冲动行事。

## 三、大学生性心理调适

### （一）接受性教育，学习性知识，倡导文明的性道德

性教育是生命过程中很重要的课题，大学生应该正视性教育，主动接受性教育；学习并掌握科学的性知识，了解青春期性生理发育和性心理发展规律，有与年龄和文化程度相吻合的性知识水平和性行为方式；性观念、性行为应符合社会道德和社会规范；充分认识性冲动的自然性与合理性，对生理特征的变化采取比较达观的态度，冷静对待；遵循爱情专一性原则、性爱表达含蓄而文明的原则、缔结婚姻的原则。男女间的爱情达到一定程度，渴望用语言、行为，尤其是身体的接触来表达自己的情感，但这里面的表达有高雅与粗俗、含蓄与放荡、野蛮与文明之别，我们大学生应注意理智驾驭自己的性本能和性冲动，注意性爱活动中的性道德。

### （二）健康交往，积极参与社会实践活动，使生命能量得到积极合理的宣泄

（1）积极扩大人际交往

在人际交往中可以获得爱情和友情，而且还会产生心理上的安全感，从而舒缓由性兴奋而引发的性心理紧张。缺乏人际交往的人，会感到孤独、寂寞，精神生活单调枯燥，因而容易独自一人想入非非，也就很容易产生性幻想。

（2）保持和异性的正常交往

通过与异性的正常交往，可以缓解在异性面前的局促不安，消除对异性的神秘感，这样可以避免在独自一人的情况下受性兴奋的影响而胡思乱想，控制性心理的紧张程度。两性的交往应是越自然越好，青少年的性心理发展应该建立在对异性正常的认知与兴趣上。

（3）积极参加文体活动和社会实践活动

通过参加这些活动，提升自我精神境界，使自己的生命能量得到积极合理的宣泄。

# 心理训练营

## 活动一 心理自测

### 恋爱观测试

恋爱观就是对恋爱问题的看法，健康的恋爱观是爱情幸福的源泉。请回答下列问题，来认识一下自己的恋爱观是否正确。

| 题目及选项 | 你的答案 |
|---|---|
| 1. 你对爱情的幻想是：<br>（1）具有令人神往的浪漫色彩　（2）能满足自己的情欲<br>（3）使人振奋向上　（4）没想过 | |
| 2. 你希望恋爱如何开始：<br>（1）在工作或学习中逐渐产生　（2）从小青梅竹马<br>（3）一见钟情，卿我难分　（4）随便 | |
| 3. 你对未来妻子的主要要求是：<br>（1）善于理家　（2）其他人都称赞她的美貌<br>（3）顺从你的意见　（4）能在多方面帮助你 | |
| 4. 你对未来丈夫的要求是：<br>（1）有钱，有地位　（2）为人正直，有上进心<br>（3）不嗜烟酒，体贴自己　（4）英俊、有风度 | |
| 5. 你认为巩固爱情的最好途径是：<br>（1）满足对方的物质要求　（2）用甜言蜜语讨好对方<br>（3）对对方言听计从　（4）努力使自己变得更完美 | |
| 6. 在下列爱情格言中，你最喜欢：<br>（1）生命诚可贵，爱情价更高　（2）爱情的意义在于互相提高<br>（3）有福共享，有难同当　（4）为了爱，我什么都愿意做 | |
| 7. 希望恋人和你在兴趣爱好上：<br>（1）完全一致　（2）虽不一致，但能互相联系<br>（3）服从自己的兴趣　（4）没想过 | |
| 8. 对恋爱中的意外曲折怎样看：<br>（1）最好不要出现　（2）自认倒霉<br>（3）想办法分手　（4）把它作为对爱情的考验 | |

续上表

| 题目及选项 | 你的答案 |
|---|---|
| 9. 发现恋人的缺点时，你是：<br>（1）无所谓　（2）嫌弃对方<br>（3）内心十分痛苦　（4）帮助对方改进 | |
| 10. 你对家庭的向往是：<br>（1）能同爱人天天在一起　（2）人生有个归宿<br>（3）能享受天伦之乐　（4）激励对生活的追求 | |
| 11. 除了自己的恋人，你有一位异性朋友，你是：<br>（1）征得恋人同意才继续交往　（2）让恋人知道，但不许恋人干涉<br>（3）不告诉恋人，认为这是自己的权利　（4）因恋人态度而决定是否告知 | |
| 12. 看到一位比自己恋人更好的异性，你是：<br>（1）讨好对方　（2）保持友谊，必要时再向恋人加以说明<br>（3）十分冷淡　（4）听之任之 | |
| 13. 当你迟迟找不到理想的恋人时，你是：<br>（1）反省自己的择偶标准是否实际　（2）一如既往<br>（3）心灰意冷，对婚姻感到绝望　（4）随便找一个算了 | |
| 14. 当你的恋人不爱你时，你是：<br>（1）愉快地同对方分手　（2）毁坏对方的名誉<br>（3）千方百计缠住对方　（4）不知所措 | |
| 15. 恋人做出对不起你的事时，你是：<br>（1）采取报复措施　（2）到处诉说对方的不是<br>（3）只当自己瞎了眼　（4）从中吸取教训 | |
| 16. 你认为理想的婚礼是：<br>（1）能留下美好而有意义的回忆　（2）有排场，为他人所羡慕<br>（3）亲朋满座，热闹非凡　（4）双方父母满意 | |

计分说明：

将各题分数相加，得总分。

结果分析：

43～48分：恋爱观非常成熟、正确，值得坚持。你是一个成熟的青年，你懂得爱是什么和为什么爱，这是你进入情场的最佳入场券。不要怕挫折和失败，它们是考验你的纸老虎，终将在你的高尚和热忱面前逃遁。尽管大胆地走向你梦中的恋人吧，你的婚姻注定美满幸福。

37～42分：恋爱观尚可。你向往真挚而美好的爱情，然而屡屡失败，一时难以如愿。你不妨多观察成功的朋友，将恋爱作为圣洁无比的追求，不断校正爱情的航线，这样你与幸福就相隔不远了。

25～36分：恋爱观不够正确，需要注意改进。你的恋爱观存在不少问题，甚至有不健康之处。它们使你辛勤播撒的爱情种子难以萌芽，更难以结出甜蜜的果实。

0～24分：恋爱观尚未确立，正处于游移不定之中。你或许年龄还小，不谙世事；或许虽已年纪不小，却天真幼稚。爱情对于你来说是个迷惘未知的世界，你需防范圈套或打击。建议你多读一些关于两性关系的书籍，或增加你的阅历，待变成熟后，再踏入爱情之河流也不迟。

## 活动二 知识之窗

### 亲密关系中提出负面反馈的技巧

1. 指正行为，不要指正“人”

用正面、肯定的方式来提出负面意见，不要贬低你的伴侣。要意识到，你感到不满意的只是对方的一些行为，但这些行为不能代表这个人的本质。他 / 她的本质远比这些行为要丰富、立体。

2. 做出评价时，向对方解释你是如何得出这个结论的

我们总是容易认为，其他人思考和推论的方式和自己是一样的。其实，当我们气急败坏地说“我觉得你根本不关心我”的时候，对方可能一头雾水，完全不明白你是什么意思。你需要更具体、更详细地告诉对方，你是根据哪些标准评估了他 / 她，哪些事情在你做出评价的过程中发挥了作用。你可以说，“你在 ×× 时间 ×× 地点的 ×× 行为让我觉得你不关心我，因为我觉得关心我的做法应该是 ×××× 的。”

3. 在表达意见的同时，让对方知道你明白他 / 她的处境

如果你的伴侣最近正处在特殊的阶段，比如生病或工作繁忙，在表达你的不满之前，首先要告诉对方“你明白他 / 她目前的处境”，这能让对方知道你对他 / 她的评估是基于理解和共情了他 / 她的感受之后做出的，而不是只关注你自己的需要。

4. 你的评判标准应该一以贯之

持之以恒并不等于絮絮叨叨，而是你需要保证稳定的规则和评判标准，比如不能这次批评一件事情，下一次却觉得这件事情很好玩。

5. 双向交流，允许另一半进行回应和补充

一次亲密关系的检查应该是一场对话，而不是一次讲座，你们的交流应该是双向的。在这样开放的对话中，很多误解才能够被解开。相反，单方面的、讲座式的评估则会加重关系中的负面情绪。

6. 在表达时要明确你到底希望他 / 她做出哪些改变

如果亲密关系检查的过程中，你们发现在关系中存在一些问题，那么你们需要随即讨论能够改善这些问题的方法，而不是听之任之或者不做具体计划。

此外，记得每次指正1～2个问题。一次性提出过多的问题会让人丧失改善的希望和动力——而且，你并不需要一次性把所有的问题都解决。

（资料来源：https：//mp.weixin.qq.com/s/OKiAdCQ7Xbu1fS7IGYfrbA）

## 活动三　拓展训练

### 国王与天使

游戏程序：

小组成员将自己的姓名以及小愿望（写下一个自己近期的小愿望，越具体越好，不要太贪心，也不要太不切实际，否则你的天使没有办法帮到你）写在纸上，并将其折叠好，交给主持人装入小纸盒。每位成员在小纸盒中随意抽取一张纸条（若抽到自己的名字，要重新抽取），被抽到的纸条上写着的名字就是自己选择的国王，自己则是守护他/她的天使（保密，不要告诉任何人）。当纸条全部抽完之后，每个人都有了需要自己去守护的国王，同时，自己也是另外一个天使的国王，被默默地守护着。

在接下来的一周里，天使要牢记自己的国王的名字，秘密地守护、关心并帮助自己的国王，悄悄地帮助国王实现他的愿望，而且不能被国王发现自己就是他的天使。天使还需要在游戏结束前给自己的国王写一封赞美信交给主持人，由主持人送给每一位国王。

一周之后主持人再次召集小组成员见面，国王展示自己收到的信，分享自己这一周被天使守护的感受；天使拿出自己抽中的纸条，公布自己的身份，向自己的国王表达祝福，并找到自己的天使表示感谢。

# 第十章　绿色网络　阳光心理

## ——大学生网络行为的自我管理

中国的未来只有两种人，一种是通过互联网赚钱，另一种是通过互联网消费！

——马云

### 本章要点

1. 了解网络对大学生产生的影响。
2. 了解大学生可能出现的网络偏差行为。
3. 掌握培养健康网络心理的方法。

### 案例导入

**写在脸上的笑，流在心里的泪**

四年前，王姿和吴迪（化名）这两位求学于一所边远落后地区的普通中学的同学，共同面对没有教学名师精心指导、没有优秀学子竞争与合作的现实，沿袭传统仪式，以结拜兄弟的方式成立了“绝地反击拼搏小组”。他们清晨披星起床，跑步、早读；深夜戴月晚归，学习、讨论。在外人看来一天都坚持不下来的艰难求学，他们分明感受到了挑战命运的无穷乐趣，因为他们是在追寻梦想。他们的座右铭是：“男人就要对自己狠一点。”

付出总有回报，只等时机到来。王姿一举打破了这所学校建校十六年以来没有人考入重点大学的魔咒，被复旦大学录取。一幅名为“最美的笑”的全国新闻摄影获奖作品，就是当地一位记者捕捉到的王姿收到录取通知书的精彩时刻，那确实是“王子”般自信、幸福、灿烂的笑脸。人们常说命运之神有时是睁眼的，有时是闭眼的，吴迪就没有得到幸运之神的眷顾——平时与王姿不相上下的吴迪，高考成绩仅仅比本科线高出两分。他在收到当地一所普通本科院校的录取通知书时，自我解嘲地说：“只好去名牌大学读研究生了。”王姿、吴迪两人心态大不相同地相约：大学毕业时两兄弟重回母校相聚。

青春时光如白驹过隙，四年的大学时光真的是“来不及等待，来不及沉醉”，“年轻的心迎着太阳，一同把那希望去追”。吴迪考取中国科学院新闻传媒研究中心“硕博连读”研究生。导师在近乎“刁难”式的面试之后，向表现不俗的吴迪动情“表白”：

“我的研究生一向只招两种人，一种是已经在新闻界冲杀出来的精英，有功底；一种是著名学府科班出身的才子，有潜力。你什么都不是！然而，你的表现让我不能不向你打开求知之门。我想不明白的是：你凭借什么在环境那么糟糕的地方，风顺水足地疯长？”吴迪平静地回答：“网络连接世界，天边就在眼前。”

吴迪返回家乡的第一个“寻梦地”就是与王姿相约大学毕业时兄弟重聚的母校。然而，吴迪不免心生感慨：王姿注定不会履约。因为一年前他已经在一片荒漠的非洲大陆以劳务输出人员的身份从事艰苦程度可谓挑战生命极限（酷暑、干燥、劳累、危险）的建筑工作。你现在一定会怀疑是不是搞错了？没有错，王姿被学校勒令退学，原因是痴迷网络，学业“全线飘红”——不是骄人的成绩，而是挂科的红灯。

四年之前，幸运之神垂青王姿，冷落吴迪，四年之后却出现情势如此造化弄人的逆转。对吴迪而言，网络是一个可爱的天使，带着自己的钟情人跨越天险壁垒，攀登上非凡的人生巅峰；对王姿来说，网络是一个丑陋的魔鬼，蛊惑一颗迷茫的心放纵堕落，从此人生没有岁月可回头。真可谓“成也网络，败也网络”。这不免令人困惑：网络科技，究竟是天使还是魔鬼？

“科技改变生活”，在21世纪，最具影响力的见证是“网络科技”在世界范围内的全面普及和深刻影响。过去说“秀才不出门，遍知天下事”，确实有点言过其实之嫌；今天讲“世界不再遥远，尽在一点之间”，却毫不夸张。借助网络的力量，大学生可以突破时间与空间的限制，随时随地获取知识、了解时事、交流情感、查询信息、休闲娱乐、在线学习等。然而有调查显示，不少大学生在网络上表现出了偏差行为，甚至无意或有意地触犯了法律的红线。那么，大学生要如何管理自我的网络行为，扬长避短，从而更好地为学习、工作与生活娱乐提供服务呢？本章将带领大家走入网络心理世界，教大家认识网络这把“双刃剑”的优势以及可能存在的潜在危险，了解科学上网的要求，规范自我网络行为，尽情享受网络世界的盛宴。

## 第一节 互联网对大学生的影响

### 一、中国大学生互联网使用现状

第44次《中国互联网络发展状况统计报告》显示，截至2019年6月，我国网民规模达8.54亿，其中手机网民规模达8.47亿，互联网普及率达61.2%；20～29岁年龄段的网民占比最高，达24.6%；在我国网民群体中，学生最多，占比为26.0%，其中受过大学专科、大学本科及以上教育的网民占比分别为10.5%和9.7%。可见，大学生群体已经成为网民中的主力军。

根据《2018中国大学生日常生活及网络习惯调研报告》（以下简称《报告》）的统计

数据，至少有86%的大学生在进入大学以前就开始使用手机上网，且绝大部分大学生都深度体验过BBS、微博、微信、网络直播、网络短视频等应用，可以认为，作为中国互联网的数字原住民，中国大学生的新媒体使用与中国新媒体的发展几乎具有同步性，在中国新技术、新平台、新应用的发展过程中，中国大学生在新媒体使用过程中同时具备创新体验者、扩散引领者和主力应用者这三重身份，并以场景、兴趣、动机为导向串联起所有的新媒体应用平台。例如，短视频成为大学生减压耗时式休闲娱乐的重要方式，微博热搜榜成为大学生第一时间关注社会热点话题的最佳入口，微信成为大学生获取学校服务，跟家长、老师、同学进行互动时最富效率的选择。

该《报告》显示，大学生群体常用App中，渗透率最高的第一梯队为QQ（96%）、微信（95%）、微博（87%）；第二梯队则只有抖音（58%）；第三梯队包含百度贴吧（40%）、知乎（37%）、快手（30%）、超级课程表（29%）；第四梯队分别是陌陌（11%）、课程格子（11%）、豆瓣（11%）、西瓜视频（8%）、映客（6%）、一直播（6%）等各类应用软件。各类减压耗时型的浏览、满足好奇心的搜索、全陌生环境下的交际体验、基于熟人关系的在线互动、以情绪宣泄和公共事务接入为方式的表达等都成为大学生新媒体使用的主要形态。其中贯穿大学生媒介使用行为的主线是休闲娱乐、新奇刺激和被动浏览。《报告》调查发现，尽管网上学习、分享知识也是大学生使用新媒体的主要动机，但休闲娱乐却是首要目的。数据统计显示，当代大学生的新媒体使用以休闲和娱乐为主，这主要体现在追剧听音乐（61%）、关注新闻娱乐八卦（56%）、玩网络游戏（59%）、刷抖音小视频（30%）等层面。

## 二、互联网对大学生的影响

网络作为一个多元化的现代新型技术，在给大学生学习和生活带来便利的同时，也会给其带来一些消极、负面的影响。

### （一）互联网对大学生的积极影响

1. 互联网有利于大学生开阔视野，丰富了大学生的精神文化生活

首先，互联网可以将不同的信息和文化进行汇集，能够使大学生全面了解来自世界各地的新闻动态、文化艺术、人文景观等，能够让大学生接触到多样的思想和多元的文化观念，有利于大学生开阔视野，以更广阔的思维去看待问题，这在帮助大学生提高自我，了解他人和了解社会方面发挥着重要作用。其次，大学校园里娱乐设施较少、娱乐生活比较单调，无法满足活泼好动的大学生的娱乐生活需求。大学生可以通过新媒体技术，在网络上玩惊险刺激的网络游戏、单机游戏，体验心跳、紧张、眩晕等微妙的心理变化；还可以通过欣赏各种美妙的音乐，观看国内外优秀的电视剧、电影、综艺、动漫以及阅读网络小说等方式填补空闲时间，满足精神需求。

2. 互联网改变了大学生的学习方式，可随时随地进行学习

伴随着信息技术在工作和生活中的广泛运用，教育正走进实时、全时的学习时代。网上教育、网上学习（E-learning）和移动教育（M-learning）正在各国快速推广应用，

将真正地实现在任何时间、任何地点进行学习的梦想。首先，中国大学 MOOC、网易公开课、学习强国、中青校园等网站或 App 为大学生提供了丰富的在线课程，大学生无论身处何地——学校、家里、教室或宿舍，无论何时——白天、黑夜、课内、课余、工作时或闲暇时，都可以方便快捷地获得自己需要的知识。其次，超星学习通、蓝墨云班课、对分易等 App 的开发，通过一个小小的学习邀请码就可直接获取学习资料，实现师生课堂互动、及时答疑等功能也极大改变了传统的面授教学模式。同时，移动互联网为学生提供了丰富的数字图书馆、专业题库等专业学习网站，大学生可以利用这些网站和数字资源库深入和全面地加深专业知识、扩大知识容量、提高专业水平。

3. 互联网为大学生的生活提供了便利

移动互联网具有传统媒体无法比拟的便捷性和优越性，它正在快速地改变这个世界，改变我们的生活。首先，我们的衣食住行离不开网络，网络购物、移动支付、旅行预订、网上订餐、网络订票、网约车、共享单车等等已经成为我们生活的一部分。其次，大学生可以利用互联网更好地进行健康管理和形象管理，例如，可以通过 Keep 等运动 App 制订健身计划、学习健身知识、分享健经验；同样，大学生可以通过微博和 bilibili 等网站或 App 关注时尚美妆博主，进行学习与交流。另外，互联网也为大学生的勤工助学提供了更多机会，使网络直播、游戏陪练、在线家教、美团外卖员、开淘宝店、微商代购等业余兼职成为可能。

4. 互联网改变社交方式，扩大了大学生的社交网络

步入大学之后，大学生与亲人及中学时代的好友异地分离，微信、QQ 等社交软件的普及及其丰富的功能，如语音、视频、图片分享、说说、朋友圈等，为大学生的日常生活分享、情绪情感交流及人际关系维护提供了极大的便利。另一方面，微博、论坛、贴吧、知乎、豆瓣等社交软件为大学生表达自我观点，寻找兴趣相同、志同道合的朋友提供了渠道，在“人—机—人”的间接交流模式中，大学生的基本社会属性被隐藏起来，从而使得他们能够以一种更加开放、大胆的姿态投入虚拟的人际关系中，可以随时随地与天南地北、各行各业的人们进行沟通交流，而不再局限于小小的校园之内。再者，使用网络社交平台进行交流，双方不再需要直接面对对方，这使得交流者有更多的时间去思考和改进自己的表达内容，塑造理想化的自我形象。

5. 互联网为大学生展现自我与表达自我提供了平台

大学生处于一个充满展示欲望的年龄阶段，直播、Vlog、抖音短视频等自媒体的快速兴起，为大学生展现生活态度、表现才艺特长、分享个人价值观与审美取向等提供了平台，才艺表演、旅行日志、美食分享、学习过程、娱乐健身、恋爱记录等大学生日常的生活内容都可以成为视频主题。例如学习类 Vlog 的内容很简单，通常展现的就是创作者的学习过程，如看书、做题等；恋爱类 Vlog 的内容通常围绕恋爱双方的日常相处展开，有吃饭、逛街这样的琐碎小事，也有生日、周年纪念等比较重要的“大”事。Vlog 创作者将自己的生活或观点分享给大众，隔着手机屏幕拉近了彼此之间的距离，具有很强的亲切感，如果分享的事情幽默有趣或者有意义，创作者就会受到关注，吸引人们注意，获得更多的人关注和喜爱，从而获得被关注、被认同的快乐。

## 成长案例

2019 年夏天，复旦大学金融学专业的本科生张秋实以经济学院排名前 10% 的成绩毕业并被保送研究生；而在网络世界，他有另一个身份：bilibili 弹幕网上首位粉丝数突破千万、视频播放量达 9.3 亿多次的游戏解说 UP 主——“老番茄”。因为能把学习和视频两件事都做好，他成为复旦同学眼中的“风云人物”。1997 年出生的张秋实来自上海一个普通的公务员家庭，他形容自己从小性格内向、不善社交，而他做视频的原动力在于自我表达。“有人会通过写诗、写日记来发出自己的声音，而我就是做视频。还有一些好玩的东西、在生活中打动自己的东西，一些很‘戳’的点想让更多人知道。”张秋实笑称做视频帮助了自己，“使自己成为一个稍微不那么自闭、不那么内向的小男孩了。”

张秋实表示，面对丰富多彩的大学生活他曾经很迷茫，学习成绩和视频更新都没有做好。后来他给自己定下目标，学习成绩要保持在足够保研的学院前 10%，视频则要做到周更。为此，他周一到周五在学校上课，周末回家录制和剪辑视频。一个十几分钟的视频，通常需要花十几个小时去制作。为把视频做得更好，他主动和其他 UP 主交流、聚会；和找上门来的广告商沟通；花好几天的时间参与视频网站综艺节目的录制。随着关注者的增多，张秋实获得了一些广告收入，使他在本科期间就做到经济独立。

“二次元”（指虚拟世界）中的“老番茄”很受欢迎，部分原因也是因为他在“三次元”（指现实生活）中的学霸身份，金融学是复旦大学录取分数线较高且学业压力较大的专业，秋实拿过复旦的新生奖学金和金融系的三等奖学金。张秋实表示，自媒体行业的更新换代非常快，从业者很容易产生焦虑。“大家都在沸腾的锅里，害怕自己是沉下去的那一个。”为抓住热点，他即使在休息和吃饭的时候也要了解网络动向，并根据观众的反馈，不断调整解说的内容和节奏。他还想对粉丝们说：“玩游戏是一件非常快乐的事，但也要有度。生活中还有其他非常精彩的东西，希望大家在享受游戏的时候，也要记得享受生活。”

【分析】“老番茄”的成功不是偶然，与其本身个人素养和能力脱不开关系。张秋实本身之所以能够如此优秀在于他能够清楚地把二次元和三次元的世界区分开来，在能够处理好现实生活的情况下再来全身心地投入做视频，学业优秀，视频质量也有保证，而优秀的学业又为他本人增加光环，吸引更多铁杆粉丝，促进 UP 主身份的事业迅猛发展。现如今，网络世界成为大学生尽情展现风采与表达个性的狂欢场，在网络世界中获得大量粉丝与赞美，容易让许多心智不够成熟的大学生迷失自我，全身心投入网络世界而忽略了现实自我的成长与发展，这是不可取的。唯有在现实世界中不断提升自我，才能持续产出好的内容，使网络世界中的事业发展顺风顺水。

6. 互联网为大学生就业搭建信息平台，为大学生创业带来机遇

首先，网络能及时为大学生提供准确的单位用工招聘信息。网络普及的今天，大学毕业生就业应聘以及企事业单位职工招聘也都更加借助于网络平台，每年企事业单位招工用工信息都会发布在单位网站、当地人事局网站或前程无忧、智联招聘等人才招聘网站上。大学生可以通过移动互联网查找招聘信息、了解招聘单位和应聘岗位，通过发Email的方式同招聘单位取得联系。这样，既减少了经济开支，也节省了很多时间和精力，大大减少了应聘的盲目性。其次，新生代大学生伴随着移动通信技术和互联网革命成长，巨量资讯信息和多元联络方式对其学习、生活、思想、行为有着全方位影响，对新事物、新媒体和新技术的适应和接受能力、创新能力较强，创业热情较高。在"互联网+"的风口，大学生创业可选择的方向是多角度的，比如"互联网+"建筑、医疗、买卖、打车等。互联网环境下，带给创业者的是"填空效应"——填补传统行业互联网化领域的空白，比如获得首届中国"互联网+"大学生创新创业大赛冠军的北京航空航天大学Unicorn无人机团队，主攻的就是目前相对处于空白的民用B2B无人机市场，形成"互联网+无人机"的新模式。再者，在移动互联时代，随着新模式、新机制、新平台的不断涌现，互联网行业已经成为大学生就业的新高地，新生代大学生不再仅仅局限于传统的就业观念和渠道，在就业去向的选择上呈现出多元化、网络化和娱乐化等特点，自由职业、网店、代购、主播、网红、声优、化妆师、Coser（角色扮演者）、职业UP主、游戏测评师等成为大学生向往的新兴职业。

## 成长案例

余佳文，1990年7月5日出生于广东潮州，"超级课程表"、广州超级周末科技有限公司创始人，90后创业者。2009年，余佳文进入广州大学华软软件学院开始了自己的大学生涯。2011年，余佳文的大学生活在继续，一星期有30节课，基本记不住课程表，经常忘记在哪里上课；课上发现漂亮女生，也不敢主动要联系方式。这些日常小烦恼，给了余佳文创业灵感。他拉上几个朋友，组建了8个人的创业团队，成员都是清一色的大学生。2011年下半年，团队开始研发软件"超级课程表"。而由于课程软件"超级课程表"设计粗糙、功能单一、"小家子气"，该项目一开始并不被看好。余佳文接受不了别人的贬低，2012年，他成立了自己的公司——广州超级周末科技有限公司，同年8月，余佳文团队研发的"超级课程表"获得第一笔天使投资；2013年1月，"超级课程表"拿到了第二笔天使投资。2013年6月，"超级课程表"获得千万元级别的A轮投资。2014年11月，余佳文获得阿里巴巴数千万美元的风投，其公司旗下名为"超级课程表"的校园应用已覆盖全国3000所大学，拥有1000多万注册用户，用户日均登录量200多万。

【分析】互联网深深影响了我们的生活，当代大学生作为真正的互联网原住民，其思维模式与互联网思维的结合是无缝的，其个性的怒放和自由的表达，勇于闯

出一片天地的劲头是任何互联网移民的老一辈所不能企及的。21世纪，这个时代和技术都在不断发展的时刻，互联网为大学生提供的机会空前之多，大学生要勇敢地把握时机，抓住机会，努力奋斗，成就梦想。

## （二）互联网对大学生的负面影响

1. 容易沉迷网络，影响学业发展

大学生的课程相对于中学时期更为自由，空余时间较多，每天醒来刷手机已经成为很多大学生的习惯，部分大学生表示，“相较于学习，花在网络上的时间更多”“感觉除了上网我也没有太多事做，没课就喜欢上网聊天、看新闻、打游戏，一玩手机就停不下来。”根据2018年中国青年网的调查结果显示，41.56%的大学生每天手机上网时间超过5个小时。上网时，83.93%的学生主要是在社交聊天，其次是查阅资料和听歌，分别占62.46%和58.61%。有些大学生甚至在课堂上拿着手机浏览网页、玩网络游戏、微信聊天、刷微博、逛淘宝等，更有入迷不能自拔者，直接逃课，整日或通宵流连网络。这样的行为直接导致他们成绩下降，长此以往，他们就会对学习失去原有的兴趣和信心，继而放弃学习、荒废学业。另一方面，大学生可以方便地从互联网上下载他们所需要的各类知识，久而久之部分人会对这种过程产生依赖，遇到问题就想求助于网络，很少自己动脑去解决问题，长期这样做会降低他们的独立思考能力，阻碍其创新能力的发展。

### 成长案例

2003年，付云皓凭借出色的奥数竞赛成绩——国际数学奥林匹克竞赛2002年和2003年连续两年的满分金牌，被保送至北京大学数学科学学院。1985年出生的付云皓，彼时不过18岁，刚入学时，他就是同学中名气最大的那一个。进入大学后，脱离父母的管教，一个崭新的世界在付云皓面前展开。原来除了数学以外，还有那么多新鲜的玩意儿，比如游戏，他开始沉迷网络游戏不可自拔。“上课就上呗，考试什么的也没那么太当回事。”付云皓说，他醉心于《星际争霸》的种族搏杀，从未尝试同学们考前挑灯夜战的复习方式。第一个学期结束时，他发现自己军事理论课考了不及格，是全年级的唯一一个不及格。随着游戏水平的日益精进，紧接着，他又挂了政治、英语、物理这些“无聊的课程”，加起来满了十学分，收到了一个学术警告。在付云皓的判断中，它们并非需要引起担忧的挂科。最后他在大二那年因为物理挂科，且重修未过，从北京大学肄业，毕业后没有拿到北大的学历证书。得知自己无法正常毕业的后两年付云皓彻底失去了动力，他更加沉迷于游戏，并感觉自己一无所有。那段日子过得黯淡无光，“如果说换个人可能就直接死了。”付云皓形容。

【分析】网络是一把双刃剑，当你正确使用网络，把它当成学习的工具、生活的帮手时，它就能给你带来极大的便利，但当你沉迷于它时，它就是耗费你时间和精力的成瘾物。一位备受关注、聪明绝顶的国际奥数冠军，没有趁着青春年华在中国顶尖学府奋勇拼搏，而是在网络的世界里完全迷失自我，浑浑噩噩地度过了人生中最宝贵的几年，甚至连一纸学历证书都没拿到，这是让人倍感惋惜的。

2. 依赖虚拟网络，淡化现实人际关系

虽说互联网挣脱了时间、地点的局限，把认识或不认识的人集结在一个平台交流，但长期依赖网络进行人际交流，会弱化大学生在现实世界中的人际交往能力。网络文化的虚拟世界，为大学生提供了与外界交流的途径，这种交流是广泛、隐匿的，人们可以时刻扮演自己的理想角色，可以在虚拟的环境中为所欲为而不用受过多的约束。因此，网聊成了大学生热衷的方式，日常生活中他们把大量时间都花在网络平台中，特别是一部分不善言辞的大学生，更是把大部分时间花在网络交流中，无论在课上或课下都频繁使用 QQ、微信等社交软件；还有些学生喜欢将自己难以言说的内心情感和情绪体验发到网络上去寻求发泄，寻求网络中的陌生人的关注与安慰，却很少在现实中与自己的家人、朋友、同学进行沟通和交流，疏远了现实中的人际关系。

3. 网上不良信息毒害大学生的身心健康

互联网具有开放性、匿名性和交互性，使得任何人都可以借助网络工具交流沟通，大量不良信息，如封建迷信、色情暴力、流言蜚语、反动言论等不健康的信息以及低级趣味的网络游戏不经意间便在网络上泛滥，由于法规滞后和管理被动等种种原因，这些网络不良信息不断侵袭和腐蚀着大学生的思想，弱化其道德意识，使部分大学生的价值观产生倾斜、扭曲，甚至走上违法犯罪的道路。

4. 网络上的欺诈诱惑陷阱使大学生生命财产受到威胁

网络在带给人们巨大便利的同时，也给一些不法分子以可乘之机，网上诈骗案件种类繁多，呈日趋频发的态势，如虚假的中奖信息、钓鱼网站诈骗、冒充老师或好友借钱、网络兼职（打字、刷单等）诈骗、网络购物诈骗（冒充客服以退款为由诈骗学生转账）、出售游戏装备等相关诈骗、代考代做诈骗、网络恋爱诈骗等网络骗局层出不穷，诱骗广大学生群体。还有近年来让大学生深受其害的校园贷（在校学生向各类网络借贷平台借钱的行为）、裸贷等都不同程度地给一些学生带来了危害，校园贷者背负上巨额贷款无力偿还，给自己和家庭带来困扰，造成极大精神压力，有的学生因此走上了绝路。

**成长案例**

小宋本来是江西的一名普通大学生，2019 年 1 月初，放寒假的小宋在网上看到招客服人员的招聘广告，于是就打了老板李某的电话，经过一轮面对面的交谈，小宋成了业务员，开始了自己的寒假兼职之旅。“李老板和我说公司是卖虫草的微商。”一开始，小宋真的以为自己在做销售虫草的微商生意，后来看到钟某教她的一系列话术，渐渐意识到自己是在骗人。小宋需要通过网络添加好友的方式搭识被害人，向被害人编造虫草女孩“巫勇梅”的悲惨身世（老家逼亲，家里又穷，唯一的出路便是将家中收集来的虫草变卖，用于退还巨额“聘礼”），骗取被害人的同情以诈骗钱财。“老板和我说没事的，他会给转账 2000 元以上的顾客寄冬虫夏草，我就想着这样应该没问题，就坚持做到了寒假结束。”

为了引出“虫草女孩”的悲惨身世，小宋被经理钟某要求每天找顾客聊天，称对方为“叔叔、哥哥、干爹”，拉近和对方的距离，朋友圈也要及时更新“虫草女孩”的照片和视频，一步步取得信任，最终对其销售虫草，实施诈骗。据小宋供述，“虫草女孩”的照片和视频都是李老板从其他地方买来的。据了解，每个被害人都收到了三五根虫草，都是市场上最低档的虫草，根本无法食用。

寒假结束，小宋如愿拿到了 5000 元左右的工资，当民警和教导员找上门时，小宋还坐在教室里上课，听到自己涉嫌诈骗罪，小宋彻底懵了，后悔为时已晚。

【分析】小宋明知自己的行为涉嫌犯罪，却因为心存侥幸和法律意识不强而知法犯法，最终自食恶果。像小宋这样无意中陷入深渊的大学生案例很多。大学生因为社会经验不足、心思单纯、戒备心低，容易信任陌生人，且法律意识淡薄，很容易被犯罪团伙利用，从而在无意中成为违法犯罪行为的帮凶。当前，网络世界为我们提供了许多信息，这些信息真假难辨，良莠不齐，大学生在选择信息时要提高警惕，增强法律意识和网络安全意识，时时注意自己的网络言行是否合法规范，健康上网，文明上网。

5. 部分大学生网络游戏成瘾，形成心理障碍

2018 年 6 月 18 日，世界卫生组织发布的新版《国际疾病分类》中，“游戏障碍”即通常所说的游戏成瘾被列为精神疾病。2019 年 5 月 25 日，世界卫生组织（WHO）正式将“游戏成瘾”列为一种疾病。游戏障碍的特点是对游戏失去控制力，日益沉溺于游戏之中，以至于其他兴趣和日常活动都让位于游戏，即使出现负面后果，仍然继续打游戏或不断升级。截至 2018 年 12 月，中国游戏成瘾人群已达 27.5%，其中，青少年为网瘾的重灾人群，比例高达 30.5%。中南大学湘雅二医院精神卫生研究所对 3000 多名大学生进行了网络成瘾性调查，发现其中超过 1/5 的大学生存在手机成瘾风险。在受访的 3000 多名学生中，有 1/3 的学生因为长时间使用手机和电脑等出现精神或身体健康受损，有 1/5 的大学生因为沉迷网络游戏而错失了重要的人际关系，有近 15% 的大学生因为沉迷网络和家人经常起冲突，还有个别大学生因为沉迷网络产生易怒情绪等。一位调查人员透露，沉迷于网络的不仅有本科生，还有不少硕士生、博士生，有硕士生在找工作受挫后沉迷网络游戏不能自拔，最后干脆不找工作了。

# 第二节　常见的大学生网络偏差行为

在当今网络时代，作为“弄潮儿”的大学生始终扮演着互联网忠实追随者的角色。他们热衷于信息网络技术，希望通过网络平台获取知识，交流思想，实现自己的人生价值。但不可忽视的是，不少大学生在恣意享受网际冲浪的快感时，也逐渐显现出了一些网络偏差行为。

## 一、大学生网络学习偏差行为

网络资源丰富多彩及网络社会的开放性，使得互联网成为一个巨大的、开放的信息共享平台。信息处理的数字化技术使得网络资源检索非常方便，通过上网，大学生可以很方便地找到最新最全的信息，同时也可以任意浏览和下载他人的作品或研究成果，大大提高学习效率和科研水平。但是，部分大学生面对这种自由、免费下载网上信息的机会，却趁机抄袭或剽窃别人的作品或研究成果，有的甚至一字不改直接署上自己的名字，充当自己的劳动成果。近年来，“百度一下”“复制粘贴”的抄袭作业和论文之风在一些大学生中盛行，如 2016 年四川某高校教师在批改选修课作业时发现 130 多名学生的作业为抄袭或直接从网上下载；2018 年，中国科学院 22 名选修科幻文学与影视创作课的学生同样因为期末作业被判定为抄袭而被给予 0 分，“有的人是整篇整篇、大段大段地抄，甚至抄凡尔纳（法国作家，代表作《海底两万里》）这种名家的作品。有的就是改个主人公的名字，或者东抄一段，西抄一段。总之，没有自己写的内容。”在广西某大学，80 多名学生的职业规划课课程论文作业中存在大面积抄袭现象，被学校强制退学，成为首批因为抄袭作业而被开除的大学生。当大学生们习惯于复制粘贴的时候，实际上就少了自己主动分析问题和解决问题的过程。当抄袭成了习惯，久而久之便产生了思维惰性，忘记了如何独立思考，想问题的时候都倾向于“搜索”。更重要的是，论文的抄袭还涉及个人的道德诚信问题和侵犯他人的知识产权，大学生应该严肃认真对待。

## 二、大学生网络交往偏差行为

很多在现实中人际需求未得到满足的大学生通过虚拟的网络建立社交联结，从而弥补人际交流的需要。他们在网络上畅所欲言，在现实生活中却沉默寡言、不善言辞，这种网络社交的满足感加强了在虚拟的网络世界里寻求人际交往的需要，致使他们进一步沉迷网络而心甘情愿退出真实生活，加剧了他们在现实生活中人际交往的缺失。另外，部分大学生利用网络的便利性和匿名性的特点，在虚拟的网络世界里做自己在现实生活中不敢做的事，说不敢说的话。由于虚拟的网络社交中缺乏道德规范的约束，缺少现实人际交往的情感交流，存在着个体隐匿性，容易导致个体产生去社会化现象，出现自我约束力下降，这种由网络带来的自由且无限制的感觉使得他们在网络社交中更加迷失自我，从而产生某些网络偏差行为。有的人在网络平台隐瞒自己真实的姓名、身份、学历、相貌等，以网恋的名义欺骗或玩弄异性感情，而部分缺少必要的社会交往经验的青年大学生容易信以为真，上当受骗。

**成长案例**

林某，女，20岁，山东某医学高校2018级临床专业在校大学生。在寒假回莒南县洙边镇老家时，她通过陌陌聊天认识了一个自称叫潘宁的人，之后相聊甚欢的二人又互加了微信。对方自称是在工地上干工程的。尽管认识时间不长，见对方的微信图像很帅，言语间又对自己很是体贴，林某便对其产生了好感。

刚认识不长时间，潘宁就以自己工资还没有到期需要还车贷为由向林某借钱，并许诺过几天发工资了就还她。对方开口借的钱数额不是太多，林某没有多想就通过微信转给了他几百元钱。可是，过了没几天潘宁又开口借钱，并许诺等自己发了工资后一定双倍还她。就这样从1月24日至2月24日一个月的时间内，林某通过微信和支付宝共借给对方23494元。而潘宁借款的理由每次也不同，还车贷、还房贷、工地购买材料，甚至解决其与女朋友的矛盾等等。而每当林某表示不愿意继续借钱时，对方就威胁说如果不借钱，之前的所有借款就都不还了！无奈之下，林某只好再借给他。到后来潘宁借的次数多了，自己银行卡上的钱花完了，林某便只好向同学借，同学几乎借遍了，最后连吃饭的钱也没有了，而同学又不断催债，在学校待不下去了，她只好回家躲避。

此时再向网上“帅哥”催要欠款时，潘宁不仅以各种理由拖，而且拒绝向林某提供身份信息，林某到此时终于明白上当受骗了，只得将事情原委告诉了家人，最后她在母亲的陪伴下来到公安机关报案。民警破案后发现原来“潘宁”是一名32岁的无业离异男人，带着一个8岁女儿与父母一起生活，从林某这里诈骗来的钱绝大部分都还了高利贷，剩下的则用于日常生活消费掉了。

【分析】如今以“网恋”为借口的诈骗比比皆是，网上交友有风险，保护自己需谨慎。网上之交，也应该是心灵的碰撞，应该以真善美为标准，以增进自我见识、促进自我成长为目的。大学生在网上交友时要注意保持清醒的头脑，不要太沉溺于网络的虚拟世界，要合理把握网络在现实生活中的界线。

## 三、大学生网络言语偏差行为

在网络社会中，个别大学生处于某种不满或情绪的发泄状态，或夸大其词，或捏造事实，在微博、论坛、豆瓣、微信群等地公开发布带有人身攻击性的文章或散布各种谣言，恶意攻击或诽谤他人；有的大学生无视现实社会法律法规的约束，利用网络发表过激、消极、不健康或不负责的言论；有的大学生在不了解事实全貌的基础上，偏信一面之词，充当键盘侠的角色，在网络上对他人加之以暴力的言语攻击，侮辱、漫骂当事人，公开当事人的个人隐私，甚至波及受害人的亲朋好友。在这个过程中，施暴者对于暴力本身不仅毫无自觉，甚至认为自己是在执行某种正义的公正审判。比如2008年奥运会，刘翔因为退赛一事而遭受网络暴力，至今仍被一部分网民在网络上追逐着进行各种嘲讽抨击。曾经的奥运会英雄，因为退赛而被攻击为“懦夫”和“戏子”，这种持续的网络暴力，最直接的结果是导致刘翔退出微博，甚至影响到了刘翔本人的婚姻和其前妻的生活。2018年，四川德阳一位女医生在游泳的过程中被一名13岁的男孩摸了屁股，随后该女医生要求男孩道歉，男孩非但没有道歉，还伴以做鬼脸、吐口水等行为，女医生的丈夫看不下去，便对那个小孩进行了教训，有人恶意剪辑医生丈夫教育男孩的视频片段在微博、微信上散播负面新闻，引起了网民的口诛笔伐，最后该女医生不堪忍受网络暴力而自杀身亡。

中国社科院发布的《2019社会蓝皮书》调查显示，青少年在上网过程中遇到暴力辱骂信息的比例为28.89%。其中，暴力辱骂又以网络嘲笑与讽刺或用带有侮辱性的词汇居多，分别为74.71%和77.01%，其次则是恶意图片或者动态图和语言或者文字上的恐吓，分别为53.87%和45.49%。许多网民对未经证实或者已经证实的网络事件，在网上随意发表具有伤害性、侮辱性与煽动性的失实言论，对当事人或者社会公众的名誉权和隐私权造成严重损害。2020年3月1日，《网络信息内容生态治理规定》开始施行，明令禁止网络暴力、人肉搜索等违法活动。大学生在行使权利、表达意愿的同时，要为自己的言论负责，文明互动，理性表达。

## 四、大学生网络使用偏差行为

大学生网络使用偏差行为主要包括两种情况，一是利用互联网作为工具和平台来从事不正当的甚至是非法的行为活动，例如传播色情信息、网络诈骗、网络赌博、网络不良借贷等。目前，网络赌博、校园贷等已经蔓延到高校，某些自制力差、好奇心强的大学生容易在虚荣、猎奇或者冲动心理的驱使下误入歧途，轻则耽误学业、背负巨额债务，重则抢劫偷盗、自杀轻生，严重危害自身的健康成长与成才。二是大学生在对互联网的使用过程中一定程度或完全失去自主性，出现网络依赖或网络成瘾的现象。互联网是一个无所不有的“大市场”，对好奇心和探求欲强烈的大学生有着极大的吸引力，使得部分大学生陷入其中而不能自拔。有些学生通宵达旦上网，上网时精神亢奋、不吃不喝、不眠不休；下网后无精打采、烦躁不安，对现实生活毫无兴趣。这种长时间、连续性的上网，既影响大学生的身心健康，又使得他们荒废学业，浪费青春，一事无成。

### 成长案例

小郑今年19岁，是武汉大学医学职业技术学院的一名大一新生。今年开学没多久，经高中同学介绍，他加入了一个QQ群，通过押单双、大小来进行赌博。进群的第一天，他先投入了20元，一把就获得了80元的收益。没过几天，就赢了 10000 多元，这让他感觉钱来得特别容易。随后，他越玩越大，由几十元一把升到 2000 元一把，慢慢就开始只输不赢了。“同学朋友们都劝我收手，但我当时听不进去。”郑同学说，越输就越想扳本，短短两个月，他输了近 4 万元。

一个大一新生，哪来的 4 万元？郑同学说，绝大部分赌资都是通过小额贷借来的。在郑同学的手机里，有多款贷款软件，这些软件里，小郑的借款金额从 2000 元到 10000 元不等。“不想再扛了，也不想再往下陷了。”郑同学说，欠 10000 元时，他觉得自己可以解决，不想让父母操心，就选择隐瞒。可眼看着欠款越来越多，每个月分期的债务让他难以应付，而只要没钱还债，他就又想去赌博赢钱。他担心，这样会越陷越深，最后连父母也救不了自己，就选择了向父亲坦白。父亲在老家镇上的家具厂打工，每月收入才 2000 多元，这笔贷款对于家庭来说是一笔不小的开支。

【分析】赌博，它会蒙蔽一个人的心智，勾起你的惰性以及急功近利之心，带你走上一条不归路，付出的代价是你远远不能想到的。不管网络赌博还是线下赌博，输掉的赌资不仅仅是钱，还是对美好生活的希望及为之奋斗的动力，如果一个人连生活的希望都已然失去，只怕是会成为一具行尸走肉，只剩下了对金钱的纯粹欲望。大学生正处于不断追求进步的青春奋斗年华，这本应是最阳光、最浪漫、最美好、最充实的人生阶段，而部分大学生却不能脚踏实地地奋斗，贪图不劳而获，从而陷入网络赌博、网络不良贷款的陷阱，不仅浪费了自己的大把光阴，将父母的血汗肆意挥霍，更是将自己的前程投入一片黑暗中。天上不会掉馅饼，没有付出的得到都是不切实际的，奉劝深陷其中的大学生们早日醒悟，不要将自己的大好前程压在个人的幻觉当中。

## 第三节　大学生健康网络心理的培养

网络的普及在为大学生带来便利的同时，也产生了众多问题，如网络心理问题，严重影响了大学生的健康发展，找出解决问题的途径，培养大学生健康的网络心理尤为重要。

### 一、上网行为的自我管理

#### （一）明确上网目的，制订上网计划

大学生在打开电脑前可花一到两分钟时间想一想上网的目的，对需要经网络处理的事情按重要程度或优先等级进行排序，然后把具体要完成的任务列在纸上，放在电脑旁边醒目的位置，打开电脑后即可直奔目标，依序处理，避免漫无目的地在互联网上乱逛。

### （二）限定上网时间，制作上网警示卡

大学生可以预先根据上网任务估计所需时长，提前设定好闹钟，也可以在手机或电脑中安装一个定时提醒的软件，以便能及时提醒自己，有效控制上网时间。另外，也可以事先设定一个固定的上网时间，例如每周六下午是固定的网络游戏时间，其他时间则不能玩网络游戏。还可以制作上网警示卡随身携带，通过列出网络对自己的负面影响，时刻提醒自己不要过度沉迷网络。

### （三）参加文娱活动，转移注意力

可以制订个人日常活动周程表，例如晨练、上午上课、下午自习、傍晚散步、晚上打球运动及与朋友聚会等，既可以转移注意力，减少非必要的上网次数与时间，又可以避免因为沉迷网络而忽略或忘记了一些正常的日常活动。

### （四）自我暗示，自我激励

罗振宇在《游戏世界》的专栏中指出，“游戏成瘾”的原因之一就是它有清晰的及时反馈机制，例如每打一只怪兽，都会非常明确地获得100点的经验值，绝不落空。每个成就，都会记录在成就系统里，并且有排行榜和分数公示，让游戏者可以随时知道自己的进步。可是现实世界里，几乎所有的努力都要经过一段时间的积累后才有可能看到成绩，因此，及时的自我奖励就非常重要了。在上网行为的管理中，如果自己能够遵守限定的上网时间或日常活动周程表的安排，则可以给自己一些自我鼓励，如“我真的做到了，很棒”等，当然，除了言语表扬外，还要进行自我奖励，例如期待已久的自助烤肉、心心念念的某条裙子等等。同时，尽量避免那些可能给自己后续带来不良影响的奖品，例如奖励自己通宵玩游戏，而影响到第二天的学习和计划的完成。如果自己没有达到目标，则要相应地进行自我惩罚，例如周末不得玩游戏。

## 二、网络成瘾的心理干预

当个体陷入网络成瘾的程度较为严重，而依据个人力量难以自拔时，寻求专业的心理辅导或心理治疗是非常必要的。

### （一）认知干预

认知干预是美国心理学家贝克创立的一种心理治疗方法。该疗法认为当事人的心理紊乱是由错误认知观念引起的，通过对其错误认知观念的矫正或改变，能促使其情绪和行为上的改善。认知干预主要有：

1. 认知重建

对网络成瘾青少年采取“导”而非“堵”的态度，引导他们充分认识网络成瘾的严重后果，改变其顽固的不合理认知观念，如“再没有比上网更刺激的事了”等，使其能够端正上网动机，改变对网络的态度。

2. 自我提醒

要求网络成瘾青少年将上网的利弊按程度轻重排好顺序列在一张对称的纸上，每天做思想斗争 10～20 次，每次 3～5 分钟，尤其是在网瘾发作时。

3. 想象法

让网络成瘾青少年想象上网成瘾的种种后果，如成绩下降、被同学看不起、被别人羞怒、对不起父母和亲人等，在网瘾发作时让“理想自我”和“现实自我”进行辩论，让内心的道德感、责任感与罪恶感、失败感斗争，从感情上战胜自己，痛下戒除网瘾之决心，增强自己戒除网瘾的动机。

4. 自我暗示

让网络成瘾青少年出现上网的念头时反复进行自我暗示，如“不行，现在应该学习，等周末再说”“我一定能戒除网瘾”，每当自己抵制住了诱惑，进而认真学习，度过了充实的一天后，就进行自我鼓励，这样不断强化，形成良性刺激，加强自己的意志，使上网欲望得到抑制。语言暗示既可通过自言自语，也可将提示语写在日记本上或贴在墙壁、床头、电脑等显眼处，使自己能够经常看到、想到，鞭策自己。

### （二）行为干预

行为干预以经典条件反射理论和操作性条件反射理论为基础，坚持效仿自然科学的研究方法，把人的行为和外在的环境视为考察对象。行为干预主要有：

1. 强化法

根据操作性条件反射理论，如果在一种行为之后得到奖赏，那么这种行为在同样的环境条件下就会持续和反复出现。因此，当网络成瘾青少年没有上网，执行目标无误时，就给自己一些奖励，相反，则给自己惩罚，以减少和消除上网行为。

2. 行为契约法

网络成瘾青少年与师长共同商定签订戒断网络的行为契约，他们是契约的遵守者，师长则是契约的执行者或监督者，行为契约要规范网络成瘾青少年的上网行为，培养其自我约束能力。

3. 厌恶疗法

该疗法是把要戒除的目标行为与某种不愉快的或惩罚性的刺激，如催吐剂、厌恶想象等结合起来，通过厌恶性条件反射作用，达到成瘾者最终因感到厌恶而戒除或减少目标行为的目的。例如，让网瘾成瘾者想象沉迷网络后自己萎靡不振的颓废样子，想象其他人对自己的冷落和轻视，使其厌恶自己的过度上网行为，激励他们找回自我，增强自我效能感。需要注意的是，给予的厌恶刺激必须有足够的量才能使他们产生心理痛苦，且持续时间较长，否则难以见效。

4. 松弛疗法

通过肌肉放松、想象放松、深呼吸放松等方法，使网络成瘾者学会精神及躯体特别是骨骼肌放松，来应对网瘾发作时出现的紧张、焦虑、不安、气愤等不良情绪，振作精神。

5. 自我管理法

激发网络成瘾者的能动性对自己进行管理，可采用的方法有规范生活法、计划时间法、日记法等。

### （三）社会支持法

当个体在面临某些问题或压力无法解决时，如考试失败、缺乏学习兴趣与目标、恋爱受挫、人际冲突、亲子矛盾等等，更容易沉迷于网络世界以逃避现实生活。因此，社会成员尤其是父母应更多地关心、理解、帮助网络成瘾者，为他们戒除网瘾营造一个舒适、安全的人际环境，让他们感受到现实生活中的人际温暖，满足他们人际交往和情感沟通的心理需求，从而改变去网络中寻求心理需求的现状。同时，陪伴网络成瘾者进行其感兴趣的活动，如跑步、打球、逛街、散步、看电影、郊游等，帮助其减轻焦虑，转移注意力。值得注意的是，这些活动应该是当事人感兴趣的，否则容易引起逆反与抵触心理。

## 心理训练营

### 活动一 心理自测

**网络成瘾量表**

下面是一些有关个人使用网络情况的描述，请评估你目前的实际情形是否与句子的描述一致，并选择你认为最符合自己目前情况的选项。

| 题 目 | 你的答案 |
|---|---|
| 1. 你觉得上网的时间比你预期的要长吗？<br>1. 几乎没有　2. 偶尔　3. 有时　4. 经常　5. 总是 | |
| 2. 你会因为上网忽略自己要做的事情吗？<br>1. 几乎没有　2. 偶尔　3. 有时　4. 经常　5. 总是 | |
| 3. 你更愿意上网而不是和亲密的朋友待在一起吗？<br>1. 几乎没有　2. 偶尔　3. 有时　4. 经常　5. 总是 | |
| 4. 你经常在网上结交新朋友吗？<br>1. 几乎没有　2. 偶尔　3. 有时　4. 经常　5. 总是 | |
| 5. 生活中朋友、家人会抱怨你上网时间太长吗？<br>1. 几乎没有　2. 偶尔　3. 有时　4. 经常　5. 总是 | |
| 6. 你因为上网影响学习了吗？<br>1. 几乎没有　2. 偶尔　3. 有时　4. 经常　5. 总是 | |

续上表

| 题　目 | 你的答案 |
|---|---|
| 7. 你是否会不顾身边需要解决的一些问题而上网查邮件或看留言？<br>1. 几乎没有　2. 偶尔　3. 有时　4. 经常　5. 总是 | |
| 8. 你因为上网影响到自己的日常生活了吗？<br>1. 几乎没有　2. 偶尔　3. 有时　4. 经常　5. 总是 | |
| 9. 你是否担心网上的隐私被人知道？<br>1. 几乎没有　2. 偶尔　3. 有时　4. 经常　5. 总是 | |
| 10. 你会因为心情不好去上网吗？<br>1. 几乎没有　2. 偶尔　3. 有时　4. 经常　5. 总是 | |
| 11. 你在一次上网后会渴望下一次上网吗？<br>1. 几乎没有　2. 偶尔　3. 有时　4. 经常　5. 总是 | |
| 12. 如果无法上网你会觉得生活空虚无聊吗？<br>1. 几乎没有　2. 偶尔　3. 有时　4. 经常　5. 总是 | |
| 13. 你会因为别人打搅你上网发脾气吗？<br>1. 几乎没有　2. 偶尔　3. 有时　4. 经常　5. 总是 | |
| 14. 你会上网到深夜不去睡觉吗？<br>1. 几乎没有　2. 偶尔　3. 有时　4. 经常　5. 总是 | |
| 15. 你在离开网络后会想着网上的事情吗？<br>1. 几乎没有　2. 偶尔　3. 有时　4. 经常　5. 总是 | |
| 16. 你在上网时会对自己说“就再玩一会儿”吗？<br>1. 几乎没有　2. 偶尔　3. 有时　4. 经常　5. 总是 | |
| 17. 你曾想办法减少上网时间却最终失败吗？<br>1. 几乎没有　2. 偶尔　3. 有时　4. 经常　5. 总是 | |
| 18. 你会对人隐瞒你上网多长时间吗？<br>1. 几乎没有　2. 偶尔　3. 有时　4. 经常　5. 总是 | |
| 19. 你宁愿上网而不愿意和朋友们出去玩吗？<br>1. 几乎没有　2. 偶尔　3. 有时　4. 经常　5. 总是 | |
| 20. 你会因为不能上网变得烦躁不安、喜怒无常，而一旦能上网就不会这样吗？<br>1. 几乎没有　2. 偶尔　3. 有时　4. 经常　5. 总是 | |

计分说明：将你选择的各个选项前数字加在一起，计算总分。

结果解释：

24～49分：你是一个一般的上网者，只是有时会上网多些，但总体仍能控制自己，尚未达到沉溺的程度。

60～80分：中度网络成瘾，你应该谨慎对待上网给你带来的影响以及对家庭其他成员带来的影响。

80～100分：重度网络成瘾，上网已经给你和你的家庭生活带来了很多问题，你必须重视并予以解决。

## 活动二　知识之窗

### 网络时代心理健康的标准

1. 要有正确的网络心理健康意识和观念

一个心理健康的人要具有正确的心理健康意识和观念，认识到心理健康的重要意义和现实价值，能够运用正确意识指导自己的心理和行为。同时，网络心理健康意识还包括对网络正确的认知和态度。

2. 能够保持在线时和离线时的人格统一

在线时能够积极主动地接收和处理信息，离线后能够迅速从虚拟网络中走出来，而不是仍然沉溺于虚拟情境之中。

3. 有正常的人际交往，人际关系和谐，能够与周围环境保持良好的互动

具有健康网络心理的人，应该在离线时能够维持并发展现实正常的人际交往，并能够同周围环境和他人保持良性互动。

4. 不因网络的使用而影响正常的学习和工作

如果因为上网而影响了正常的工作和学习、家庭生活、人际交往，就属于网络心理不健康的范围了，需要及时进行控制、调整或治疗。

5. 不影响身体健康，离线时身体没有明显的不适应

上网应以不影响身体健康为前提；离线后不会因为使用网络导致身体的感觉器官、消化器官、神经系统以及其他身体器官机能下降或失调，能够保持机体的平衡。

## 活动三　拓展训练

### 冥想：远离电子产品的干扰

让我们以一次深深的呼吸开始今天的练习吧。如今，我们生活在一个数字化的时代，我们承认数字化给日常生活增添的便利和好处，但与此同时，我们需要看到自己的注意力正在经受着数字化时代带来的挑战。你是否也有这样的感觉，觉得自己不再那么容易专注在一件事情上，很容易就被电子产品中的信息所淹没？比如写作业的时候，微信上的即时消息可以毫不费力地带走你的注意力；当你在使用搜索引擎的时候，是不是也常常被页面上的其他结果或信息所吸引，在几分钟甚至几个小时之后才回过神，发现自己已经忘了刚才要搜索什么；当你躺在床上想要休息的时候，却无法放下手机，沉迷在抖音一个接一个的短视频中，迷失在眼花缭乱的微博里，也不想错过任何新的微信消息和邮件；当你在和朋友聚会的时候或者忙于手上的工作时，也会时不时地开小差在社交媒体上更新自己的日常，或者看看别人的更新，然后一回神，已经记不起刚才在和谁说话，或者事情做到哪里了，等等。可以说，在当下这个时代，我们早已离不开手机和

社交媒体，也正因为如此，保持专注在这个时代也越发显得难能可贵。要想解决分心的问题，你首先需要意识到自己已经遭受到了电子产品的侵扰，当你越能够清楚地看到自己的注意力集中在了哪里，你才不会被它牵着鼻子走。在你发现自己走神的时候，平静地把注意力带回自己正在做的事情上，这是我们保持专注的关键，也是我们要在冥想中去反复练习的事情。

现在找一个舒适的地方坐下来，把自己的身体调整到一个放松但同时又能保持清醒的姿势。当你准备好的时候，轻轻地闭上你的眼睛，放松你的额头，放松你的眉心，放松你的下巴，让它们得到舒展，让你的肩膀自然地垂落，自然地往下沉，让你的背部保持在挺直的状态。试着做几次深呼吸，深深地吸气，慢慢地呼气，再一次，深深地吸气，慢慢地呼气。随着每一次的呼吸，感觉自己越来越深地沉浸在当下这个时刻。感受整个呼吸的过程，关注每一次吸气和每一次呼气之间的转变。

也许在你继续自然地呼吸的同时，注意力已经被一些干扰带走了，也许是脑海中的想法，也许是你身体上的感觉，也许是身边传来的声音。无论是什么，请都不要担心，当你每一次发现自己走神的时候，只需要看看自己的注意力停留在了哪里，是的，静静地观察它，然后温柔地把注意力重新放回到你的呼吸上。不要对自己做出任何评价，你需要做的仅仅是把注意力带回来，带回到呼吸上，把呼吸当作自己正在全身心投入去做的事情，用百分之百的专注去感受你的呼吸，让注意力跟随你的呼吸，随着吸气进入你的身体，跟着接下来的呼气离开你的身体。

其实无论是在冥想练习中还是在日常的生活里，我们的注意力的确很容易就被电子产品带来的信息干扰分散了，你需要做的就是在干扰出现的时候发现它们，意识到它们对你的吸引，然后温柔地把注意力重新带回到你本应该专注的事情上，比如在冥想练习里就是呼吸。当然，远离电子产品对自己的干扰听起来挺容易的，但真的要做到如此，确实需要坚持练习，这是因为生活在数字化的时代，身边无时无刻不围绕着电子产品，干扰和分心是不可避免的。所以，意识到自己正在受到干扰，学习把注意力带回到自己正在做的事情上，是很重要的。你很难不让自己分心，但却可以让自己在分心发生的时候意识到它，然后一次又一次地重新回到你专注着的事物上，如果你努力地坚持去这么做，慢慢地你会发现自己越来越不容易被电子产品所干扰了，你自然越来越能够沉浸在专注的状态中。现在，我们来到了这一次练习的尾声，花一些时间观察自己身心上的感觉，轻轻地动动自己的手指和脚趾，当你准备好了的时候，慢慢地睁开眼睛。恭喜你完成了针对电子产品的干扰的冥想练习，如果可以的话，将你从刚才的练习中获得的专注的状态带入即将开始的生活中去，让我们在一次深深的呼吸中结束今天的练习。

# 第十一章 穿越人生的急流险滩

## ——心理障碍与心理危机的预防与干预

让你疲惫的不是连绵不断的群山，而是你鞋子里的一颗沙子。

——［爱尔兰］萧伯纳

## 本章要点·

1. 了解心理障碍的内涵、成因及鉴别原则。
2. 了解常见心理障碍的症状表现及防治方法。
3. 了解心理危机的内涵、发展及后果，学习心理危机的早期识别。
4. 掌握心理危机的自救方法，学会帮助处于心理危机中的他人。

## 案例导入

### 走投无路的剑客

一个心灰意冷、走投无路的剑客，一心只想寻短见。他无意中走进了菜市场，抱着孩子的妇人，拄着拐杖的老妪，满身油腻的厨子，满头桂花油香气的俏丫头……各式各样的人提着菜篮在他身旁挤来挤去，为了一文钱和卖菜的村妇、卖肉的屠夫争得面红耳赤，空气里充满了鱼肉的腥气、炸油条的油气、大白菜的泥土气，还有鸡鸭身上发出的那种说不出的骚臭气，鲜明而生动。这些气味、这些声音中都充满了生命的活力，剑客的心情突然明朗了许多："人生多么艰难，生命的存在本身就是奇迹！每一个生命都是无比尊贵的！"

# 第一节　心理障碍概述

## 一、心理障碍的概念

心理障碍有时也称之为心理疾病或精神障碍，其概念的界定是一项非常棘手的工作：第一，各种心理障碍并没有一个共同的致病因素；第二，很难找到判定心理异常所必需的生理指标；第三，正常与异常行为之间并不存在一个明显的界限。因此，尽管许多心理学家都曾努力尝试给心理障碍下一个完善的定义，但均不成功。目前，普遍将心理障碍定义为人的感知、注意、记忆、思维、言语等心理过程发生了病理性的变化，从而导致其行为和人格显著偏离正常人群，无法有效地按适宜的社会行为方式活动，表现出思想困惑、情绪失调、人际不适及情绪上的依赖、强迫、回避等问题，进而感到内心异常痛苦。心理障碍的定义在心理学、社会学和生物学的角度有不同的侧重，其心理学的内涵是指自觉有心理痛苦并主动求治，其社会学内涵是指个体存在人际交往能力、社会适应能力或工作学习能力上的障碍，其生物学内涵是指个体脑功能偏离正常或发生病理性变化。

## 二、心理障碍的成因

**名人故事**

### 崔永元谈抑郁症

主持人：上一次你的节目在我们栏目播出以后，很多观众打来热线电话，同时寄来了很多信，特别关心你的病情，有要给你送药的，有要给你做心理治疗的……大家的出发点都是一样，希望你能好起来。现在说你的病，你会忌讳吗？

崔永元：不会。因为我是知识分子，所以我有一定的医学常识，我不忌讳。我在这儿应该告诉大家，我得的是抑郁症，而且是很严重的抑郁症，重度。主持人曹可凡说他很想知道，他父亲离开他的时候心里是怎么想的，因为我有这样的经历，我觉得我可能可以告诉他，一个抑郁症患者离开人世的时候，他是什么感觉——他特别快乐。

主持人：是不是因为他（曹可凡）你才这么说？

崔永元：不是，这个你可以去请教专业的医生，他们都会这样告诉你。所以说这是一个病。因为他跟正常人的想法是不一样的，他觉得走了可能就解脱了，就会觉得特别轻松。这是两年前的事情了，这两年我一直在积极配合医生的治疗，按时服药，然后在做心理咨询、心理治疗。我觉得自己正在恢复。

主持人：你不忌讳咱们就这个话题再谈点吧？

崔永元：不忌讳。其实应该很忌讳，这是个人隐私，但我注意到一个问题，是社会大众对这方面的知识知道得特别少，包括我的家人和领导，他们都觉得没有这种病，就是想不开，就是小心眼，就是太爱算计了，就是以前火、现在不火了，所以现在受不了了，都是在这样想。

主持人：我特别想知道，为什么会得这个病？是因为工作的压力，还是因为其他的什么原因？

崔永元：病因非常复杂，既然是心理的疾病，就非常复杂，比如跟你童年的成长环境都很有关系。我就想告诉大家，确实有这样一种病，希望大家能知道，如果你身边有这样的朋友，得了这种病，希望你不要歧视他，然后鼓励他去看医生，医生可以帮助他解决这个问题。最近像韩国的李恩珠，还有张国荣，以及其他好多好多人——海明威、川端康成，那都是大家，但都是因抑郁症自杀的。

（对话节选自崔永元在 2005 年 2 月 25 日《艺术人生》节目中的谈话）

正如崔永元所说，心理疾病的病因非常复杂。对于大部分的心理疾病，目前尚未找到明确病因与发病机制。现在普遍认为生物因素、心理因素及社会因素均在心理障碍的发生发展过程中起一定的作用，但要明白没有哪种因素是单独起作用的，每个因素都受到其他因素和发展因素的影响，它们以错综复杂的方式交织在一起共同导致了心理障碍的产生与发展。

人们很早就认识到基因是影响动物正常与异常行为的主要因素之一。研究者对所谓的“功能性精神障碍”（如精神分裂症、情感障碍、儿童孤独症、神经性厌食症、儿童多动症、惊恐障碍等）进行了家族聚集性研究，得出的共同结论是：这些疾病具有遗传性，是基因将疾病的易感性一代传给一代。一般认为心理障碍受多个基因的影响，单个基因只能起到较小的作用，加上环境的参与，便产生了疾病。研究发现大概有 100 多个遗传位点与精神分裂症有关，但仍未能找到所谓的关键“致病基因”。双生子研究表明，所有的心理障碍都会受到基因的影响，但只有不到一半的致病原因能用基因来解释。也就是说即使具有较高的遗传度，环境因素（社会心理、营养、健康保健等）在疾病的发生、发展及严重程度、表现特点、病程及预后等方面仍起着非常重要的作用。例如，精神分裂症同卵双生子同病率不到 50%，也就是说如果具有相同基因的双生子中的一人患有精神分裂症，则另一人也患此病的可能性不到 50%，其他心理障碍则存在类似的或更低的比例。

实际上，生物因素与环境因素在心理疾病的发生发展过程中所扮演的角色并不能截然分开，它们相互作用、相互影响，共同影响人类的行为。人的心理离不开大脑，各种动物研究均发现，环境可以改变大脑的结构与功能，例如，反复应激刺激能诱发海马树突萎缩；如果剥夺刚出生小猫的视觉刺激，相应的视觉皮层形成不了突触联系，小猫就会出现视觉退化。这种改变不仅发生在发育早期，在成熟时期同样如此。当然，从这个角度来说，环境涵盖的范围非常广泛，可以指细胞间的环境，也可以指我们生活的自然与社会环境，如感官刺激、心理社会刺激等。

## 三、心理障碍的鉴别

### （一）违背了主观世界与客观世界相统一的原则

心理的实质是客观现实在人脑中的主观反应，所以任何正常心理活动和行为，在形式和内容上必须与客观环境保持一致，当主观反应与客观现实不一致时，则可能产生心理障碍。如果一个人坚信自己看到或听到了什么，而客观世界中当时并不存在引起他看到或听到的刺激物，则可能产生了幻觉；如果一个人的思维内容脱离现实，或思维逻辑背离客观事物的规律性，并且坚信不疑，则可能形成妄想，如被害妄想、钟情妄想等。再者，如果一个人的心理冲突与实际环境不相符合，并且长期坚持无法自拔，如强迫性洗手等，这些都是精神活动不正常的表现。

### （二）违背了心理活动的内在一致性原则

人的精神活动被分为认知、情绪情感和意志行为三个过程，三者是一个完整的统一体，具有内在一致性。例如，正常情况下一个人遇到开心的事情会产生愉快体验，可能会眉飞色舞、喜笑颜开，遇到难过的事情则会产生悲伤体验。但是，如果一个人遇到难过的事情不感觉难过，例如医生告诉他“你母亲得了重病”，而他就像没听到一样毫不关心，或者遇到开心的事情怎么也开心不起来，或者用悲痛的表情语调向别人述说令人愉快的事、对痛苦的事情做出快乐的反应等，我们则可以认为此人的心理过程失去了协调一致性，称为异常状态。

### （三）违背了人格的相对稳定性原则

在长期的生活中，每个人都会形成自己独特的人格心理特征。这种人格心理特征一旦形成，便有相对稳定性，一般是不容易改变的。如果在没有明显的足以引起人格改变的外部原因的情况下，一个人的人格相对稳定性出现问题，我们要怀疑这个人的心理活动出现了异常。可以把人格的相对稳定性作为区分心理活动正常与异常的标准之一，例如，一个平时花钱很仔细的人突然挥金如土，一个平常待人接物很热情的人突然变得很冷漠，一个平时很善良谦逊的人突然变得充满敌意等，如果在他的生活环境中找不到足以促使他发生改变的原因，那么我们可以说他的精神活动已经偏离了正常轨道。

# 第二节　常见心理障碍及其治疗方法

常见的心理障碍包括抑郁症、焦虑症、强迫症、精神分裂症等。

## 一、抑郁症

**心理链接**

### 朴树的平凡之路

1973 年 11 月，朴树出生在一个高知家庭，父母都是北京大学教授。北大院小孩的人生规划大体相似，北大附小、北大附中、北大，然后出国留学。朴树在北大附中升学考试这一关卡没过，当时他在院子里不敢见人，觉得自己低人一等，连累爸妈都没法做人。父母不善言辞，未曾给予安慰。高中时，朴树患上了抑郁症，他整夜睡不着觉，整星期不说话，家人带他去医院看心理医生，效果不佳。1993 年，朴树考入首都师范大学英语系，勉强读了一年就退学了，转做音乐，直到现在。

2007 年，朴树参加了一档歌曲表演类节目《名声大振》，节目完成后，朴树大病了一场。他在《无与伦比的乐趣》一文里写道："我病了很久，没什么具体的病。就是西医指标一切正常，中医一看身体全部紊乱，也许是长期抑郁造成的。我从中学就有点抑郁，一直是那样。"歌曲《New Boy》传达出朴树当时的朴素愿望，他希望"以后的路不再会有痛苦"。在《鲁豫有约》节目中，他说："我在一段时间内，经历了其他人可能好几年才会经历的事情。"这段身心备受折磨的日子，一度击垮朴树。朴树描述自己的抑郁："情绪最低落的时候，我想过放弃生命。我不能见任何人，我在房间安抚自己，一切都是错觉，我只要熬过今天，明天就能缓和，就这样不停循环。"

在事业的巅峰期隐退，沉默了九年多的朴树，在和自己的抑郁症作斗争。2017 年，朴树用一首《平凡之路》重新走进了大众的视线中，有网友猜这是他与世界的和解。2019 年 8 月，# 朴树录节目中途回家睡觉 # 突然上了微博热搜榜，原来是朴树在录制某综艺节目时，到了晚上 11 点多时，录制还没结束，朴树突然站起来对观众和主持人马东说："到点了，我得回去睡觉了。"因为最近，朴树的目标是成为一个人格健全的人，让生活正常运转。他自己跑去银行排队，逛菜市场，上心理学课，每天跟狗玩一会儿，一日三餐一顿不落，定时睡觉，规律作息。

### （一）抑郁症的症状表现

据调查，我国有超过 7000 万的抑郁症患者，其中就诊率不足 10%，而对抑郁症认识不清，是抑郁症治疗的最大障碍。抑郁症指由各种原因引起的以显著和持久的抑郁症状群为主要临床特征的一类心境障碍，抑郁症状群主要表现如下。

（1）抑郁的心境

几乎所有存在抑郁的个体都会体验到一定程度的不幸感，根据个体抑郁程度的高低，所体验到的这种抑郁心境有所不同。严重的抑郁个体甚至会体验到绝望的心境，认为自己无人能求助，也没有人能够帮助自己。

（2）快感的丧失与兴趣的消退

快感的丧失以及兴趣的消退也是抑郁个体常见的特征之一。一般来说，抑郁个体在抑郁症发作以后会对身边许多事情失去兴趣，即便是从前特别感兴趣的事物也会变得乏味。

（3）食欲消减

食欲不振在抑郁个体身上十分常见，随之而来的问题就是因为食欲消减而导致的体重下降。当然，也存在少数抑郁症患者食欲大增。

（4）睡眠失调

睡眠障碍也常见于抑郁群体当中，具体表现为难以入睡、反复醒来、睡眠时间短，这些对于抑郁个体而言是极常见的问题。然而，就像食欲的问题一样，部分抑郁个体也会存在睡眠时间异常增加的情况，对于他们而言，睡眠时间有时可达 15 小时以上。

（5）思维迟缓

抑郁症患者的思维相对于正常个体而言较为迟缓，他们对问题的处理会显得犹疑不决并且难以集中注意力，甚至存在记忆方面的困难。

（6）运动抑制

抑郁的个体不爱活动、走路缓慢、言语少，他们总感觉筋疲力尽。患有严重抑郁症的人甚至不吃不动，生活不能自理。

（7）无用感和愧疚感

抑郁个体经常觉得自己缺乏价值并且一无所有，感觉不到他人的关爱，还会觉得自己为周围环境带来了许多麻烦，感觉许多事情都是自己的错，因此存在一定程度的愧疚感。

（8）自杀意念：严重的抑郁症患者会存在自杀的念头，对于他们而言，自杀是一种解脱的有效方式，并且认为死亡能够结束自己给他人带来的痛苦。

### （二）抑郁症的治疗

准确识别和处理抑郁症是预防自杀的一种十分有用的策略。如果发现身边的人有抑郁症症状，就必须认真对待，提高自身的警惕性，因为抑郁症容易复发。抑郁症以药物治疗为主，辅以心理治疗，当然，自我调节也是很重要的。自我调节的策略有以下几点。

1. 有信心，持之以恒

抑郁症是可以被治愈的，而且治愈率相当高，60%～80% 的患者经过科学的治疗之后都能够痊愈。治愈抑郁、回归正常生活的案例很多，例如歌手朴树在经历了十几年的抑郁之后，最终战胜抑郁，过上正常安稳的生活，所以要有信心，要坚持接受治疗。

2. 谨遵医嘱，按时服药，定期复诊

这一点是非常重要的，有时候抑郁症的治疗需要持续较长时间，药物起效缓慢，很多患者中途放弃，停止治疗，使得前功尽弃，这是非常可惜的。如果患上抑郁症，千万不能讳疾忌医，要积极配合医生的治疗，以免承受更多的、本可以避免的心理痛苦。

3. 简单又充实的生活安排

处于抑郁情绪中的个体通常认为自己没有能力去做各种事情，其周围的家人朋友也会劝其待在家里好好休息不要出门，其实这样并不利于抑郁症的治愈。适当安排一些简单的社交和文娱活动是有必要的，可以采取多向身边的人倾诉、进行短期旅行等方式来缓解负性状态。

4. 适量运动

科学研究表明，长期的适量运动可以刺激身体释放出大量多巴胺、肾上腺素等神经递质，这些神经递质能使人产生心情愉悦、安详、和谐等体验，与抗抑郁药物作用相似。另外，运动可以使身体得到放松，帮助患者恢复掌控感和愉悦感，激活患者的行为和身体能量。常见的有效有氧运动包括散步、瑜伽、广播体操、快步走、慢跑、游泳、骑自行车、开合跳、拳击等，需要患者根据自己的精神状况和体能选择合适的运动方式，循序渐进。

## 二、焦虑症

**名人故事**

蒋昌建，博士，复旦大学国际关系与公共事务学院副教授，《最强大脑》节目主持人。他也曾患有焦虑症，2014 年他在央视《开讲啦》节目上公开谈论自己的这段经历。

蒋昌建："有一天晚上我在备课，我感觉到我没有办法用我的脑子进行思维，我没有办法驾驭控制我的身体，我的心脏好像完全要跳出我的胸腔，我甚至觉得我下一分下一秒就有可能死亡。那段时间，我没有办法跟家人在一起吃饭，我吃饭是在自己的卧室里头，就着电视机柜旁边的一个小角落吃饭，我没有办法迈出我家门一步，更不要说在院子里散步。我这种状况怎么能够去上课呢？我请了一个学期的假。后来医生诊断为焦虑症。

有一天我接到电话，必须去开一个会。我就问医生'我能去吗？'那个医生说：'我给你开一个比你平时服用的更厉害的药，你吃下去就可以去开会了。'吃完那个药以后，我就发现我好像能走出去了，而且走的距离还蛮长的，我发现我的身体其实没有问题，而是我的心理出了问题，因为药物帮助我克服了心理的问题。"

有人曾问蒋昌建："你的焦虑痊愈了吗？"蒋昌建说："这东西没有彻底治愈这一说。但是现在每次它来了我就知道，我会调整，等它离开，下次它还会再来，我也不怕。我把焦虑当作一个老朋友。"

在日常生活中我们常常会出现各种焦虑情绪，比如爱美的女孩子长痘、体重增加，或期末考试临近却还没开始复习的同学，或多或少会产生一些焦虑情绪，这些都是正常的。适度的焦虑本身并非坏事，它可以促进我们积极思维，并且促进机体调用资源应对问题，进而转化为动力。这种正常的暂时性焦虑情绪也并不可怕，因为它总会有结束的一天。真正折磨人的是不间断的、每时每刻都能感受到的、高强度的焦虑，甚至会出现生理上的运动不安症状，这就不仅仅是焦虑那么简单了，这时候，你可能已经患上了焦虑症。

### （一）焦虑症的症状表现

焦虑症的表现形式多种多样，大致可分为广泛性焦虑和惊恐发作两种。

广泛性焦虑又称慢性焦虑，症状表现为无明确和具体内容的焦虑和紧张不安（自由浮动式焦虑），或对现实生活中的某些问题过分担心和烦恼；常感到心烦意乱，总担心有祸事临头，或为某种不存在的危险或威胁而担心，常伴有自主神经症状（如心慌、胸闷、呼吸急促、头晕、恶心等）和运动性不安（如来回走动、静坐不能、搓手顿足等）。在杞人忧天的故事中，有个杞国人因为担心忧虑天会塌、地会陷，太阳和星辰会坠落而吃不下饭，睡不着觉，惶惶不可终日，经过热心人的一番耐心开导之后才恢复正常。如果从现代医学的角度来看，这个杞国人可能就是患上了广泛性焦虑障碍。

惊恐发作又叫急性焦虑，症状表现为突爆强烈的濒死感和失控感、突发性胸闷、心悸、呼吸困难、全身出汗、全身发抖、抽搐等，发作时间一般持续几分钟到数小时不等，严重时需要拨打 120 进行急救。患者发作时意识清晰，事后能回忆发作的经过，多数患者在发作间歇期因担心再次发作而紧张不安，不敢单独外出。如蒋昌建博士某天在备课时突然爆发濒死感和失控感，并在发作间歇期因为担心害怕而不敢迈出家门，不敢去学校工作和上课，就完全符合惊恐发作的表现。

### （二）焦虑症的治疗

焦虑症患者要去正规的医院看医生，接受药物治疗，辅以心理治疗。积极进行自我调节也很重要，正如蒋昌建在回忆自己的治疗经历时曾说“焦虑症就像人类的情感与心灵得了一场重感冒，在靠你自己的能力没有办法战胜心理问题的时候，科学和药物会帮你很大的忙，但是有一点不要忘了，真正能够战胜心理的，最终还是自己”。焦虑症患者十分容易出现两类认知错误，一是过高地估计了负性事件出现的可能性，二是过分戏剧化或灾难化想象事件的结果，因此，积极改变自我认知对于焦虑症的治疗与调节非常重要。另外，还可以通过放松身体、深呼吸、冥想等方法进行训练，缓解焦虑。

## 三、强迫症

**名人故事**

#### 亿万富翁的痛苦人生

霍华德·休斯，1905 年出生，1923 年（18 岁）成为孤儿，辍学接管父亲的企业。休斯的身份众多，包括美国企业家、电影制片人、导演、飞行员等，据说他还是钢铁侠的原型，莱昂纳多主演的电影《飞行家》就是讲述霍华德·休斯的传奇人生。

1926 年，休斯进入好莱坞，成为电影公司董事长兼导演，投资制作喜剧影片《两个阿拉伯骑士》，获奥斯卡最佳喜剧片导演奖；1930 年投资制作战争影片《地狱天使》，收获票房800万美元。1932年成立休斯飞机公司，1935年驾驶自己设计的H1飞机创造世界飞行记录。1937年以七个半小时飞越美洲，被誉为飞行英雄，受总统罗斯福接见；1938年创91小时环球飞行记录。1939年，休斯入主环球航空公司，使环球公司扭亏为盈，他成为美国第一个亿万富翁。

1947年的一天傍晚，霍华德·休斯正与演员简·葛瑞尔在洛杉矶日落大道的一家餐厅共进晚膳。席间，他表示要去一下洗手间。让简万分吃惊的是，简整整花了一个半小时才等到他回来。当他终于再次出现的时候，从头到脚都湿透了。“到底发生了什么事情？”简问道。霍华德说：“我不小心撒了些酱料在衬衫和裤子上，因此不得不去水池里清洗一下。”之后，他又把衣物在洗手间的隔间里晾了一阵。在他把衣服重新穿上之后，他解释道：“我无法离开洗手间，因为我不能碰门把手。我不得不等到有人进来。”霍华德·休斯当然是古怪的，但他并不是一个疯子，他只是一名强迫症罹患者。休斯的强迫症在很早就表现出来，在20世纪30年代，休斯的朋友说休斯在吃最喜欢的豆子时对豆子的大小非常介意，要用一个特殊的叉子把豆子按大小排序后再吃。他坚持拿东西的时候要垫上纸巾，认为这样可以把他和细菌隔开。

1950年，45岁的霍华德·休斯受强迫症的折磨开始隐居，作为环球公司78%股份的控股者，因拒绝出庭丧失控股权。在他的晚年，霍华德·休斯完全被病症淹没了。临终的日子，他将自己隔离在一种医院的氛围中：因为对病菌的恐惧，他终日躲在阿卡普尔科市女王大酒店的顶层套间里。厚重的帘布将每一扇窗户遮掩得严严实实——甚至连阳光，在他眼里都可能是传播病菌的媒介。用面巾纸将手遮盖好的仆人给他送入的食物，都是精确度量和切割过的。

## （一）强迫症的症状表现

强迫症是指以强迫思维和强迫动作为主要特征，伴有焦虑情绪和适应困难的一种心理障碍。强迫思维是指反复进入患者意识领域的思想、表象或意向，这些思维对患者来说是没有现实意义的，是不需要的或多余的；患者极力摆脱，但又无能为力，十分苦恼和焦虑。例如怀疑自己刚才是否说错话并反复思考哪些话语对他人造成伤害，或脑海中反复出现经历过的一些事情并且无法摆脱，或反复思考诸如“太阳为什么是圆的”“1+1为什么等于2不等于3”等毫无意义的事情等。强迫行为是指反复出现的、刻板的仪式化动作，患者感到这样做不合理，别人也不会这样做，但却不能不做，强迫行为的种类非常多，比如强迫洗手（不停地洗手却总觉得还没洗干净）、强迫检查（担心门窗没有锁好而再三返回去检查）等。强迫症患者的强迫思维或行为是无意的，患者并不能控制自己的这些思维或行为，并且其实很多患者在明确知道这些强迫症状已经严重影响到正常生活的前提下，仍然不断地反复进行。

强迫症的典型特点是有意识的自我强迫和反强迫并存，二者强烈冲突使患者感到焦虑和痛苦；患者体验到观念或冲动来源于自我，但违反自己的意愿，虽极力抵抗，却无法控制；患者也意识到强迫症状的异常性，但无法摆脱。强迫症的形成，多与患者的个性和父母的教养方式有关。患者父母平时的焦虑气质和刻板的行为、动作，例如对子女要求过于严格、过分爱整洁等，对强迫症的形成会产生很大的影响。

### （二）强迫症的治疗

强迫症属于一种慢性疾病，而且容易复发，主要以药物治疗和心理治疗为主，需要坚持长期治疗。除了听从医嘱、坚持长期治疗之外，健康的生活方式和人际关系也可以增强治疗效果，减少强迫症的复发，有利于改善预后。在生活中，要注意以下几点。第一，定期复查。强迫症是一种慢性疾病，需要坚持长期治疗，患者要保持与医生的密切联系，积极反馈自己现阶段的治疗情况，以便更好地控制病情。第二，学会面对挫折。强迫症患者往往具有多疑、完美主义等人格特征，所以应逐渐学会正确面对生活、学习以及工作中的失败和挫折，避免将这些困难变成强迫症复发的导火索。第三，做缓解压力及焦虑的运动。面对诱发性的事件及地点时，可以通过听一些舒缓音乐、散步、瑜伽和泡热水澡等方式来缓解压力和焦虑。第四，改变不健康的生活习惯。患者平时要注意规律作息，健康饮食，限制或避免喝含有酒精或咖啡因的饮品，用餐时心情放松、有节制，不要通过暴饮暴食的方式来缓解压力。

对于强迫症患者，家人首先要学会的就是理解。患者表现的异常行为、思想并不是无理取闹，他们自己也无法控制，所以家人要多点耐心，避免使用粗暴的言语行为制止患者的强迫症状，多用温和理解的态度同患者进行沟通，帮助其缓解疾病带来的不适。其次，家人要及时抚慰患者的不安情绪，让其感受到家庭的温暖。同时，要鼓励患者克服强迫症状，帮助其建立战胜疾病的信心。在治疗的过程中，即使患者的病情得到微小的改善，也要及时给予肯定和鼓励，这有助于改善其焦虑情绪。

## 四、精神分裂症

### （一）精神分裂症的症状表现

精神分裂症简称分裂症，是一种极为严重的精神疾病，患者具有思维、情感和行为等多方面的障碍，以精神活动和环境不协调为特征。患者常缓慢起病，病程迁延，有慢性化倾向和衰退的可能，但部分病人可痊愈。患者发病时意识清晰、智能基本正常，并不存在智力问题，多起病于青壮年，发病年龄高峰在 15～35 岁，近年有提早趋势，可见于各种文化水平、各个社会阶层中。

精神分裂症其症状可大致分为阳性症状和阴性症状。阳性症状主要指一些异常的观念、感觉体验和行为，如幻觉、妄想和怪异言行。幻觉是没有现实刺激作用于感觉器官时出现的知觉体验，是一种虚幻的知觉。幻觉一般包括幻听和幻视两种形式，主要以幻听为主，精神分裂症患者常常报告他们能够听到脑海里存在另外一个人的声音，有时候甚至存在多个人在自己脑袋里对话的感觉。妄想指的是没有根据地坚定持有某种信念，常见的妄想包括被害妄想（坚信自己正在被他人迫害，如投毒、跟踪、监视自己等）、被控妄想（感到自己的思想、情感或抑制行为受到外界力量的控制而身不由己，如“我的大脑被外星人控制了”）、关系妄想（坚信周围环境中所发生的实际上与自己无关的事情都是指向自己的，如“周围人都在议论我”）、疑病妄想（毫无根据地坚信自己患了某种可怕的生理疾病）等。精神分裂症患者还会出现思维逻辑缺陷，常有前言不搭后语、答非所问等常人难以理解的表述，有时候也有激烈的伤人、毁物以及破坏一切特别是美好事物的冲动。阴性症状是相对于外显的阳性症状而言的，指消极的、不活跃的症状，包括思维贫乏、情感淡漠和意志缺乏等，如患者对家人的生老病死漠不关心，生活懒散，不注意个人卫生和形象，对自己的未来没有任何规划，天天待在家里不愿意上班，甚至吃饭、洗澡、刷牙这些都需要家人去督促。精神分裂症患者还存在自知力的缺陷。自知力主要指患者对自己的认识和态度，包含对自身症状、自己人格的认识以及发生异常心理原因和机制的认识。精神分裂症患者因为自知力的不完整，通常认为自己没有问题，不愿求医问诊。

**成长案例**

小丽最近一段时间时常觉得身边的人尤其是男性，都用一种异样的眼神看着自己。她向身边的同学倾诉，班里的那些男生都喜欢自己，并且还想和自己发生性关系。慢慢地小丽开始觉得身边的同性也因为嫉妒自己获得了男生们的欢心而不择手段地想加害自己，无论自己走到哪里都感觉有人在跟踪自己，就连自己的手机也感觉被人监听着一样，觉得别人能够通过手机听到自己心里的想法。小丽不敢使用手机，感觉用了之后，想害她的人就会发现自己身处的地方并前来加害自己。即使这一切根本不存在，小丽仍然坚信不疑。

【分析】案例中的小丽可能患有精神分裂症，她存在明显的钟情妄想（认为班里的男孩子都喜欢自己）和被害妄想（身边同性想不择手段加害自己、跟踪监视自己），并且有一种被洞悉的感觉（他人能够通过手机听到自己心里的想法、知道自己的位置），应该尽早去医院接受治疗。由于小丽本身自知力缺乏，通常不会主动去寻医问诊，这时就需要小丽的家人朋友伸出援手，帮助她早日就医、早日康复。

### （二）精神分裂症的治疗

精神分裂症发作期主要以药物治疗为主，其他治疗如电休克治疗为辅，坚持“早发现、早诊断、早治疗”的原则，接受治疗时要足量足程，提高治疗依从性，不要擅自停药和放弃治疗。在急性发作期接受心理治疗效果不明显，在缓解期或慢性期，在接受药物治疗的同时可以接受心理治疗和社会康复治疗，帮助患者恢复由于疾病所致的精力与体力下降，达到并保持良好的健康状态，恢复原有的工作或学习能力，重拾稳定的人际关系，重新回归社会，进行正常的工作、学习。

# 第三节 心理危机概述

## 一、心理危机的概念

心理危机指个体或群体面临重要生活事件，既无法回避，又不能运用个人的资源与应付机制加以解决时所出现的身心状态。心理危机由三个成分构成：一是危机事件的发生，如突然遭受严重灾难、重大生活事件或精神压力；二是危机事件给当事人带来主观痛苦和严重不适感，引起一系列的生理和心理应激反应；三是当事人惯常的处事手段不能应对或应对无效。

心理危机通常表现为出现精神濒临崩溃的状态，个体感到痛苦不安、紧张焦虑、害怕恐惧，常伴有沮丧绝望、麻木不仁等状态。具体反应表现在生理、认知、情绪、行为等几个方面：

1. 生理方面

肌肉紧张、心跳加速、呼吸短促、冒汗、眩晕头痛、胸闷心痛、睡眠紊乱、食欲不振。

2. 认知方面

不能集中注意力，反应减慢，记忆力下降，思考、推理、判断问题能力降低，缺乏自信，逃避现实，无法控制地将想法集中在危机事件上。

3. 情绪方面

情绪低落或不稳，愤怒、自责、羞耻，震惊畏惧，极度焦虑忧郁、敏感多疑，存在无助感，情感淡漠。

4. 行为方面

暴力倾向，做出伤害他人的行为或自我伤害行为，如酗酒、依赖药物、自杀等；退缩行为，放弃以前的兴趣，沉默少语、不愿与人交谈，回避社交活动，躲避他人；假装适应行为，表面看上去调适良好，似乎成功处理了创伤及压力，但难以与周围建立协调统一的关系、与人建立真挚信任的关系，并且脆弱敏感，容易再次崩溃；强迫观念及强迫行为。

## 二、心理危机的分类

1. 发展性危机

发展性危机是指在个体正常成长和发展的过程中，急剧的变化或转变所导致的异常心理反应，例如升学、就业、孩子出生、移民、退休等都可能导致发展性危机。心理学家埃里克森认为，人的一生是由一系列连续的发展阶段组成的，每个阶段都有其特定的身心发展课题。当一个人从某一发展阶段转入下一个发展阶段时，如果他原有的行为和能力不足以完成新课题，而新的行为和能力尚未建立起来，发展阶段的转变则常常会使他处于行为和情绪的混乱无序状态。如儿童与父母的分离焦虑；身心发育急剧变化的青少年的情感困惑；青年期的职业选择和经济拮据；对婚姻生活缺乏足够心理准备和处理夫妻角色能力的新婚夫妇；缺乏足够育儿本领的父母面对第一个孩子的诞生；中年职业压力、下岗失业、婚姻危机，子女离家，父母死亡等；老年期习惯于忙碌的退休老人、衰老、配偶离去、疾病缠身等。如果没有及时为承担新角色而培养新的能力和应对方式，每个人都有可能产生发展性危机。如果一个人没有及时建设性地解决某一发展阶段的发展性危机，其未来的成长和发展就会受阻碍。

发展性危机被认为是常规发生的、可以预期的，又是独特的，在生命发展的各个时期都可能存在。如果个体有足够的时间和机会对发展性转变做出适应性的调整，如获得有关信息、学习新技能、承担新角色，就会减小危机对个体心理上的冲击和损害。但是，如果个体缺乏处理危机的经验、对挫折的耐受能力差、缺乏自信、不会与人相处等，发展性危机对他的冲击就会很严重。

2. 境遇性危机

境遇性危机是指当出现罕见或超常事件等外部突发性事件，个体无法预测和应对时所出现的心理危机，如疾病暴发、地震、水灾、遭遇交通事故、被强奸、遭遇绑架等。境遇性危机具有随机性、突然性、意外性、震撼性、强烈性和灾难性等特点，往往对个体或群体的心理造成巨大影响，如 2020 年新型冠状病毒疫情的爆发给武汉及全国民众造成的心理恐慌就是境遇性危机，这种危机发生突然，影响面广、程度深、时间长，需要进行及时有效的干预。

3. 存在性危机

存在性危机是指伴随着重要的人生问题如关于人生的价值与意义、人生目的、责任、承诺等出现的内部冲突和焦虑。存在性危机可以是基于现实的，也可以是基于后悔，还可以是一种压倒性的、持续的空虚感、生活无意义感。北京大学副教授徐凯文在题为《时代空心病与焦虑经济学》的演讲中提出，研究表明，北京大学一年级包括本科生和研究生的新生，有强烈的孤独感和无意义感。有 30.4% 的学生厌恶学习，或者认为学习没有意义；还有 40.4% 的学生认为活着没有意义，现在活着只是按照别人的逻辑这样活下去而已。他们从小都是最好、最乖的学生，是非常优秀的年轻人，成长过程中没有明显创伤，生活优渥、个人条件优越，却感到内心空洞，就像漂泊在茫茫大海上的孤岛一样，感觉不到生命的意义和活着的动力，甚至找不到自己，其中最极端的就是有强烈的自杀意念甚至放弃自己的生命。他们不是想自杀，他们只是不知道为什么活下去，活着的价值和意义是什么，这种空虚感和无意义感很难用有价值的物质条件进行弥补。

## 三、心理危机的发展过程

心理危机一般持续 6～8 周，从发展过程来看，处于危机中的个体主要经历以下 4 个阶段。

1. 冲击阶段

危机事件发生时或发生后不久，个体感到震惊、恐慌、不知所措、极端不安、精神恍惚，如突然得到亲人被诊断得了某种严重的疾病的消息，个体会感到无比担心与焦虑。

2. 防御阶段

在危机产生后一定时期内，个体为恢复心理平衡状态而调动心理资源努力调整，控制焦虑和情绪紊乱，恢复受到损害的认识功能。但危机无法迅速解决，会出现否认、合理化等现象，例如某些影视剧中的人物在得知家人感染重病或遭遇某种灾难时通常会在惊慌失措（冲击阶段）一段时间之后，开始喃喃自语“不会的，不会的”“一定会没事的”等，这就是防御阶段“否认”行为的表现。

3. 危机解决阶段

在此阶段，个体开始积极采取各种方法接受现实，寻求各种资源摆脱困境。适当的方式能帮助个体减轻焦虑、增加自信，恢复社会功能；不当的处理方式会导致危机加深。这时，当事人的求助动机最强，常常不分时间地点而发出求助信号，以求摆脱困境，渡过心理危机。

4. 成长阶段或精神防御崩溃阶段

一些个体在经历心理危机事件的过程中，变得更加坚强和成熟，获得了有效应对危机事件的经验和方法；但也有些个体因为耐受性差或因采取了消极的应对策略而未能渡过危机，最终导致某些精神障碍或身心疾病或自杀等问题。

## 四、心理危机的后果

心理危机是一种正常的生活经历，并非疾病或病理过程。每个人在人生的不同阶段都会经历危机，由于处理危机的方法、应对危机的方式的不同，危机带来的后果也不尽相同。

第一种情形是当事人不仅顺利渡过危机，而且从危机发展过程中学会处理危机的方法和策略，危机化为转机，整个心理健康水平得到提高。

第二种情形是个体虽然勉强渡过了心理危机，但却在当事人的心里留下了阴影和创伤，个体从此不能接触与创伤记忆有关的人、事、情境，回避与创伤有关的话题，憎恨和仇视那些给自身带来创伤的人，影响到今后的社会适应，等到下次遇到同样的危机事件时，会有新的不适应情况发生。

第三种情形是未能渡过危机，陷入心理障碍当中。从此，当事人生活中的任何变化都可能诱发心理危机。

第四种情形是当事人经不住强大的心理压力，采取轻生、肢体自残、暴力攻击以及吸毒、酗酒、性行为错乱等消极应对方式，这些极端的反应方式可能是即时的，也可能是危机事件发生半年之后才发生的延迟性反应。

**心理链接**

**不归路**

某职业技术学院 2010 级的一名女生在寝室内上吊自杀，中午被寝室同学发现时已经身亡。据了解，自杀的女学生姓何，23 岁。自杀原因是与男友在感情上出现了一些问题，自认无法解决，便走上了不归路。

【分析】一些大学生社会经验不足、依赖性强、心理承受能力差，再加上缺乏社会支持系统的支持，稍遇情感挫折、生理疾病、学习就业压力、经济压力、家庭变故等，都会让他们因为悲观厌世而走上极端之路。所以，老师和家长除了应关心学生的成绩外，还应注意观察学生的心理变化，时刻掌握他们的心理动态，帮助他们进行心理调适，让他们自强不息地、精彩地活下去。

## 五、心理危机的早期识别

个体的言语、情绪与行为是其心理活动及状况的反应，处于心理危机的个体也通常会表现出一些征兆，如果能够及早识别个体表现出来的心理危机的信号，及时为处于危机中的个体提供尽可能的帮助，对于个体顺利度过心理危机有重要的意义。常见的心理危机的早期征兆有以下四方面。

### （一）有较长时间的抑郁情绪

有超过两周以上的心境低落、悲观失望、闷闷不乐、兴趣丧失、无愉快感、精力减退或疲乏感明显、自责内疚，或表现出情绪的不稳定，容易激惹和情绪大起大落，容易流泪甚至直接向他人表露自己处于痛苦、抑郁、无望或者无价值感状态中。常说出“我希望我已经死去”“我再也不想活了”“我该怎样死才能最好看”“我所有的问题马上就要结束”“现在没有任何人能帮助我了”“没有我，你们会生活得更好”“我再也无法忍受了”“人活着有什么意思”“为什么我那么倒霉”“老天为什么对我这么不公平”等语句，这些话语在一个人身上表现得越多越频繁，其越有可能在短期内采取自杀行为。

### （二）有自杀企图或自杀未遂的行为

研究表明，无论是以前有过自杀企图或自杀未遂行为，还是最近表现出的自杀企图，例如对别人说过自己要自杀，并有自杀方式的设想，有收集与自杀方式有关的资料；将个人的财产和珍贵的东西随意送人；逃避人际交往活动，无缘无故地跟人作对，发生莫名其妙的攻击性行为；突然从事高危险性活动，忽然沉浸在暴力或破坏性的电子游戏中，借吸烟和酗酒消愁，过度依赖或增量使用镇静剂或其他成瘾的物质；常出现抓伤、划伤、砍伤自己的身体等自我虐待的失常行为；性格突然发生较大的转变，忽视个人外表形象，不修边幅，不注意个人卫生，或者反常地停止自己习惯性的行为；学业质量突然显著恶化，突然离校出走；对生活流露出厌倦绝望、无助、气愤的情绪，将死亡和郁闷作为谈话、写作、阅读的内容等，都强烈提示自杀风险的存在。

#### （三）长期有与情绪有关的躯体功能障碍

内心的情绪情感问题常转化为各种久治不愈的躯体形式障碍，例如进食障碍、睡眠质量差（失眠或睡眠过多）、慢性头痛、月经失调、不思饮食、体重明显增加或者明显减轻。不少自杀者在生前有过多次看医生的病历记录，尤其是关于非器质性失眠、身心疾病、泌尿系统疾病，或个体自认为病程长、医疗花费较大、疗效不显著、对未来生活影响很大、没有希望治愈的疑难杂症。事实上，自杀者往往将这些发病率高的疾病的后果估计得过于严重。

#### （四）遭受心理危机事件

如前所述，如果个体经历了重要考试不及格、毕业找不到工作、人际关系冲突、亲子关系恶化、父母离婚、经济十分困难、慢性疾病久治不愈、严重的性侵害事件、至亲意外去世、被诊断罹患致死性疾病、传染上难治愈的性病、意外怀孕等心理危机事件，则有可能在短期内采取自杀行为。

## 第四节　心理危机干预

心理危机干预是指针对处于心理危机状态的个人及时给予适当的心理援助，使之尽快摆脱困境，防止过激行为。

### 一、心理危机的自助

#### （一）正确认知心理危机

对心理危机的正确认知是避免或者消除危机的重要手段，心理危机可能会带来痛苦，但并不是不可解决的，也不能因此而完全否定个人的价值。大学生要注意自觉地运用心理学知识分析自己的心理和行为习惯，通过正确的自我认识，对自我进行调节。不要回避或否认自身出现的负面状态，而应及时对其进行梳理以降低心理危机发生的风险。应把负性情绪视为一种动力，了解并接受它，从中寻找正面的资源，获得成长。

#### （二）及时主动求助

要相信会有人愿意提供帮助，要主动将真实的困难和痛苦告诉给你信任的人，向信任的亲朋好友倾诉自己的烦恼，否则他们对此一无所知。还可以寻求专业的帮助，大多数高校都设有向大学生免费开放的心理健康教育与咨询中心，可以找心理辅导老师倾诉自己的苦闷，排解抑郁、焦虑、恐惧等心理。另外，很多社会公益机构也免费提供心理危机干预服务。有时为找到一个真正能够帮助自己的人，可能需要求助于几个不同的人或机构，但不要放弃，要坚持下去，有能力提供帮助的人一定会出现。

### （三）要相信一定有比死亡更好的解决问题的方法

有时候强烈的痛苦会使人做出失去理智的决定，冲动行事，如用酒精与药物来麻痹自己，或采取如自残自杀等极端激烈的方式，以试图从问题中解脱出来，但冲动行为导致的负面影响会使你更难做出合理的决定。自杀大多是基于某种混乱的思考和极其矛盾的心理，并不是有效的选择。要相信除了死亡，一定还有更好的解决办法。

## 二、帮助处于危机中的他人

### （一）倾听是首要

“多听，少说”是危机干预当中一个重要且有效的技巧。处于危机中的人非常想要摆脱负面情绪状态，倾诉是一种很好的宣泄方法。倾听使得当事人有更多的时间说出内心的感受和担忧，也能更好地了解当事人迫切想要传达的信息。在倾听过程中要保持耐心，交流中可能会出现沉默的状态，不必觉得“冷场”或交谈不顺畅，有些重要的信息往往在沉默之后才出现。有的人对交谈中对方突然爆发的情绪如哭泣、暴怒、歇斯底里等感到手足无措，其实不必过于担心，这是一种情感释放的表现，应冷静并以关心的态度陪伴着对方。“倾听”但不评价，不要试图将自己的想法强加于有心理危机的人。

### （二）表达关心、信任与支持

处于危急状态时，人们最怕的是孤立无援，没人理解、没人关心，仿佛已被所有人舍弃。假如向外界寻求解决的方式或帮助无果，当事人会觉得没有希望，失去前进的动力与勇气。而作为身边的人，如果能及时留意到当事人的状态，并给予适当的关心与支持，则有可能帮助当事人慢慢地从困局中走出来。

首先，要相信当事人具有自我改善的能力，相信他是有希望的，唯一能调整自我、改变想法、改变行为的正是当事人本身。但作为亲朋好友的你能为他付出关心、支持与引导，会使当事人感到温暖，不那么孤独。

其次，让对方感受到你真心的支持与信任。在与当事人相处、沟通交流时，可以通过声调和身体语言向对方表达“我是很关心你的”。要让当事人感受到你是真的关心“他这个人”，而不是他的表现、他的态度等。应该以积极、不偏不倚、不抱个人成见的态度来处理危机事件，不要评价求助者的经历与感受是否值得称赞，而是真正给予求助者以支持。接纳和肯定那些无人愿意接纳的人，表扬那些无人会表扬的人，才能让求助者感到你的无条件支持。

最后，与其他朋友合作，共同为当事人建立支持系统，营造健康、充满爱心的环境，让当事人可以放松心情，感到安心，感觉到大家都关心支持他。也许有时当事人会因为害怕、自尊等原因不愿承认自己陷于困难，或拒绝关心与帮助，但请不要放弃对他的信任与支持。

### （三）协助找寻正面力量

多数情况下，危机状态令当事人“身在迷局中”，处于思维僵化的状态，不能判断何种行为是有效的、适当的，甚至找不到支撑的力量，认为无路可走。而此时当事人的自尊与自信也处于较低值，因而可以多说说目前的积极方面，这样有助于增强当事人的自尊心。例如，“我真的欣赏你在如此困难的状态下，还能坚持完成任务”。注意，应用肯定、温和的语气，清楚、直接地将你的态度表达出来。还应帮助、引导当事人探索可以利用的应付方法，寻求可以获得的环境支持，找到可以用以战胜目前危机的资源。

### （四）及时求助

如果觉得以自己的力量不足以帮助当事人渡过心理危机，应当及时劝导当事人寻求专业心理咨询机构或危机干预机构的帮助，同时应当向当事人解释这并不是因为自己“不再关心”。假如当事人危机风险系数很高，可能伤害自己或他人，甚至已经表现出相关迹象，应当及时如实向班主任、辅导员、心理咨询老师反映。

#### 成长案例

裴启慧和方如会是某学院学生，2018 年 4 月 10 日晚，二人在培训机构上完英语课赶回学校的路上，路过同安桥的时候，发现桥栏杆上坐着一名男子，像是在看风景。“我们靠近后发现，完全不是这么一回事儿。当时他整个人已经坐在了栏杆外侧，低着头，看起来十分沮丧。”裴启慧和方如会一合计，觉得对方有可能要跳河，决定报警。“拨打 110 之后，我们就藏在附近，尽可能不要引起他的注意，怕他一激动或者一生气，直接跳下去。”

两名女大学生在现场守护，直到消防员来到现场。两位消防员悄悄从背后接近该男子，趁其不注意一把将他抱住，合力将他拉了回来。然而，该男子被救下后，情绪依然有些激动，一直失声痛哭。裴启慧和方如会走了过去，一起安慰起该男子。“跟他交流过程中，发现他才 19 岁，从宿迁来到常州打工，跟我是老乡。”方如会像个姐姐一样，给了他一个温暖的拥抱，很快，该男子慢慢地控制住自己的情绪。两位女大学生的义举让很多人感到很温暖，有网友称她们是“最美女生”。

【分析】见到一个陌生男子在路上哭泣，她们没有袖手旁观，冷漠路过，而是果断报警，安慰他，关心他，用自己的拥抱给了这个失落和绝望的陌生人温暖、力量和勇气，挽救了一条生命。发自内心的关心与支持可以让深陷绝望中的人感到安慰，感到自己不再是一座孤岛，有人关心和在意，从而挖掘出自身的积极力量，走出危机。大学生在帮助处于危机中的人的同时，要注意保护好自身的安危，及时报警或向老师求助，不能逞强。

## 三、帮助有自杀念头的人

自杀是心理危机最极端的表现之一，也是对自身伤害最为严重的行为。自杀行为不但会造成个人与家庭的损失，也在社会上造成了负面影响。近些年来，大学生的自杀率呈现上升的趋势，引起社会广泛关注。2010 年 8 月 28 日凌晨，网友“苏小沫儿”接连发布 30 条微博，直播自杀过程，网友发现后规劝其珍惜生命并报警。在确定轻生者在济南后，山东、北京两地公安联合行动，出动警力搜救。十多个小时后，终于制止了“苏小沫儿”的轻生行为，劝导其放弃自杀念头。可见，若能对身边的人及时加以注意、理解、疏导，是可以预防自杀行为、拯救生命的。

### （一）耐心倾听，认可情感

当对方向你倾诉时，首先冷静下来耐心倾听，让对方充分表露情绪。不要试图说服对方改变感受，而是通过不评价、不给予意见建议，表达对其的支持及关心，让对方感受到温暖。例如，“你怎么了”“我知道你很难过，有什么可以帮忙的吗”“我在这儿陪你”等。注意，有时候某些鼓励的话语可能会带来否定对方感受的负面效果，例如“还好，情况没那么糟”“你不应该这样想”“事情会变好的”“你太情绪化了”“你要坚强”等，甚至会让当事人觉得你置身事外。

### （二）给予对方支持

身边人给予的各方面的支持，特别是心理和感情的支持对于有自杀念头的人来说非常重要，能让其感受到温暖和希望。有时，即使是一个关心的眼神、默默地陪伴，也能抚慰心灵。

### （三）警惕及确认自杀的迹象

自杀者表现出越多的行为信号，意味着自杀的风险越高。不要对询问自杀讳莫如深，询问自杀不但不会引起自杀，还能及时拯救生命。当对方提到要终结自己的生命时，应当相信他的话并认真对待，不要答应为对方绝对保密，挽救性命远比保密更重要。必要时应当将相关信息告诉可信任、可提供帮助的相关人员。

### （四）紧急救助

假如觉得对方当时自杀的可能性很高，不要让其独处。在保护自己安全的前提下，移走可能促使自杀的工具（如剪刀、菜刀、水果刀、麻绳等），并寻求相关资源的协助，如老师、心理咨询中心、心理服务机构等。

# 心理训练营

## 活动一 心理自测

**抑郁自评量表**

下面有20道题目可以帮你了解自己的抑郁情绪状况，请你根据过去一周的状况进行评定，“1”表示没有或极少出现、“2”表示有时会出现、“3”表示经常会出现、“4”表示大部分时候或持续出现。

| 序　号 | 题　目 | 你的答案 |
|---|---|---|
| 1 | 我觉得闷闷不乐，情绪低沉 | |
| *2 | 我觉得一天中早晨最好 | |
| 3 | 一阵阵哭出来或觉得想哭 | |
| 4 | 我晚上睡眠不好 | |
| *5 | 我吃得跟平常一样多 | |
| *6 | 我与异性密切接触时和以往一样感到愉快 | |
| 7 | 我发觉我的体重在下降 | |
| 8 | 我有便秘的苦恼 | |
| 9 | 心跳比平常快 | |
| 10 | 我无缘无故地感到疲乏 | |
| *11 | 我的头脑和平常一样清楚 | |
| *12 | 我觉得经常做的事情并没有困难 | |
| 13 | 我觉得不安而平静不下 | |
| *14 | 我对未来抱有希望 | |
| 15 | 我比平常容易生气激动 | |
| *16 | 我觉得做出决定是容易的 | |
| *17 | 我觉得自己是个有用的人，有人需要我 | |

续上表

| 序　号 | 题　目 | 你的答案 |
|---|---|---|
| *18 | 我的生活过得很有意思 | |
| 19 | 我认为如果我死了，别人会生活得更好 | |
| *20 | 平常感兴趣的事我仍然感兴趣 | |

计分说明：

正向计分：第 1、3、4、7、8、9、10、13、15、19 题，共 10 题，将答案数值相加得总分。

反向记分：第 2、5、6、11、12、14、16、17、18、20 题，共 10 题，先进行分数转换，答案“4”=1 分，答案“3”=2 分，答案“2”=3 分，答案“1”=4 分，然后将分数相加得总分。

标准分 =（正向计分项目总分 + 反向记分项目总分）*1.25（结果取整数部分）

结果解释：按照中国常模结果，SDS 标准分的分界值为 53 分，其中 53 ～ 62 分为轻度抑郁，63 ～ 72 分为中度抑郁，73 分以上为重度抑郁。

## 活动二　知识之窗

### 应激下的身心安顿法

以下是“美中心理”根据美国退伍军人系统的“Take5：Five Minutes to a calm, healthier you.”（《花 5 分钟：让身心安顿》）翻译和改编的“应激下的身心安顿法”，这些练习不仅可以在重大应激性事件后使用，也可以用来应对日常压力。

1. 呼吸

慢下来，把注意力带到呼吸上。呼吸是生命的根本，可以有意把注意力带到腹部，做几次深长的腹式呼吸。深呼吸可以降低压力，改善情绪，提升注意力。

2. 打一个电话

给一个你信任的亲人、朋友或者社区中的支持性资源打个电话，或者给你觉得可能有需要的朋友、家人打个电话，问问他们正在做什么。有时候，去支持别人也是一个帮助自己改善情绪的好办法。

3. 着陆技术

如果你发现自己极度担心或焦虑，把注意力带回到当下。感觉一下双脚跟地面的接触、身体跟椅子的接触；动动手指头和脚趾头；环顾一下四周，快速地命名一下你所看到的各种东西；想一想一个你爱的或者深爱你的人的面容；哼唱你喜欢的童年时的歌。

4. 改变

如果你整日坐着，请站起来，伸展一下身体，走动走动，给脸上泼一点冷水，或者干脆洗个冷水脸，呼吸新鲜空气。如果你整日忙个不停，给自己留几分钟，安静地坐一会儿，做一个“三步呼吸空间”的练习。

5. 五指感恩

花一点时间，写出五件让你感恩的事情，或者扳着手指头，说出五件让你感恩的事情。这样做的时候，请面带微笑。研究发现感恩练习可以让人体验到更大的平静、喜悦，拥有更健康的身体以及更深厚、更令人满意的人际关系。

6. 补充能量

如果你觉得情绪化、迷惘、疲惫或者脾气有点急，你可能是饿了或者渴了。花五分钟时间休息一下，喝一点温水，或者吃一点健康的小吃。

记着，这些练习看似简单，如果你投入去做，它们会帮助你安顿身心，并帮助你与你的支持系统保持联结。

## 活动三 拓展训练

### 共情与倾听能力练习

活动程序：

三位彼此信任的同学组成一个小组，让其中一个人表达自己的真实经历，坦诚地表达这件事情带给自己的感受；第二个人作为倾听者，给予第一个人无条件的接纳和关注，在倾听的过程中要给予共情；第三个人作为观察者，不准说话，只是静静地观察这两个人的互动。当整个过程结束时，三个人分别表达各自的感受，告诉对方什么样的做法最能够让人感到被接纳与尊重。

# 第十二章　设计生涯定方略

## ——大学生职业生涯规划

你的命运掌握在自己手中。规划过的生活不一定都能成功，但未经规划过的生活，一定不会成功。

——李国忠

### 本章要点·

1. 全面了解自己的职业兴趣。
2. 树立新型的择业观和就业观。

### 案例导入

曾经，有一位学者在哈佛大学做过这样一个实验。他在一次讲座中问在座的学生："你们对自己的未来有目标吗？"当时有十几个人举手。

他笑了笑，又继续追问："你们有没有把自己的目标写下来？"这次，只有四个人举手。

多年后的追踪显示，后来举手的四位学生所创造的财富占当时在场的其他学生所创造的总财富的85%。

有句话说得好：你的心有多宽，你的舞台就有多大；你的梦有多远，你的成就就有多高；做正确的事情远比正确地做事情重要。大学生职业生涯规划是梦想通往现实的桥梁，只有设计好它，你的人生之路才会有到达彼岸的可能。

# 第一节 大学生职业生涯规划概述

## 一、大学生职业生涯规划的概念

大学生职业生涯规划是指大学生从自身实际情况出发，结合外部环境所带来的机遇和挑战，根据自己的职业倾向，确定最佳的职业奋斗目标，为实现职业奋斗目标而制订的行动时间和行动方案。对大学生而言，选择职业是其步入社会的前奏，是其人生的一次重大转折，是其施展才华、叩开职业大门的必要途径。

值得注意的是，大学生的职业生涯并不是一个单一的静态事件，而是一系列的动态历程。职业生涯目标并不是一次成型的，而是要根据实际情况进行调整。随着身心发展，大学生可不断发展多个暂定的长期职业生涯目标，并不断探究职业生涯的意义，为实现职业生涯意义而努力。

## 二、大学生职业生涯规划要素

### （一）发现你的真色彩——知己

怎样认识自己的兴趣、个性、能力和价值观呢？具体有以下几种方式：

①通过规划了解。例如可以想想“十年后的一天早上，自己在什么环境中醒来”“工作中的同事是怎样的人”“上班处理的第一件事是什么”“会跟谁住在一起”等问题。

②通过专业的心理测验了解。如霍兰德职业兴趣测试等。

③通过身边对自己较为了解的老师、同学等对自己的评价、看法去了解。如问“你觉得我的创新能力怎样”“你觉得我的语言表达能力怎样”“你觉得我的写作能力如何”等。

④通过能力总结了解。从过去的“实战经验”中找出自己的优势与劣势，如学科成绩、社团工作、兼职经历和实习经验等。

### （二）对未来工作进行探索——知彼

对未来工作进行了解，能帮助大学生找到与自己性格、能力相契合的工作。其中，包括了解该职业特点、所需能力、所需个性、就业渠道、工作内容、工作发展前景、薪资待遇以及生活形态等，以便评估自己的职业机会。探索途径包括：

①向身边的同学、老师、亲戚朋友和该产业工作者了解该职业特点。

②通过课程学习、职业资料介绍、广告、网络和产业杂志等途径来了解未来工作。

③从参观、实习、打工、义工、传记访问、休闲等经验资料中获得职业信息。

④在自己感兴趣的领域中，找到相关的工作者或专家做职业访问。

### （三）拨开乌云见彩虹——抉择

大学生对自己的未来或满怀憧憬，或茫然无措。“我将来该做什么工作”“要不要继续学习”“要不要考公务员”…… 抉择的过程，即展现自己决策风格与决策能力的过程，关乎“知己知彼”，并能预测自己可能面临的冲突和阻力并谋划和做好充分的准备。因此，抉择前应该与辅导员和任课老师等进行深入交流，让他们给一些参考建议。

### （四）打造千万身价——制订目标

目标是职业生涯规划的核心，是行动的方向和动力，是职业生涯规划不可缺少的重要组成部分。目标的制订要以自身实际情况为基础，并结合所处环境的客观条件，同时要参考周围朋友、老师和家人的建议。

### （五）实现规划梦想——采取行动

职业生涯规划不是纸上谈兵，当你制订出合理的规划后，就要采取相应的行动去执行规划。在执行规划的过程中，要做到以下几点：

①做好时间规划，将时间精确到分。

②努力尝试各种有益的活动，在尝试过程中培养和锻炼自己的各种能力。

③在完成每一小计划后，记得奖励一下自己。

④做到持之以恒，不到最后一秒钟绝不放弃。

**心理故事**

**命　运**

一个生活平庸的人带着对命运的疑问去拜访禅师，他问禅师：“您说真的有命运吗？”

“有的。”禅师回答。

“是不是我命中注定穷困一生呢？”他问。

禅师就让他摊开他的左手手掌：“你看清楚了吗？这条横线叫爱情线，这条斜线叫事业线，另外一条竖线就是生命线。”

然后禅师又让他跟自己做一个动作，把手慢慢地握起来，握得紧紧的。

禅师问：“你说这几根线在哪里？”

那人迷惑地说：“在我的手里啊！”

“命运呢？”

那人终于恍然大悟，原来命运是在自己的手里，而不是在别人的嘴里。

## 三、大学生职业生涯规划作用

大学生早起步进行职业规划，通过认清自己的优势和劣势，确立一个相对清晰的奋斗目标，从各方面去努力，并在此过程中不断调整自己的发展方向，从知识素养、实践表现以及个人气质上与未来工作岗位相契合，这将成为大学生赢得就业竞争的重要筹码。其作用主要表现在以下几方面：

### （一）增强竞争能力，直面未来挑战

“物竞天择，适者生存”是对当今社会最真实的写照。随着我国经济的快速发展和高素质人才的不断涌现，激烈竞争随处可见。要想在这场激烈的竞争中站稳脚跟并立于不败之地，大学生就必须设计好自己的职业生涯规划，这样才能做到心中有数，增加成功的机会。

### （二）明确发展目标，创造成功机会

古人云：“凡事预则立，不预则废。”一项行之有效的职业生涯规划是大学生做好就业准备的“导航仪”，同时，也是走向成功的第一步。因此，大学生有必要做好职业生涯规划，不可盲目地等待幸运之神降临，“不打无准备之仗”就是这个道理。

### （三）发掘自我潜能，增强发展实力

一次成功的职业生涯规划将会引导大学生较为全面深入地认识自身的性格特点与职业兴趣、现有与潜在的自身优势，帮助大学生准确定位自身价值并使其持续增值；引导大学生根据自身的实际情况，制订与之相符的、明确的职业发展目标；引导大学生评估自身能力与现实职业需要之间的差距；引导大学生对自己的长处与不足进行对比分析；帮助大学生学会运用科学的方法，采取可行的措施，增强自己的职业竞争力，并最终实现自己的职业目标。

**心理故事**

**四只毛毛虫**

毛毛虫都喜欢吃苹果，有四只要好的毛毛虫，各自去森林里找苹果吃。

第一只毛毛虫跋山涉水，终于来到一棵苹果树下。它根本就不知道这是一棵苹果树，也不知树上长满了红红的可口的苹果。当它看到其他的毛毛虫往上爬时，稀里糊涂地就跟着往上爬。没有目的，不知终点，更不知自己到底想要哪一种苹果，也没想过怎么样去摘取苹果。它的最后结局呢？也许找到了一个苹果，幸福地生活着；也可能在树叶中迷了路，过着悲惨的生活。不过可以确定的是，大部分的虫都是这样活着的，没想过什么是生命的意义，为什么而活着。

第二只毛毛虫也爬到了苹果树下。它知道这是一棵苹果树，也确定它的“虫”

生目标就是找到一个大苹果。问题是它并不知道大苹果会长在什么地方，但它猜想：大苹果应该长在大枝叶上吧！于是它就慢慢地往上爬，遇到分枝的时候，就选择较粗的树枝继续爬。它按这个标准一直往上爬，最后终于找到了一个大苹果，这只毛毛虫刚想高兴地扑上去大吃一顿，但是放眼一看，它发现这个苹果是整棵树上最小的一个，上面还有许多更大的苹果。更令它泄气的是，要是它上一次选择另外一个分枝，它就能得到一个大得多的苹果。

第三只毛毛虫也到了一棵苹果树下。这只毛毛虫知道自己想要的就是大苹果，并且研制了一副望远镜。还没开始爬时它就先利用望远镜搜寻了一番，找到了一个很大的苹果。同时，它发现当从下往上找路时，会遇到很多分枝，有各种不同的爬法；但若从上往下找路时，却只有一种爬法。它很细心地从苹果的位置，由上往下反推至目前所处的位置，记下这条确定的路径。于是，它开始往上爬了，当遇到分枝时，它一点也不慌张，因为它知道该往哪条路走，而不必跟着一大堆虫去挤破头。比如说，如果它的目标是一个名叫“教授”的苹果，那应该爬“深造”这条路；如果目标是“老板”，那应该爬“创业”这个分枝。最后，这只毛毛虫应该会有一个很好的结局，因为它已经有自己的计划。但真实的情况往往是，因为毛毛虫的爬行相当谨慎，当它抵达时，苹果不是被别的虫捷足先登，就是已熟透而烂掉了。

第四只毛毛虫可不是一只普通的虫，它做事有自己的规划。它知道自己要什么苹果，也知道苹果将怎么长大。因此当它带着望远镜观察苹果时，它的目标并不是一个大苹果，而是一朵含苞待放的苹果花。它计算着自己的行程，估计当它到达的时候，这朵花正好长成一个成熟的大苹果，它就能得到自己的苹果。结果它如愿以偿，得到了一个又大又甜的苹果，从此过着幸福快乐的生活。

第一只毛毛虫是只毫无目标，一生盲目，没有自己人生规划的糊涂虫，不知道自己想要什么。遗憾的是，大部分的人都是像第一只毛毛虫那样活着。

第二只毛毛虫虽然知道自己想要什么，但是它不知道该怎么去得到苹果，在习惯中的“正确标准”指导下，它做出了一些看似正确却使它渐渐远离大苹果的选择。而曾几何时，正确的选择离它又是那么接近。

第三只毛毛虫有非常清晰的人生规划，也总是能做出正确选择，但是，它的目标过于远大，而自己的行动过于缓慢，成功对它来说，已经是明日黄花。机会、成功不等人。同样，我们的人生也极其有限，必须好好把握。然而单凭我们个人的力量，也许一生勤奋，也未必能找到自己的苹果。但如果制订一个适合自己的计划，并且充分借助外界的力量，借助许许多多的“望远镜”（在现实生活中可以理解为利用社会资源帮助自己），也许第三只毛毛虫的命运会好很多。

第四只毛毛虫，它不仅知道自己想要什么，也知道如何去得到自己的苹果，以及得到苹果应该需要什么条件，然后制订清晰实际的计划，在望远镜的指引下，它一步步实现自己的理想。

其实我们的人生就像毛毛虫，而苹果就是我们某一阶段的人生目标，爬树的过程就是我们追求梦想的道路。毕业后，当我们都得爬上求职这棵苹果树去寻找未来时，完全没有规划的职业生涯注定是要失败的。

现代社会，规划决定命运。有什么样的规划就有什么样的人生。我们的时间非常有限，越早规划你的人生，你就能越早成功。要想得到自己喜欢的苹果，想改变自己的人生，就要先从改变自己开始，做好自己的生涯规划，做第四只毛毛虫。

## 第二节　探索职业兴趣　科学规划生涯

### 一、职业兴趣

职业兴趣是兴趣在职业方面的表现，是指人们对某种职业活动具有的比较稳定而持久的心理倾向，使人对某种职业给予优先注意，并向往之。

曾被勒令退学的爱迪生，却表现出杰出的创造发明才华；在课堂上“智力平平”的达尔文，在大自然的怀抱里却显得聪明和敏锐，成为进化论的创始人。是什么使他们由“愚蠢”变得聪明了呢？是兴趣。

找到了自己感兴趣的工作，就等于踏上了通向成功的道路。爱因斯坦曾经说过，“兴趣是最好的老师”，诺贝尔物理奖获得者华人丁肇中也说过，“兴趣比天才重要”，兴趣对人生事业的发展至关重要，因而，我们在选择职业时，要尽可能挑选自己感兴趣的工作。而要找到自己感兴趣的工作，非常重要的一步就是要找到与自己的职业人格类型相匹配的职业。

美国职业指导专家霍兰德提出的人格与职业类型匹配学说，在职业生涯规划中被普遍使用。霍兰德通过他本人长期的职业咨询经验创立了职业活动意义上的六种人格分类，并提出了与这些分类相对应的六种基本类型的社会职业。具体内容见表 12–1。

**表 12–1　霍兰德的人格类型分类**

| 形态 | 人格倾向 | 典型职业 |
|---|---|---|
| 实际型（R） | 喜欢有规则的具体劳动和需要基本操作技能的工作，缺乏社交能力，不适应社会性质的职业 | 一般劳动者<br>农民<br>机械工<br>电器修理工<br>一般工匠<br>技术工人 |

续上表

| 形态 | 人格倾向 | 典型职业 |
| --- | --- | --- |
| 研究型（I） | 抽象能力强，求知欲强，肯动脑筋，善思考，不愿动手；喜欢独立和富有创造性的工作；知识渊博，有学识才能，不善于领导他人 | 工程师<br>化学家<br>物理学家<br>数学家<br>生物学家<br>地质学家<br>研究人员 |
| 艺术型（A） | 喜欢以各种艺术形式的创作来表现自己的才能，实现自身价值；具有特殊艺术才能和个性；乐于创造新颖的、与众不同的艺术成果，渴望表现自己的个性 | 诗人<br>作家<br>音乐家<br>戏剧导演<br>演员<br>室内设计师<br>画家<br>造型师<br>广告创意撰稿人 |
| 社会型（S） | 喜欢从事为他人服务和教育他人的工作；喜欢参与解决人们共同关心的社会问题，渴望发挥自己的社会作用；比较看重社会义务和社会道德 | 教师<br>辅导人员<br>社会工作者<br>公关人员 |
| 企业型（E） | 精力充沛、自信、善交际，具有领导才能；喜欢竞争，敢冒风险；喜欢权力、地位和物质财富；喜欢从事领导及企业性质的职业，独断、自信、精力充沛、善社交等 | 推销员<br>政治家<br>职业经理<br>企业主管<br>民意代表 |
| 传统型（C） | 喜欢按计划办事，习惯接受他人的智慧和领导，自己不谋求领导职位；不喜欢冒险和竞争；工作踏实、忠诚可靠，遵守纪律 | 秘书<br>出纳<br>会计<br>银行职员<br>行政助理<br>税务人员 |

需要注意的是，完全归属于这六种类型中的某一类的“纯种”现象是很少的。多数人会有两三种比较突出的兴趣类型，不过其中一种会最明显，而其他的则比较弱。因此，实际操作上，可以在六种兴趣类型中选择最适合自己的两种兴趣类型描述，用其英文字母并按适合程度排列为属于自己的“两类类型”。例如某同学兼有研究型（I）和艺

术型（A）的特质，但由于表现为研究型（I）比艺术型（A）更为明显，因此该同学的两类类型为“IA”。

## 二、规划自己的职业生涯

**名人故事**

美国伯利恒钢铁公司总裁查斯·舒瓦普曾向效率专家艾维·利请教“如何更好地执行计划”。

艾维·利让舒瓦普在纸上写下明天要做的 6 件最重要的事，并让他用数字标出每件事的重要次序。10 分钟后，舒瓦普写好了。艾维·利说：“把这张纸放进口袋，明天早上先做第一项最重要的，完成后再做第二项……直到下班。如果只做完第一件事，那不要紧，你永远在做最重要的事情。”一个月后，舒瓦普给艾维·利寄去一张 2.5 万美元的支票，还有一封信，信上说：“那是我一生中最有价值的一课。”

5 年后，伯利恒钢铁公司一跃成为世界上最大的独立钢铁厂。

### （一）职业生涯规划基本步骤

1. 确定志向

生涯规划的开始，也就是确立志向的开始。兴趣可以改变，但志向是始终不渝的。志向是一个人为之奋斗的终极目标，是事业成功的重要前提。明确的志向对我们的职业生涯规划十分重要，它是职业生涯规划前进的方向。纵观古今中外凡有大成就者，都有远大的志向和抱负。因此，在进行职业生涯规划时，首先要确立志向，这是极其重要的一步。

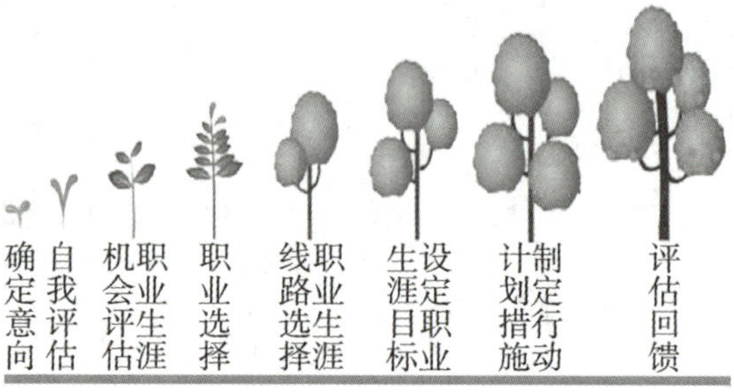


图 12–1　职业生涯规划

2. 自我评估

自我评估就是对自己进行全面的分析，通过分析认识自己，了解自己。所谓“知人者智，自知者明”，只有对自己有深刻、准确的认识，才能找到适合自己的工作，找到职业生涯规划的准确目标。自我评估的内容包括兴趣爱好、特长、性格、能力、理想以及思维方式等。

3. 职业生涯机会评估

制订职业生涯规划时，要分析环境的特点与发展变化，并结合自己在这个环境中的位置以及环境对自己的发展是否有利等多方面的因素，对职业方向进行客观评估。只有对这些客观条件有所了解并进行分析，才能在复杂多变的现实环境中找到实现自己职业目标的道路，才能使自己的职业生涯规划顺利实现。

4. 职业选择

我们在选择职业时，应考虑兴趣与职业的匹配、性格与职业的匹配、特长与职业的匹配、内外环境与职业特点的匹配。职业选择正确与否，直接关系到人生事业的成败。

5. 职业生涯线路选择

当确定了自己的职业选择后，还需要考虑在这个职业中自己应该往哪个方向发展。因为即使是同一个职业，也有不同的岗位，对于此岗位的选择，大学生也必须考虑到自己的兴趣爱好、能力特长等，使自己的职业生涯规划更加具体化。通常，职业生涯路线的选择须考虑以下三个问题：我想往哪一路线发展，我能往哪一路线发展，我会往哪一路线发展。

6. 设定职业生涯目标

职业生涯目标的设定是职业生涯规划的核心。目标的设定是以自己的最佳才能、最优性格、最大兴趣、最有利的环境等为依据的。对于职业生涯，我们既不能没有目标，也不能目标太多或者目标频繁更改。目标通常分为短期目标、中期目标和长期目标。

7. 制订行动计划与措施

在设定好职业生涯目标后，便要付诸行动。正所谓“坐而论道不如起而行之”。没有行动就没有职业生涯目标的实现，也就谈不上事业的成功。这里的行动，是指落实目标的具体措施，包括接受教育培训、参加工作见习和参加社团工作等。例如，在业务能力上，自己要具备怎样的素质、学习什么知识、掌握什么技能；在工作上，自己要采取怎样的措施来提高效率、进一步改善工作成效等。同时，对于这些计划和措施都要有具体明确的规划和检验标准，以便更有效地达到提升自己的目的。

8. 评估与回馈

“计划赶不上变化”，在人生发展的道路上，由于客观条件的改变和各种不确定因素的存在，职业生涯规划不可能一劳永逸。为了使职业生涯规划行之有效，就必须不断地对职业生涯规划进行评估与适当调整。调整的内容包括：职业的重新选择、职业生涯路线的选择、人生目标的修正、实施计划与措施的变更等等。

### （二）制订大学三年规划

制订大学三年行动计划，可采取不同的方式和途径，根据自己的志向、长期目标不断进行调整。一般来讲分为以下几个时期：

1. 一年级为探索期

进入大学后，大学新生首先要完成由高中生到大学生的转变。在学习上，要尽快找到适合大学教学特点的学习方法，变被动学习为主动学习。积极主动地了解本专业的特点和能力要求，尽量找到所学专业与自己兴趣的契合点。其次，根据自己的兴趣爱好，参与学校组织的各种活动。通过这些活动进一步了解自己的兴趣爱好和能力，发掘自己的潜能，为制定自己的职业生涯规划做好积极的准备。最后，还可以通过一些测试了解自己的兴趣所在，并阅读相关书籍、杂志，以初步确定自己的职业兴趣；参加一些职业兴趣讲座，认真上好职业生涯规划课，学习如何制订职业生涯规划方案。

2. 二年级为定向期

这一阶段应考虑清楚毕业后是继续深造还是选择就业，了解相关的活动和信息，并根据自身需要，努力加强自身基本素质的培养，如口语能力、计算机应用能力、写作能力等。同时可以开始尝试兼职、参加社会实践活动等，并且要勤于思考、善于总结，通过这些活动进一步了解自己的兴趣和能力，为制订职业生涯规划提供更加有效的信息资源。参与这些活动贵在坚持，最好能在课余时间从事与自己未来打算从事的职业或本专业有关的工作，提高自己的责任感、主动性和受挫能力；还可以与教师一起评估自己的学习状况，继续思考自己的职业兴趣和职业选择。

3. 三年级为冲刺期

这一时期是大学生努力学习专业课程、考取各种证书的时期，也是人生交友的高峰期，人生最宝贵的友谊往往是大学时代建立的。同时，由于每个人的选择与努力程度不同，大学三年级也是产生最大差距的一年。这一时期，大学生的主要目标应锁定在提高求职技能、搜集信息并确定自己是否要继续深造。应积极参加和专业有关的实践活动或相关工作，和同学交流求职心得体会和工作体验；了解搜集工作信息的多种渠道并积极尝试；加入校友网络，向已经毕业的校友、师兄师姐了解往年的求职情况。还可以在高年级同学或学校教师的帮助下，评估自己的职业发展方向并准备寻找与专业直接相关的实习机会；参加与职业发展有关的各种讲座或培训，了解如何寻找实习机会或定向培训机会；学会做简历、写求职信、熟悉求职方法等。有意向继续深造的学生，也要开始了解相关信息和制订自己的学习计划。

**成长案例**

小陈，现为大三学生，从进入大学时代起，他就认真给自己的大学三年进行了规划：大一时主动参加各种就业讲座及各种实践活动；大二上学期就为自己制订了一个明确的职业目标，通过多种渠道了解就业信息，并对就业形势进行分析；大二下学期，开始有针对性地培训一定的求职应聘能力；目前到了大三，便开始注意总结自己的大学生活，参加各种招聘会，完善求职资料，进一步培养自己的求职能力。

【分析】案例中的小陈无疑会成为职场中的佼佼者，刚进入大学他就给自己进行了合理的职业规划，在充分认识自身条件和相关环境的基础上，有效地为自己制订了切实可行的目标，并通过不同阶段的可行性行动方案，来进一步实现各个阶段的目标，这就为最终目标的实现奠定了基础。这启示我们要找准自己的职业发展方向，使自己的职业生涯发展得更顺利，最大化地实现自己的人生价值。

# 第三节 树立新型生涯观 调适择业心理

人生是大海，每个人都要学会掌舵。大学生在根据自己的志趣、条件和爱好来确定事业和人生的航向时，要考虑到个人需要和能力，考虑社会发展的需要，从而努力践行发展规划，实现人生的价值。

## 一、生涯观为职业规划导航

### （一）树立大众化的生涯观

如今，随着高等教育的普及，高校毕业生越来越多。大学生要合理地规划自己的职业方向和目标，就业时对自己进行合理定位，树立“大众化生涯规划观念”。也就是说，大学生要突破传统观念的束缚，树立与时俱进的生涯观，不要把自己的生涯目标局限在某地区、某个公司，而是要以工作是不是符合自己的职业兴趣、能不能增强自己的素质和能力为标准。总之，能发挥自己作用的职位，才是“最好的职位”。

### （二）树立自主创业的生涯观

我国教育部、人社部等部委以及许多地方政府相继出台有关政策，鼓励和帮助大学生自主创业，灵活就业，实现自我价值。当然，创业并不适合每一个人，创业对个人的身体、心理等各方面的素质均有很高的要求，如社会交际能力、独立生活和工作能力、心理承受能力、动手操作能力、统筹协作能力、组织管理能力以及开拓创新能力等都是创业者的必备能力。有强烈创业愿望的学生可以在大学期间重点培养自己创业方面的各种能力，在不影响学习的情况下，甚至可以尝试一下这方面的活动，为更好地规划自己的生涯，建立合理可行的生涯目标做准备。

### （三）树立基层、西部也是机遇的生涯观

目前国家和各级政府对志愿投身西部的大学生给予了不少优惠政策，刚出大学校门的毕业生知识结构新，有想法、有胆量、有魄力，不妨去西部大展身手，实现自我价值。

### （四）树立博雅发展的生涯观

“君子博学，约之以礼”。古代对君子的要求是既要有广博的知识，又要有深厚的道德修养。同样，当今社会要求人才不仅专业知识过硬，技术精湛，更需要具有高尚品质、优雅气质和完善人格。一个心态消极、性格孤僻、意志薄弱或者不善于人际交往的人，是很难在职场上长远立足的。高校毕业生日益增多，单凭文凭就能很好就业的状况已经一去不复返，如今用人单位看中的是一个人潜在的能力，即工作悟性、自学能力、道德品质、心理素质等，而这些能力的形成需要很长时间的磨炼，并且需要自己主动培

养。每个有志向的大学生，只有树立起博雅全面发展的生涯观，认真做好“博”——知识补充和“雅”——素质修养的规划，有针对性、有目的性地培养这些能力，提前为将来的就业竞争打好基础，才能在社会上立于不败之地。

## 二、择业的心理调适方法

对大学生择业心理障碍的调适，可从以下几方面入手。

### （一）树立正确的职业价值观

职业价值观是人生价值的重要组成部分，对大学生职业心理的健康发展具有重要影响，加强职业价值观培养是形成健康择业心理的重要途径。大学生要通过社会实践、理论学习，充分认识到工作在生活中的重要作用，从而积极投身职业生涯；要树立正确的职业动机，把实现自己的人生价值、为社会做贡献作为自己职业动机的核心；要正确处理职业与金钱、名誉、地位的关系，树立崇高的职业理想。只有这样，当面对职业选择中的各种矛盾冲突时，才能够坦然处之，为成功就业打下良好的心理基础。

### （二）做好择业的心理准备

求职择业对大学生而言是人生中的一件大事，只有做好充分的择业心理准备，才能保持积极健康的择业心态，才会在择业的关键时刻做到临场不乱、胸有成竹。做好求职择业心理准备应该做到：

1. 正确认识自我和社会

只有充分认识自己的兴趣、个性、能力与特长，才知道什么样的工作更适合自己并为之努力奋斗；只有充分认识社会对人才的要求，才能够更积极主动地参与社会竞争，避免自我评价的不恰当，提高求职择业的成功率。

2. 充分认识当前的就业形势和客观困难

当前的就业形势包括社会对人才需求的状况，急需人才的部门和专业门类，党和政府关于大学毕业生就业的有关政策和规定，目前就业的有利条件与可能发生的矛盾等。同时，对于求职过程中可能遇到的困难应该有充分的估计。例如，有的用人单位不能按规定给予合理的待遇等。大学毕业生有了这些足够的思想准备，才不至于碰到困难时灰心丧气、情绪低落，能面对现实，克服困难，实现自我追求。

3. 保持积极主动的择业心态

大数据时代需要的是具有强烈竞争意识及开拓进取精神的现代人才。大学生必须主动培养自己的择业竞争意识，敢于竞争，敢于自我推荐，主动认真地分析自己的素质和社会对人才的需求状况，积极主动地寻求适合自己的职业。

4. 克服各种心理障碍，增强心理承受能力

首先，要克服消极等待心理。在择业过程中，不要消极悲观、畏首畏尾，要主动出击，克服依赖学校和他人为自己做出安排的思想。其次，要克服盲目从众心理。在择业目标和标准上一定要从自己的实际情况出发做出科学的选择，不要盲目与他人攀比，随大流。第三，要敢于面对择业中的失败。“双向选择”中，用人单位和大学生都可以根据自

己的条件和要求接受和拒绝对方。因此，大学生在择业中遭受挫折是十分正常的，不应该由此怀疑和否认自己的能力，从而一蹶不振，重要的是总结经验教训，重新参与竞争。

此外，大学生要对择业过程中社会人际交往的知识、技能与礼仪等进行必要的训练与准备，掌握求职的社会交往技能，保持乐观、大方、不卑不亢的良好心态，从而有效地应付面试，赢得用人单位的赏识和信赖。

### （三）及时排解不良情绪

人的不良心态多是由非理性的情绪引起的，当人们对客观事物有正确的认识后，理性就能战胜感性，从而控制不良情绪。面对就业，大学生应该客观地认识社会，分析自我，选择既能实现自我理想又符合社会需要的工作，杜绝不良情绪的产生。大学生在择业过程中的不良情绪主要有以下几种：

其一，焦虑。这是许多毕业生临到择业时常有的一种既紧张又恐惧的情绪状态。他们不知道自己能不能顺利找到工作，不知道能否找到条件比较好、报酬比较高而又有发展前途的工作，不知道是否能进入大城市等。轻度的焦虑状态是正常现象，但如果过于焦虑，或者患上焦虑症，就需要加以心理调适或治疗。

其二，急躁情绪。大学毕业生希望尽快找到工作，这是人之常情。但是，急于求成，一遇到问题就缺乏耐心，怨天尤人，不能冷静而客观地分析问题、寻求对策，这对择业是很不利的，应关注解决。

其三，怯场畏缩。有些大学生平日参加社交活动比较少，或者性格胆小、内向，不习惯于同别人交往，临到择业时要四处奔走，向用人单位推荐自己，感到害怕怯场，不能大胆面对，影响了择业。

其四，犹豫烦恼。有些大学生对毕业后究竟走向何方举棋不定，不知道是就业还是学历升级，是去外地还是留在本地，是去企业还是去事业单位等。或由于种种主客观的原因而犹豫不决，徒增烦恼，影响择业。

**成长案例**

**未来终成梦**

某高职院校 2015 届毕业生王某，男，性格内向，不善言谈，在校期间学习成绩一般，也很少参加集体活动，是老师同学眼中的“落后分子”。临近毕业，看着同学们相继找到合适的工作，而他的工作仍没有着落，自卑的情绪日益严重，却又不知该如何摆脱，整日精神萎靡、烦躁不安。有工作机会时，同学劝他去试试，他总是摇头说：“我肯定不行”。毕业后，经家人的努力，帮他联系了一家单位，但面试之后在等待结果时，他的精神开始恍惚，家人不得已只好先带他进行治疗。

【分析】走出校门，面对就业市场的严峻形势，高职毕业生会表现出一定程度的自卑、畏惧情绪和怯场行为，尤其是在校期间表现平平的毕业生，没有任何可炫耀的资本，更容易产生上述问题，这种心理严重妨碍了一部分毕业生正常的就业竞争。

### （四）保持良好的择业心态

大学生应主动调整自己的心态，自觉与困难作斗争，而不能畏惧退缩。从心理学角度看，大学生保持良好的择业心态有以下几种方法。

1. 自我静思法

大学生在择业的过程中，遇到困难和挫折时，应冷静分析失败的原因，寻求解决问题的方法，控制心境，切忌冲动和急躁。

2. 自我转化法

自我转化法是转移感情或兴趣的一种方法。择业是一件重要的事情，但当遇到困难时，可以转移注意力，放松情绪，这样有利于问题的解决。

3. 自我宣泄法

让不良情绪表达出来，然后找到心理平衡是排除忧愁的有效方法。就业之路不可能一帆风顺，当不良情绪产生时，埋在心里既伤心又伤身，把它发泄出来，就会感到轻松一些，如向亲朋好友倾诉失败和挫折。

4. 自我慰藉法

在择业中遇到困难和挫折，已尽了主观努力仍无法改变时，可进行自我慰藉，说服自己承认并接受现实，以获得精神解脱。

总之，在求职过程中，大学生应提高自我调适的自觉性，保持良好的心态。同时，社会、学校和家庭各方面也应提供热忱的帮助和积极的引导，帮助学生面对现实，排除心理困扰，缓解不必要的心理压力，促使他们尽快实现角色转换，顺利走向工作岗位。

**成长案例**

#### 克服面试恐惧

一般资料：暨某，20 岁，女，粤西某高职院校机电系机电（2）班大三学生，家住珠海市翠微西路。

主述："开始准备好的话语，等到了面试官面前，说出来却支离破碎，恨不得早点逃离此地。等到面试官说出'如果可以进入下轮面试，我们会再与你联系'之后，接下来便是遥遥无期的等待，同时最初的自信心也随着时间的流逝而远去。"

评估与诊断：面试恐惧

辅导策略与意见：

（1）肢体放松：放松肌肉最简单的方法就是让自己处于自然舒适的坐姿或躺姿。意识关注从头顶逐层往下放松，贯穿全身，一直到脚掌心。最后感觉全身非常放松为宜，一般早晚各做二次放松练习。

（2）认知领悟：人的各类恐惧大多是缺乏科学知识胡思乱想而造成的。所以在面对面试恐惧时，更要多学习知识、多看书，以知识武装头脑去战胜恐惧的心理。

（3）换一种角色：在面试过程中把自己假想成面试官，换一个角度和心态去设身处地考虑用人单位的用人需求，能让自己更快进入角色。这种"先入为主"

的心理状态会增加自信，这既是一种职场角色互换，同样也是让自己的面试表现更为出色的办法之一。

（4）换一种心态：相信自己能胜任工作，有一种“我行”的自信。求职的重点并不在于“求”，而是在于“职”，你在找工作，用人单位同时也在找可以为其创造价值的员工，这是双向选择。在正确认识自己的能力和对工作环境、待遇有合理预期的情况下，才能拥有驾驭并胜任工作的心态。过于低估自己的能力或认为所面试公司高不可攀的求职者，往往表现得信心不足，成功率也相对较低。

（5）心理暗示：在面试前，经常对自己说“我很优秀”“我很棒”“我一定能成功”之类的话，一方面可以鼓励自己，另一方面也可以起到心理暗示的作用，降低面试时的紧张程度。

（6）消除面对面的尴尬：可以把目光的聚焦点放在面试官的脸脖肩三角区，这样可以避免目光的对视，不会太尴尬，且会显得自信从容许多。

（7）把紧张情绪说出来：比如面对很多人做自我介绍时可以先说“此时我非常紧张，还请见谅。”把内心压抑的紧张情绪说出来，然后开始介绍自己，你会发现已经放松了很多。

（8）用真挚和诚恳赢得面试官的一票：在面试官面前表现出真正的自己。很多初面者认为学历和经验是求职成功的唯一标准，其实这个答案只对了一半，真诚的态度也同样可以博得面试官的好感，或许还会因你的真诚为你投上宝贵的一票。坦诚表达自己的想法，不要说谎，更不要夸夸其谈。

（9）面试前准备好个人评估单：参考亲友、老师的意见，回顾学习成绩和社团活动，列出自己的特长、优势和劣势，进行全面评估。同时针对面试常见问题，有个大致的思考，形成自己独到的观点，以免面试时过分紧张，影响正常发挥。

# 心理训练营

## 活动一　心理自测

### 测试自己更适合哪种职业

测试说明：对下面的问题，你只需回答“是”或“不是”。

| 序号 | 题　目 | 回　答 |
|---|---|---|
| 1 | 读侦探小说、看侦探片时，你自己能否推测出谁是间谍或凶手 | |
| 2 | 你愿听赏心悦目的音乐，而不愿听迪斯科、摇滚乐、爵士乐及现代舞曲吗 | |

续上表

| 序号 | 题　目 | 回　答 |
|---|---|---|
| 3 | 你拼读外文或拼音时速度很快吗 | |
| 4 | 字、画、工艺品没有贴正地方，你会耿耿于怀吗 | |
| 5 | 你爱读说明文而不喜欢“瞎编”的小说吗 | |
| 6 | 影视与读物的情节和语句你能常记得吗 | |
| 7 | 你认为用不同的方法均可将一件事办好吗 | |
| 8 | 你喜欢棋类而不是扑克、麻将吗 | |
| 9 | 你会借钱买急用的书吗 | |
| 10 | 见到一种新的事物，你想知道它的机械原理吗？（如某种发动机、组合音响连接、激光唱片调试） | |
| 11 | 你喜欢富有变化的生活吗 | |
| 12 | 空闲时你宁愿做运动也不愿读书吗 | |
| 13 | 提起数学你有困难的感觉吗 | |
| 14 | 你喜欢忘年交，愿意和比自己年龄小的人在一起吗 | |
| 15 | 你称之为朋友的人你能一一列举出他们的姓名吗 | |
| 16 | 你喜欢节日和热闹的聚会吗 | |
| 17 | 你厌倦精细的工作吗 | |
| 18 | 你看书速度快吗 | |
| 19 | 你同意“一个槽子里拴不住两头驴”的说法吗 | |
| 20 | 你惧生吗？有兴趣了解新知识、结识新朋友吗 | |

评价：

数一下 1 ～ 10 题有多少“是”，再数一下 11 ～ 20 题有多少个“是”，然后将两组进行比较。

（1）如果前 10 题的“是”多于后 10 题的“是”，说明你是紧张类型的人，适合做学者、机械师、技术员、修理工、律师、医生、出版家、哲学家、工程师及专攻一术者。

（2）如果后 10 题的“是”多于前 10 题的“是”，则说明你是公关类型（亦可说是开拓、浪漫型）的人。你喜欢出主意，但希望别人把它付诸实现。大凡参谋、助理、公关人员、演员、广告宣传员、推销员都有此类特长。

（3）倘若两组“是”不相上下，则意味着你既适合做集中精力的事，又适合做处理人际关系的工作，例如教师、画家、作家、翻译、文秘、公务人员、图书馆管理员、办公室主任等。

## 活动二　知识之窗

### 认识你自己：进行职业生涯规划的前提

如何了解自己，请认真回答以下四个问题。

（一）“现实允许我做什么？”

显然，绝大多数人都希望出生在一个有社会地位的家庭里（父母受过良好教育且事业有成）、接受最好的教育（最好的学校、顶尖的老师、优秀的同学等）、结交到最好的朋友……但是，在现实中，我们大多数人都出生在普通的家庭，上大学的费用对家庭来说已相当沉重；所在的学校不是名牌大学；周围的同学与朋友大多没有特别过人之才……

目前，现实并不允许我们去哈佛大学或北京大学接受高等教育，我们的愿望得不到完全满足。不过，现实还是允许我们去做一些事的。现在，请列举现实允许你做的事吧。

（二）“我会做什么？”

“会”不等于精通。“会”只是初级水平，而“精通”需要付出非常大的努力。在大学期间，你很难“精通”很多技能，但只要你“会”就不错了，因为你可以在以后的实践中逐步去“精通”。

那么，你会的技能应当很多，比如写作、演讲、英语、电脑、销售、宣传……请把你所“会”的都写下来吧，当你写到第二十项的时候，相信你自己都会大吃一惊。

（三）“我想做什么？”

这个问题不难回答，但容易回答出过多的事情来。也就是说，如果对这个问题的回答过多，往往意味着你并不知道自己真正想做什么。所以，请把你最想做的写下来，记住是最想做的，而且不能超过三个。当然，你知道，这里所指的不是你现在最想去吃一顿大餐或打一场篮球，而是你对将来所从事的职业的展望。

（四）“我曾经规划过未来吗？”

其实，很多人都对自己的未来进行过规划，但这种规划只是存在于心里面，未必会认认真真地写下来。

有一种形象的说法是，对人生规划而言，如果只是想想，那么，规划只能说是气体，很容易飘散到空气中，从此无影无踪；如果把它说出来，那么，规划只能算是液体，很容易被蒸发变成气体而无处寻找，或混入其他液体之中，再也无法分清楚；只有把它写下来，才能算得上是固体，经过很长的时间后，依然可以找到。

既然如此，你可以把你自己曾经有过的规划写下来，并重新规划自己的职业生涯。

# 参考文献


[1] 姚本先. 大学生心理健康教育 [M]. 北京：高等教育出版社，2009.

[2] 王涛. 新编大学生心理健康教育 [M]. 北京：首都经济贸易大学出版社，2010.

[3] 郑晖，杨卫东. 大学生心理健康教育 [M]. 长沙：湖南师范大学出版社，2011.

[4] 郑学勤，黎琳. 论高校心理健康教育与思想政治教育的整合 [J]. 广西师范大学学报（哲学社会科学版），2011（4）：126-131.

[5] 黄群瑛. 大学生心理素质训练 [M]. 长沙：湖南师范大学出版社，2011.

[6] 张智昱，张华东，杨丹江. 影响大学生心理健康的因素分析 [J]. 中国电力教育，2008（19）：168-170.

[7] 吴少怡. 新编大学生心理健康教程 [M]. 西安：西安交通大学出版社，2016.

[8] 方平，张潮，杨晓荣. 自主与成长：大学生心理健康教育（高职高专版）[M]. 2 版. 北京：教育科学出版社，2016.

[9] 周莉，刘海娟. 大学生心理健康教育 [M]. 2 版. 北京：中国人民大学出版社，2015.

[10] 张小远，解亚宁. 心理健康教程 [M]. 广州：广东高等教育出版社，2003.

[11] 张万英. 大学生心理健康教育 [M]. 北京：中国人民大学出版社，2011.

[12] 程良越. 大学生职业发展与训练 [M]. 广州：广东高等教育出版社，2008.

[13] 时蓉华. 社会心理学 [M]. 杭州：浙江教育出版社，2005.

[14] 张兵，蒋南牧，马春生. 大学生心理健康教育 [M]. 长春：东北师范大学出版社，2014.

[15] 白羽. 改变心力：团体心理训练与潜能激发 [M]. 杭州：浙江文艺出版社，2007.

[16] 杨雪梅，朱建军. 大学生心理咨询与治疗案例解析 [M]. 北京：中央编译出版社，2012.

[17] 张仲兵. 心理咨询与辅导学 [M]. 镇江：江苏大学出版社，2014.

[18] 豆宏健. 大学生成长心理学 [M]. 北京：高等教育出版社，2010.

[19] 邱鸿钟. 大学生心理健康教育 [M]. 3 版. 广州：广东高等教育出版社，2018.

[20] 蒋南牧，梁芹生. 新编大学生心理健康教育 [M]. 广州：中山大学出版社，2015.

[21] 中国心理卫生协会，中国就业培训技术指导中心. 心理咨询师（基础知识）：民族出版社，2015.

[22] 仲稳山，李露. 现代德育概念下的思想政治教育与心理健康教育 [J]. 江苏开放大学学报，2008，19（5）：58-61.

[23] 何景洋. 大学生心理健康教育 [M]. 哈尔滨: 哈尔滨工程大学出版社, 2008.
[24] 朱翠英. 大学生心理健康教育 [M]. 北京: 中国农业出版社, 2008.
[25] Seaward B L. 压力管理策略: 健康和幸福之道 [M]. 许燕, 等译. 北京: 中国轻工业出版社, 2008.
[26] 黄希庭. 大学生心理健康教育 [M]. 上海: 华东师范大学出版社, 2009.
[27] 周家华, 王金凤. 大学生心理健康教育 [M]. 北京: 清华大学出版社, 2010.
[28] 蔡喆, 莫雷. 学生压力应对状况的研究 [J]. 江苏高教, 2009 (4): 104 -106.
[29] 赵波, 陆晓花. 学生压力应对与管理策略研究 [J]. 中国青年研究, 2010, 7: 36-40.
[30] 杨瑾. 大学生情绪管理与压力应对策略 [J]. 社科纵横. 2011 (7): 161-162.
[31] 彭柳中, 罗宝怡, 张演, 等. 大学生抗挫折心理能力、应对方式与自强意识的关系 [J]. 中国健康心理学杂志, 2018 (10).
[32] Robert Waldinger, 刘偲熙. 幸福的生活哪里来 [J]. 新东方英语, 2016 (4).
[33] 朱绍勇. 高职大学生应对心理挫折的策略探赜 [J]. 高等函授学报 (哲学社会科学版), 2011, 24 (11): 73-74.
[34] 樊富珉. 团体心理咨询 [M]. 北京: 高等教育出版社, 2005.
[35] 凯利·麦格尼格尔, 王鹏程. 自控力: 和压力做朋友 [M]. 北京: 北京联合出版公司, 2016.
[36] 秦海燕. 大学生人际交往存在的问题及对策研究 [J]. 中国公共卫生, 2007 (5).
[37] 王志玲. 大学生人际交往问题探析 [J]. 中州学刊, 2010 (5).
[38] 崔艳侠. 当代大学生人际交往现状及能力培养 [J]. 辽宁教育行政学院学报, 2011 (3).
[39] 李莉, 阎兵. 论大学生人际交往自我调适的涵义和基本思路 [J]. 山西广播电视大学学报, 2010 (9).
[40] 桂世双. 大学生人际交往指导 [M]. 成都: 西南交通大学出版社, 2007.
[41] 王秀阁. 大学生人际交往理论与方法 [M]. 北京: 人民出版社, 2010.
[42] 肖冬梅. 大学生心理健康教育 [M]. 2 版. 北京: 中国人民大学出版社, 2015.
[43] (美) 马克, 杜兰德, (美) 戴维, 巴洛. 异常心理学 [M]. 6 版. 张宁, 孙越异, 译. 北京: 中国人民大学出版社, 2018.
[44] 郝伟, 陆林. 精神病学 [M]. 8 版. 北京: 人民卫生出版社, 2018.
[45] 周红五. 心理援助: 应对校园心理危机 [M]. 重庆: 重庆出版社, 2006.
[46] 洛克. 把握你的职业发展方向 [M]. 5 版. 钟谷兰, 等译. 北京: 中国轻工业出版社, 2006.
[47] 黄艳萍. 大学生心理健康教育新编 [M]. 武汉: 武汉大学出版社, 2017.
[48] 李涛. 心理自测 [M]. 北京: 中国城市出版社, 2010.
[49] 杜博瓦. 想法、活法 [M]. 黎晨, 译. 北京: 新世界出版社, 2012.
[50] 刘子仲. 这样管理时间最有效 [M]. 北京: 九州出版社, 2009.

[51] 塞活特. 时间管理：工作、生活双赢的7个步骤[M]. 北京：中国商务出版社，2004.
[52] 肯. 如何掌控你的时间[M]. 吴浙明，译. 哈尔滨：黑龙江科学技术出版社，2009.
[53] 姜旭平. 时间管理课堂[M]. 上海：上海交通大学出版社，2008.
[54] 邓婷，王燕晓. 浅析当代大学生爱情能力的培养[J]. 吉林省教育学院学报（上旬），2014(12)：23-25.
[55] 杨银梅，沈雅利，李十月，等. 中国大陆地区大学生性行为发生情况meta分析[J]. 中国公共卫生，2018(01)：142-147.
[56] 焦红艳，李春燕. 移动互联网对大学生的影响及对策探究[J]. 农村经济与科技，2019(08)：242-247.
[57] 范洁. 论大学生网络偏差行为及其引导机制[D]. 福建师范大学，2009.
[58] 金童林，陆桂芝，张璐，等. 人际需求对大学生网络偏差行为的影响：社交焦虑的中介作用[J]. 中国特殊教育，2016，195(009)：84-89.
[59] 魏晓娟. 青少年网络依赖的本体因素及网络行为的自我管理[J]. 中小学心理健康教育，2007(21)：13-15.